风凰师轩 行知工程 教师必读系列

全国校本教研与校本课程数字出版平台
中国校本教研网 www.schooledu.com.cn
推荐读物

校长不可不知的管理效应

XIAOZHANG BUKEBUZHIDE GUANLI XIAOYING

谢申刚 张金豹 主编

江蘇教育出版社

图书在版编目（CIP）数据

校长不可不知的管理效应/谢申刚，张金豹主编. —南京：江苏教育出版社，2012.7

ISBN 978-7-5499-2047-1

Ⅰ.①校… Ⅱ.①谢…②张… Ⅲ.①校长—学校管理 Ⅳ.①G471.2

中国版本图书馆 CIP 数据核字（2012）第 139211 号

书　　名	校长不可不知的管理效应
主　　编	谢申刚　张金豹
责任编辑	严明瑗　李　平
出版发行	凤凰出版传媒集团 凤凰出版传媒股份有限公司 江苏教育出版社（南京市湖南路 1 号 A 楼　邮编 210009）
苏教网址	http：//www.1088.com.cn
集团网址	http：//www.ppm.cn
照　　排	润星之源文化有限公司
印　　刷	九洲财鑫印刷有限公司
厂　　址	河北省三河市灵山大口
开　　本	787 毫米×1092 毫米　1/16
印　　张	17
字　　数	278 千字
版　　次	2012 年 7 月第 1 版　2012 年 7 月第 1 次印刷
书　　号	ISBN 978-7-5499-2047-1
定　　价	30.00 元
邮购电话	025-85406265，85400774　短信　02585420909
E - mail	jsep@vip.163.com
盗版举报	025-83658837

苏教版图书若有印装错误可向承印厂调换

提供盗版线索者给予重奖

序　　言

人民教育家陶行知说过："校长是一个学校的灵魂。学校的好坏和校长最有关系，一个好学校必定有一个好校长。"著名教育家苏霍姆林斯基也断言："有怎样的校长，就有怎样的学校。"

的确，校长是学校的关键。成为一位好校长，不仅是校长本人良好的意愿，更是一所学校、一方教育的美好愿景。那么，如何成为一位优秀的校长呢？校长不可不知哪些管理秘诀呢？

本书由决策管理篇、人本管理篇、沟通技巧篇、团队合作篇、创新发展篇和细节管理篇六个篇目组成，汇集了31个经典管理效应。这些充满智慧的管理效应，在开阔校长的眼界、拓展其管理思路、增长其管理见识的同时，又深深地震撼着和激励着我们的心灵。那么，我们如何学习和借鉴？如何更好地学以致用？这是我们编写此书的核心目的。为此，我们在每一个短小精悍的篇目之后赋以感悟，充分透析管理细节，并加以有效的引领，以期达到最佳效果。

其实，校长办学的过程就是一个"发现问题——研究问题——解决问题"的循环往复、没有止境的过程；是校长通过不断学习、思考、发现，补充和完善办学思想的过程；是对教育规律，对教师和学生的成长规律、发展规律逐步深刻认识的过程；是需要潜下心并勇于实践的过程。

有思想、肯实干的校长必定会带给我们的教育以勃勃生机。好的学校管理是自然的，它需要校长具备良好的人文素养，具有高尚的职业道德，做一个引路人，努力创造一个安全、愉快与和谐的校园环境，使师生得到尊重、受到鼓舞。好的学校管理是深刻的，它需要校长提高自己的人格修养，具有广博的专业知识，做一个读书人，带领师生展开深入的交互活动，从而形成对人的发展的深刻理解。好的学校管理是丰富的，它需要校长完善自己的管理艺术，具有科学管理的能力，为了学校的发展精心策划每一个管理细节。细节是一种手段，成功是结果；细节更是一个过程，完美是结局。让管理变得富有灵性，使其充溢着灵动的智慧和人文的光辉，从而在与学校共成长中获得自我的升华，这才是本书之于校长们的意义所在。

毋庸置疑，这是一本兼具阅读性与实用性的关于校长管理细节、管理智慧和管理经验的汇编。其内容简洁、凝练，贴近当前校长的管理实践；其文笔或风趣或严谨，特点迥异，给人以生动、新颖之感。它的出版将有效地帮助中小学校长吸纳新的办学理念，借鉴优秀的管理经验，并较好地指导其工作实践，提高其自身的管理水平。我们期待它能获得广大校长的喜爱，更期待广大校长和教育专家提出宝贵的修改意见。校长的工作方法和策略，管理过程的适时、适度等问题对学校管理有着十分重要的作用。校长若能对某些细节问题的效应适时、适度地给予关注和妥善的利用，对学校管理工作将起到很大的辅助作用。管理在于细节，细节在于把握。最后，我们衷心祝愿《校长不可不知的管理效应》一书能成为广大校长的良师益友。同时，本书引用了一些见诸著作、网络中的材料，在此对作者们一并表示感谢！

目录 MuLu

第一篇 纲举目张，注重决策

第二篇　以人为本，知人善任

第四篇　崇尚合作，打造优质团队

第五篇　以创新注活力，以创新求发展

第六篇　防微杜渐，注重细节管理

第一篇

纲举目张，注重决策

手表效应

——别让员工无所适从

(一) 手表效应启示

森林里生活着一群猴子，日出而作，日落而息，日子过得平淡而幸福。

一天，猴子猛可捡到一块手表。它很快就搞清了手表的用途，顿时成为整个猴群的明星。这样，猴子们渐渐习惯向猛可请教确切的时间，尤其在阴雨天的时候。整个猴群的作息时间也由猛可来规定。猛可逐渐树立起威望，最后当上了猴王。

做了猴王的猛可认识到是手表给自己带来了机遇与好运，于是每天在森林里寻找，希望能够得到更多的手表。

工夫不负有心人。猛可果然相继得到第二块、第三块手表。但出乎猛可的意料，得到三块手表后，反而有了麻烦，因为三块手表显示的时间不相同，而猛可也不能确定哪块手表上显示的时间是正确的。因此，当有猴子来询问时间时，猛可总是支支吾吾，回答不上来。

久而久之，猛可的威望大降，整个猴群的作息时间也变得混乱不堪。

这就是著名的“手表效应”。手表效应，是指一个人拥有一块手表时，可以知道现在是几点钟，当他同时拥有两块或两块以上的手表时，手表并不能告诉他更准确的时间，反而会让他失去对准确时间的认定。这个效应最初是由英国心理学家萨盖提出的，所以又称为“萨盖效应”。

手表效应启示人们：任何事情都不能同时设置两个不同的目标，否则将使这件事情无法完成；一个人也不能同时选择两种不同的价值观，否则，他的行为将陷于混乱；一个人不能同时由两个以上的人来指挥，否则他将无所适从。

手表效应的应用非常广泛：一个国家的法律、法规应有明确的规定，一个单位的规章制度应该统一，一个人在一定时期只能有一个目标，等等。

同样，手表效应在学校管理中也有很多的借鉴意义。在学校管理过程中，校长要有统一的办学思想，并尽力得到教职员工的认可，让所有教师都知道自己该如何在核心思想的指导下，围绕工作中心开展具体的工作，以促使目标的有效实现。

（二）用成功教育帮助教师成功

随着教育改革的推进和深入，让每一位教师在学习和工作中找到归宿感、成就感，是校长的天职。这也正是"成功教育品牌"的缔造者，上海市闸北八中校长刘京海一生的追求。

1. 刘京海校长是一位给教师温暖的校长

对于学生，刘校长要求教师建立"三个相信"的教育信念，即"相信每个学生都有成功的愿望，相信每个学生都有成功的潜能，相信每个学生都能取得多方面的成功"。同样，对于教师，刘校长也建立了"三个相信"的管理信念：相信每一个教职员工都有成功的愿望，相信每一个教职员工都有成功的潜能，相信每一个教职员工都能取得多方面的成功。刘校长认为，学校领导没有这个信念，就办不好学校。

在实施"成功教育"初期的一次专题汇报会上，时任闸北区区长的周金彩打断了正在汇报的刘校长，他说："刘校长，我从来都没听到你怪这个、怨那个，是不是你班子里的成员都特别好，学校里的教师都特别好?"刘校长憨厚地答道："这个道理很简单，班子里的成员都不好，教师都不好，那我不成了坏头头了吗？其实班子里的每一位成员，学校里的每一位教师都跟我一样，不会没有不足的地方，但问题是校长怎么看。情人眼里出西施呀！好校长眼里就出好人！成功教育与传统教育在理念上的一个最重要的区别就是：传统教育认为你有缺点，所以应该被雕琢；而成功教育认为你有优点，所以你能成功！"

在近 20 年的校长生涯中，刘校长从来没有在教工会上点名道姓地批评过一个人。他常常对身边的人说："领导就是发现人的优点，发展人的优点，发挥人的优点。这就是扬长避短、扬长补短的简单道理。领导要对人好，对人真诚，真心地帮助别人，创造条件让别人成功，搭建平台让别人展示。领导要关注每位教职员工内心深处对自己岗位的满意程度，这叫会用人。手下的人出了错，领导不要急着批评人，要先想想用人是否合适，要求是否明确，程序是否清楚。谁不想把事情干好？谁没有成功的愿望？所以，我们首先要批评自己，要反思自己。”正是在这种理念的指导下，刘校长和他的管理团队在学校管理中多了一份关怀、多了一份人情。

同样是公办学校，同样是经费紧张，闸北八中每位教职工每月有50元的“聚餐费”（工会称之为“凝聚力工程费”）。刘校长明示：“这笔钱只准吃（以工会小组为单位聚餐），不准发！”类似的，还有每年教师节的“联欢会”、春节前的“团拜会”等。刘校长得意地说：“我是将亲和力作为一项特有的技巧，作为打开心灵的金钥匙，作为化解矛盾的良药，作为人文关怀的双手啊！”

“教师中的热点问题，你关注了吗？教师个体的心理问题，你关怀了吗？教师提出的积极建议，你响应了吗？教师在平凡岗位上的发展，你肯定过吗？教师在生活中的困难和挫折，你关心过吗？你的言语，是否让人感到温暖？你的行为，是否传递了信任？”刘校长常常扪心自问，无时无刻不在用人文光芒温暖着每一个八中人。

2. 刘京海校长是一位让教师发现自我、发展自我、超越自我的校长

从走进闸北八中的第一天起，刘校长就在思考一个问题：为什么有这么多学生和教师自认为失败，以至于自认为不中用、没能耐，从而不觉醒、不激动、不行动呢？成功教育要求教师提高自身水平，体现自我价值，争取自主成功。可我们的教师都不能发现自我，都不清楚自身已有的优点、缺点和潜在的优点、缺点，都确定不了自己的发展方向和新的生长点，又如何去提高自身、超越自我呢？

为了促使教师主体形成“反思——发展”的机制，刘校长首先在领导班子和党员中召开了“超越自我，争当成功之星”的自我发展研讨会。

第一次开会，大家以为又是“民主生活会”，自然习惯地自我检讨一番，再消极地等待大家批评帮助。刘校长急了，站起来说：“这个活动的出发点是发展，强调用发展的眼光看自己，用发展的眼光看别人；核心是发现自己身上的闪光点和潜在的能力，找到自己发展提升的方向。”说完，他自己做了一个示范，讲了自己的“平实、勤奋、脑子活、思维快、关心人、事业心强、讲义气”等一大串优点，还请大家补充自己有什么优点，应该朝哪方面

发展。大家头一回开这种“表扬与自我表扬”的会，开始兴奋了，于是你一言我一语，可劲地夸自己、夸别人，会场很是热闹。

这个会取得了很大的成功。在会上，每个人都觉得自己是个能人，都觉得自己能干一番大事业，大家都找到了自己发展的方向。为了让这些优点发扬下去，很多人都主动地制订了好多针对性的措施，还请其他同志监督执行。

后来，刘校长把这一种会议形式逐步推广到骨干教师和一般教师，推广到质量分析和业务会议，推广到评课议课当中……再后来，这种会议形式形成了一种基本模式：先个体分析，再群体分析，主要是找优点，不反对找缺点；挖掘潜在的优点，不反对暴露潜在的缺点。

这一模式现已成为闸北八中一项常年坚持的自我发展活动，它让教师在发现自我、超越自我中，找到了成长的方向，形成了一种“自信、好学、勤奋、大气、阳光、上进”的精神品质。对于在这种模式下成长的教师，一个区教育局的领导说：“只要是从闸北八中调进的老师，以后不用考核了，都要!”

3. 刘京海校长是一位为教师搭建成功平台的校长

“你以为让教师感到温暖、感到自信就可以了吗？教师从此就自然而然地自主成功了吗?”谈到教师的成长，刘校长把手一挥，对他的管理团队说：“你还要搭建平台，搭建有用的平台，提供服务，提供平实的服务，帮助教师在展示自我中找到提升的感觉。换句话说，你要让教师有真见解、有真本事、有真内涵，他才可能成功!”

谈到刘校长是怎样搭建平台帮助教师、培养教师、发展教师的，在刘校长身边工作、学习过的人感觉有以下四招：

第一招：用最平实的道理帮助教师转变观念——孩子肯定是教得会的

对于教师水平提高的关键，传统教育往往认为是能力问题，而刘校长则认为是观念问题。他曾借用中科院上海脑研究所的一位博士用猕猴做的实验结果告诉教师一个浅显的道理：正常孩子的聪明程度其实是差不多的；要教会每一个孩子，关键要找到适应不同孩子的方法。他提出，教师在没教会学生的时候，不能怀疑学生是可以学得会的，而是要找到教会这个或这类学生的方法。

在这种教育理念影响下，闸北八中的教师从不怨学生，而是在教学上主动求新、求变。

第二招：用最原始的办法整体提高师资——选择配对，捆绑结算

除了新教师进校要拜师外，刘校长干脆将大部分教师“选择配对（也有一配二、一配三的）”，使之结成师徒，要求徒弟节节课听师傅的课后再去上课，师傅要定期听徒弟的课、指导徒弟，规定师徒的教育教学质量秋后“捆绑结算”。

这样一来，师徒都上心了，教的真教，学的真学。多年下来，闸北八中带出了一大批优秀教师，师资整体水平在闸北区处于中上，而且长期稳定。

第三招：用最高效的形式培训教师——自培自训，校本研修

除了积极支持教师参加市区举办的培训外，刘校长还特别重视校内培训。经过市教委批准，闸北八中成为上海市首批校本自培基地。

一开始，闸北八中开设了两门培训课程，一门是成功教育的理论与实践，另一门是尝试成功课堂研究。试点学科是初中数学，现在已逐步推广到初、高中大部分主要学科。新近又增加了“学科教学电子平台的制作与研究”“电子教案的编写研究”等课程。

课程中既有理论，又联系课堂教学改革实践；既有系统的讲座，又经常把课程教学中的典型实例片段提供给大家研讨，还让大家讨论一些重点的教学内容，回去设计电子平台的制作脚本，或者设计好后拿来讨论，能够统一的让电教人员协助制作课件，统一不起来的就制作多个版本的课件，拿到课堂上去比效果。这样的形式，让大家觉得实在、实惠，相当有收获。那种“培训靠点名，签到就走人”的现象，在这里没有。每次点名，只多不少，没有缺席的，只有“加塞”的。

上海的教师都知道，每个五年计划中，每一个任课教师都必须修满对应职称要求的培训学分，俗称“240”和“540”。通过申请，凡是在闸北八中参加培训并经考核合格的，也能取得区教育学院承认的相应学分。这样一来，不仅是本校的教师学习积极性提高了，外校也有近千人次报名参加。

第四招：用最实惠的政策推动教科研——任务驱动，谁做了给谁

闸北八中的教科研主要集中在研究教育教学中的问题和经验两大方面。研究问题，就是要找到问题及问题产生的原因，制订解决问题的对策和预测问题的演变方向和跟进措施，提高对教育教学中规律性问题的认识，从而提高教育教学的效益。研究经验，就是要找到优秀的经验并把它过程化、细节

化、精致化和科学化，使优秀教师的经验更易于推广和传承。

这两个方面的课题与教师的日常工作息息相关，靠专家不行，光写论文也不行，得靠教师自己，而这恰恰是每个教师都可以做的。如何调动全体教师参与教科研的积极性？如何让好不容易从市区争取来的科研经费产生激励作用？刘校长定下一个原则：任务驱动。同时，刘校长出台了一项政策：课题经费绝不能挪作他用，绝不搞大锅饭！谁做了给谁，谁的效果好重奖谁！

由于刘校长的决策英明，执行坚决，教科研工作取得了很高的效益：不足两百万的科研经费支出，却打造了供大家交流的教学电子平台，编辑整理出两千多课时的电子教案，出版了40多本专著，发表了500多篇论文，编辑发行了30多期《成功教育研究》杂志，开出近千节区级以上的展示研讨课……

帮助教师成功是校长的天职。刘校长是践行者，并且仍在努力地承担着这份天职。

在学校管理中，刘校长以他“平易近人和实事求是”的人格魅力，“尊重人，尊重科学”的民主精神和人文修养，“用成功帮助成功”的教育理念，坚持不懈、执著努力，使原本基础薄弱、教学不成熟的教师很快教有所专、教有所长，并不断自我发展，不断取得新的成功。

一个好校长，就是一所好学校。正如没有蔡元培先生，就没有今天的北京大学；没有张伯苓先生，就没有今天的南开大学；没有教育家陶行知先生，就没有知名的小庄师范……走在素质教育的跑道上，刘京海无疑是闸北八中的好校长。

一个好的校长就是一所好的学校，这体现在校长的办学思想，也就是校长对教育现象、教育问题、教育规律的看法和认识上。也就是说，一个学校的校长有什么样的学生观、教师观，也就确定了什么样的学生是好学生，什么样的教师是好教师。

校长的办学思想对学校发展起着至关重要的引领作用，是一所学校发展的灵魂。这种办学思想应该是比较系统的、完整的，不是支离破碎的。校长最重要的任务就是把先进的、科学的办学思想转化为全体教职工的思想和理念。只有这样，全校的教职工才可能在一个先进的、科学的办学指导思想下去落实具体的教学行为，统一认识，统一行动。

（三）做一只报时准确的“手表”

一位名人说过：“请关注你的理念，因为理念决定你的语言；请关注你的语言，因为语言决定你的行为；请关注你的行为，因为行为决定你的习惯；请关注你的习惯，因为习惯决定你的性格；请关注你的性格，因为性格决定你的命运。”可见，人们只有发于理，才能施于行、结成果。作为学校之魂，校长既要有自己独特的办学思想，又要有将这一思想始终贯穿于办学过程之中的执行力，而不能左右摇摆，让员工无所适从。

1. 设立一个目标和一种评价标准

校长对教师的管理不能采取两种方式，即校长对下属不能同时设定两个目标，不能有两种评价标准。手表效应启示我们，校长只能为员工设立一个目标，只能有一种评价标准。这就使得校长在进行学校管理的过程中，有必要对教师行动的路径、目标进行明确定位，包括绩效目标、执行任务的方法、绩效考核标准、奖惩措施等，一旦确定就不能轻易改变。这样不但能够帮助教师明确任务，而且可以提高教师的满意度。

正确、坚定的领导观念和英明的决策是学校办学成功的一半，校长要确保自己制订的目标和评价标准的一致性，不可随意改变。

2. 坚持统一命令、统一指挥的原则

在整个学校管理系统中，每个层次的人员都会受到上级的监管。除了金字塔顶部的最高行政指挥外，组织中的其他成员都受到来自上级部门或负责人的命令，并据此开始或结束、修正或停止自己的工作。如果一个下属同时接受两位上司的领导，且两位上司的指示不一致时，其工作就会陷入混乱。

在学校管理中，不同的部门总是按照自己的视角、传统和习惯，制订不同的制度和目标，导致制度和公共目标脱节。处于“多头领导”下的教师不知该听从谁的命令，以致陷入两难的境况。比如，政教处根据卫生、纪律等情况评定班主任的工作成绩，而教务处却根据各个班级总分排名进行班主任工作评定。政教处与教务处的不同管理，大大加重了班主任的工作负担。另外，管理思想有冲突的管理者，如果在实际管理中只顾践行自己的管理方式，将使作为被管理者的教师陷入痛苦的境地。

这些都不利于教师工作重心和目标的确定，会严重影响教师工作的积极性。所以，校长在对教师进行管理时要坚持统一命令、统一指挥的原则，避免“多头领导”的出现。

3. 要了解下属的喜好与信念

一个人只有选择自己所爱的，才能爱自己所选择的。同样，在学校管理过程中，校长制订的目标只有被员工接受，员工才能全身心地执行。这就需要校长在学校管理过程中，多听听一线教师的意见，深入了解他们的喜好与信念，并解决他们在工作中出现的困难，与他们一同商定工作目标、执行标准、评价原则以及奖惩措施等，从而构建亲密、信任、和谐的文化氛围。这样，教师才能心甘情愿地在教育这片热土上挥洒自己的汗水，即便遇到困难也会咬紧牙关、齐心协力，争取目标有效地实现。

4. 学习先进教育理论

校长要有效地实施管理思想，就要精通教育科学理论，成为有理论见解的、有丰富经验的教育家。广大中小学校长只有认真学习和实践教育科学理论，才能变革落后陈旧的教育观念，确立现代教育理念和办学理念，从而高瞻远瞩地把握学校教育发展的方向和目标。

在当今教育改革的潮流中，围绕以提高素质为核心的全面发展教育指导思想，已逐步形成了一系列的现代教育理念。包括：生活教育理念、生态教育理念、生命教育理念、人文关怀教育理念、智慧教育理念、教育服务理念、教育经营理念、校本发展理念等。这些鲜活的教育科学理念，需要校长认真学习、科学把握。

5. 常进行反思实践

反思实践是校长提高治校能力的必不可少的路径和策略。成功的校长无不是在反思实践中成长和发展的。

在学校管理中，校长应常进行反思实践。具体来说，就是校长要增强自我反思实践的意识，逐步养成反思实践的良好习惯；努力学习，改善心智模式，在思维方式上自我变革；正确把握反思的内容；注意影响反思的因素，提高反思效果；掌握进行自我反思的具体方法，如“左手栏”方法、札记反思法、自传反思法、档案袋法等；放慢思考过程，避免“抽象的概括”；思考要有较深层次，而不是只得出表面结论……

校长的办学思想直接或间接影响着教职工的治学思想，从而影响着学校的办学思想。校长只能有一只“手表”，选择一种办学思想。如果校长能够坚定不移地按照既定的办学思想前进，就能增强全校师生的信心。如果校长贪多而选择了“两只表”，便会让教师和学生无所适从，很容易对校长失去信任感，而校长虽然整天忙忙碌碌，也很难见到成绩。

作为一所学校的掌舵人，校长要有统一的办学思想以及矢志不渝的工作态度，让学校这艘大船稳步前行，而不是左右摇摆不定、迷失航向。

羊群效应

——独谋善断，不盲目跟风

（一）羊群效应启示

羊群是一种很散乱的组织，平时在一起总是盲目地左冲右撞。但一旦有一只领头羊动起来，其他羊也会不假思索地一哄而上，全然不顾旁边可能有狼或不远处有更肥的草。

不要以为只有羊群才这样没有头脑，人们也常常因发现一条长长的队伍排在那里，便想一定有什么紧俏商品或便宜货正等着人，于是，赶紧抢位置排队。由于人多，等了将近半个小时，可是等排到前边一看，大失所望：原来，人们并不是在排队购物，而是在排队等着上厕所！这就是“羊群效应”。

羊群效应反映出人都具有从众心理（也称盲从心理）。与大家保持步调一致，这实在是既省力又安全的办法。在现实生活中我们常常可以看见这种盲从现象。近些年来，这种现象也在校园建设中有所发生，致使一些学校从建校规模、建筑风格到办学目标、教育理念，都变得越来越像。究其原因，就是这些学校把一些改革做得很好的学校的经验奉为经典，或者受当下比较流行的办学思想和教学方法的影响较深，没有分析自己的现实处境和实力，以及自己本身所固有的优点和最初的办学目标，而去盲目地跟风。

一味地盲从，结果只能是“画虎不成反类犬”。众所周知，一所学校的特色是关系到学校生存和发展的重要因素，也是学校的一个重要标志，还是提高学校核心竞争力的有力保证。但学校的特色不是一朝一夕就能形成的，它需要长期形成的传统和风格作铺垫，需要凭借原有的基础，继承光荣的传统，发扬已有的风格。很难想象，一所没有自己特色的学校能够拥有生命力和持续发展壮大。

在第二届中国中学校长大会上，有人指出："中学名校长的社会影响力大，更应该安安静静地办学，不盲从社会庸俗观念。"我们需要的是特立独行的学校，而不是一个散乱的、盲目从众的"羊群"。因此，校长对学校的发展要有自己独到的见解，要努力寻找一条属于自己、适合自身发展的道路，走出"羊群效应"的怪圈，做一只特立独行的"羊"。

（二）敢作敢为，特立独行

四川省泸州市梓桐路小学的校长刘川属羊，但在性格上，他不是一只温和的羊，他更多地表现出羊的"偏执"和"执拗"，他是一只执著的羊，是一只保持了纯洁而很难被所有人喜爱的羊。在他身上，体现着教育的理想、自由的思想、不落俗套的勇气与智慧。

1. 无私者才能无畏

地处泸州黄金商业地段的梓桐路小学是一所老牌名校，办学水平和教学质量在四川省内都很强。但由于历史原因，学校的办学条件却很糟糕，仅13亩的校园呈三级台阶布局，上下落差13米，被形容为"听得看不得"的学校。为此，泸州市教育局多次考虑迁校或就地改造。最终由于重建改造经费将超过学校所属江阳区15～20年的区域教育基建经费的总和而放弃了。

几年中，刘校长从未放弃过，他多方奔走，最终决定与开发商联手，充分利用地形与空间，以原校的第三级台阶为基础建设梓小新校园，第一层、第二层临街，由开发商开发商业用房。整个工程改造与开发，不花政府一分钱，所需资金由开发商独家承担。

方案一经抛出，立即引来各方质疑：这样做，会不会把学校给"卖"了，国有资产会不会流失？

面对质疑，刘川不辩白，不诉苦，坚决地与开发商签了合作协议。他说："考虑个人利益必将影响到整个建设，我敢走下去，就是因为我没有一点儿私心，无私者才能无畏。"

最终，刘校长成功了，创造了"梓小神话"。面对下面一系列"数字炸弹"，我们每个人都为之惊叹：

2002年9月，崭新的梓小校园面积由原来的8500平方米扩大到12000平方米；教学用房由4600平方米扩大到9200平方米；运动场由分割为三块的共800平方米的土操场变为拥有200米标准环形跑道的塑胶运动场和1460

平方米的室内操场；学校商业用房由 400 平方米增加到 2400 平方米；教学设备由不足 100 万元增加到 800 多万元，建成了在四川全省领先的校园四大网络系统。

后来，许多学校校长跑到梓小来学习、取经。但是，很难再有另一个神话出现。一个校长甚至在听完这惊心动魄的一切后说："刘校长，我不学了，学不了。"

2. 打造一支具有品质与内涵的教师队伍

"校长的职责是要塑造有大教育气魄的教师。"刘校长说，"教育是一种理想事业。理想有多大，平台就有多宽。理想的实现依靠什么？靠人！教育理想的实现依靠的就是教师。"为此，刘校长决心打造一支具有品质与内涵的教师队伍。他敢于放手让教师们走从没有走过的路，敢于让他们出错，也敢于让他们失败。

（1）利用新信息随时给教师"洗脑"

刘校长从不具体要求教师应当或不应当做什么。当校长以来，他对教师的教育只保留了一个习惯——利用开学典礼、教研活动、日常对话，随时给教师"洗脑"。

周四，梓小教师例会，只要在学校，刘校长都会讲话，讲最新的教育思想、教学观念，讲教育的责任与理想，讲教师的激情与理性……

刘校长的讲话，不仅内容新鲜，而且绝不走过场。他有几个"讲话原则"：不讲废话；不讲别人不愿听的话；对教师进行心理疏导；不断对教师输入新信息。

（2）坚信教师的潜能

有一次，刘校长观察发现，授课十几年、已经小有名气的音乐教师刘欣有很好的文字功底和口头表达能力，便决定安排她教语文。

最初，刘老师无论如何不能接受，但她知道刘校长是个"霸道"的人，说一不二，就忍了。

没想到，后来的事实证明，刘校长的决定非常正确。刘老师那引入了音乐元素的语文课堂，缤纷多彩。

（3）用心关爱每一个新教师

年轻教师刚到梓小都很畏惧，因为这是一所百年老校，很多教师都是"高人"。对此，2004 年以来，刘校长一直坚持与新来的年轻教师进行"一对一”交流。

每周，年轻教师都会就工作、生活甚至个人问题、困惑给刘校长写信。刘校长每信必复，到现在，已经有几十万字的回信。在信中，刘校长宽容年轻教师的不成熟，让他们正确面对困惑乃至失败，鼓励他们做梦，甚至做“白日梦”，然后引导他们努力让美梦成真。

(4) 敢于为教师承担责任

刘校长常对教师们说：“改革失败的责任由我担，改革的成果由你们分享。”

41 岁的陈丹老师没有师范教育的背景，1987 年到学校教语文，直到 2001 年，在刘校长的鼓励下，她才教了第一个毕业班。在临近毕业考试前两个月，学校派她到省里参加一个月的“四川省实验示范校骨干教师培训”，陈老师很犹豫，但刘校长却坚持让她去。

培训回来，陈老师拼命工作，一个月后，学生毕业考试大获成功。

事后，陈老师问：“校长，你不怕我把工作搞砸?”刘校长说：“我相信你，而且即使砸了，也没什么。”

从此，一向低调的陈老师工作热情越发高涨，胆子越来越大。2003 年，学校中层干部竞聘，她当上了语文大组长。

在刘校长的正确引导下，梓小教师的“口味”与品位大大提高了。教师们关注自我的快乐、彼此的快乐和团队的快乐。每一位教师，不管年老或是年轻，都活得真实、自然，活得健康、快乐。

3. 对政治敏锐，能够审时度势

刘校长对治理教育乱收费的认识是这样的：“人民教育人民办是在特殊的历史背景下提出的，乱收费现象因此而生。学校生存和发展以前是靠校长找钱，所以培养了大量‘钱姓校长’，但这已经是旧有观念。现在政府拿钱办教育成为必然，学校职能必须转变。所以，在这样的大背景下，校长要转化思想。一个睿智的校长，应该研究在现有条件下如何让学校将来更好地发展。”

听完他的话，有人说，刘校长是在“作秀”。

刘校长说：“并不是这样!”他认为，校长在职业生涯中必须具备政治敏锐性，作为代表国家意志管理学校的校长，一定要敏锐把握国家利益，不能把学校利益与国家利益对立起来。校长应该审时度势。

不仅如此，刘校长还要求教师要具有敏锐性，让他们认识到在不同的政策下教师的角色定位。

刘校长就是这样一个具有顽强生命力和意志力的特立独行的校长。

教育是一项为未来所得付出的事业，对学生、对教师来说都是如此。虽然这个过程会很漫长，但梓小教师的身上已然存在这种指向未来的精神储备。从这种意义上说，刘校长成功了。他以自己特立独行的办学理念，将学校引到了成功的路上。

现代教育呼唤个性的张扬，学校管理呼唤个性化的校长。如果一个校长人云亦云，一味跟风盲从，那么他就会“被人牵着鼻子走”，这对建设有特色的学校来说无疑是“灾难”。

古语云：“行成于思，毁于随。”在学校管理中，校长凡事都要多动脑筋，不能跟风盲从、随波逐流，要学会独立思考，有自己的主见，有自己的个性，创新发展，从而让学校具有鲜明的特色。

（三）做特立独行的领头羊

羊群效应呼唤有主见的领头羊的出现。在校长的面孔越来越趋于同一化的今天，校长如何使自己成为众多相似面孔中绝对独特的一个呢？

1. 更新思想观念

作为一名校长，如果拥有先进的新思想、新观念，就能鼓舞教师积极向上，引导他们朝着新的方向前进，从而让学校在社会大环境中生存与发展。校长更新思想观念，应从以下两个方面着手：

（1）善于学习

在现代信息瞬息万变的形势下，校长要善于学习。古人云：“见贤思齐焉，见不贤内省也。”这就提醒校长要学习先进思想观念，并随时查找自己的不足。为此，校长首先要抓住各种培训机会，学习和掌握新的教育管理思想和方法，还要特别学习和掌握计算机知识和使用技能，学会使用信息网络。同时，校长要随时随地关注各地（包括国外）的先进教育思想和管理经验，关注科学事业上的最新发现和发明，关注社会各界对人才的需求。

在得到众多的信息后，校长需要把这些信息加工处理，在深刻理解的基础上开拓新的思路，并将其上升为理论经验。

（2）善于扬弃个人经验

对于个人经验，海尔总裁张瑞敏说："一个人的经验很重要，可一旦全盘依赖经验也就完了。因为这样不可能适应外界的发展变化。"美国一位管理学家说："你要想搞垮一个企业很容易，只要往那里派一个具有40年管理经验的总裁就行。"可见，个人经验虽然重要，却有利有弊。

虽然在长期的工作实践中积累的许多经验很重要，但是校长一定要善于扬弃自己积累的经验，要运用科学发展观审视自己曾经拥有的思维方式、方法，批判地继承，以永葆思想观念的先进性。

2. 更新管理理念

随着思想观念的更新，校长也应该更新自己的管理理念，打破原有陈旧的管理秩序，构建与新的管理理念相适应的新的管理制度，规范管理行为，保证管理工作在新的层次上良性循环，从而推动学校和教师向前发展。

（1）学会模仿

先进的学校管理理念需要模仿，但是校长必须结合学校的实际情况，实现创新。也就是说，照猫画虎，目的是画好虎。

（2）集合创新

在遵循教育规律的基础上，校长要在新的管理思想指引下，梳理好学校各项工作，对学校系统要素进行优化组合，寻觅管理的最佳状态。这种实践的过程，就是集合创新。

（3）要有新"主意"

拿破仑·希尔在《成功学》中讲道："没有任何东西的威力比得上适时的主意。""主意"从哪里来？从对问题的分析判断中来。这就要求校长要自觉运用马克思主义哲学，从问题的不同角度找主要矛盾，抓矛盾的主要方面，然后对症下药，拿出解决问题的新方式、新方法。

3. 以人为本

学校是培养人的地方，教师是育人的人。因此，校长管理学校应以人为本。当校长在学校管理中坚持了以人为本的理念，他就会作出最符合学校实际的管理决策。

（1）以教师为本

教师是教学的主人。校长应创设和谐、宽松的人际环境，重视和学会做教师的思想工作，积极构建新形势下教师思想工作的方法策略，坚持以教师为本的原则，尊重教师的人格，了解教师的心理需求，关注教师的发展，积极引导教师向高层次发展，努力帮助其实现自身价值。

（2）以学生为本

学生是课堂的主人，课堂教学要以学生为本。这就要求教师做学生学习方法和学习策略的指导者，做学生学习的组织者，做释疑解难的点拨者，做创设情境、唤醒情感的激发者，充分发扬教学民主，鼓励学生标新立异，促其完善，助其发展。

4. 加强制度建设

制度是学校管理有序进行的保证，也是学校持续健康发展的保证。科学、规范、完善的管理制度是校长依法治校的重要保证。校长是学校的法人代表，必须加强学校管理制度建设。

在确定办学理念和治校方针之后，校长首要的任务便是致力于健全学校的各项规章制度，使学校的各项工作“有章可循”，各科室及全体教职员工“有章可依”。

在制订制度的过程中，校长应充分发挥教代会的作用，使制度的制订“合法化”，这样才能被广大教职工所认同并自觉遵守。

学校应建立校长和各级行政领导期末述职考评公开制度，使校行政置于党支部和教代会的有效监督之下，从而形成“校长全面负责、党支部保驾护航、教代会民主参与”的科学化、民主化的管理机制。

在执行制度时，校长和各级行政领导必须以身作则、为人表率，以自己的实际行动和人格魅力，不断增强教职员工执行规章制度的自觉性。同时，在严格制度管理的基础上，校长还应施以情感管理、观念管理，使管理成为学校持续健康发展的保证。

5. 敢于实践

实践是检验真理的唯一标准。只有通过实践，校长才能把先进的管理思想付诸实施，才能真正认识规律、掌握规律、提高自己。

学校的主要实践环节是教学，校长只有深入教学，才能了解学生获取知识、发展能力的规律，才能了解教材内容、课程设置与学生创新意识、创新精神培养的相关性，才能了解教师在培养创新人才过程中的作用。这样，校长才能提出符合学校实际的先进管理思想和策略，才能进一步转变观念、掌握规律、推动新的教学实践。

学习、消化、实践，再学习、再消化、再实践，不断把学校管理推向新的层次，不断为国家培养更多更好的具有创新意识和创新精神的人才，这是校长应承担的庄严职责。为此，校长要全面贯彻执行国家的教育方针，提出自己鲜明的办学理念和治校方针，并把它贯穿于学校的日常管理活动中，传递给全体教职员工，形成共同的办学主张，进而转化为自觉的行动。

青蛙效应

——时刻保持危机意识

（一）青蛙效应启示

19世纪末，美国康奈尔大学做过一次著名的试验：首先，实验员将一只青蛙放在煮沸的大锅里，青蛙立即触电般窜了出去。后来，实验员把这只青蛙放在一个装满凉水的大锅里，任其游动自由，然后用小火慢慢加热大锅里的水。在加热过程中，青蛙虽然感觉到外界温度的变化，但能够适应升高的温度，并没有立即往外跳。慢慢的，当水温使得青蛙迫不得已向外跳时，它却失去了逃生能力，被煮熟了。

青蛙第一次之所以能逃离险境，是因为它受到了沸水的剧烈刺激，于是便使出全部的力量跳了出来。第二次由于没有明显感觉到刺激，青蛙便失去警惕，没有了危机意识，然而当它感觉到危机时，已经没有能力从水里逃出来了。这就是“青蛙效应”。

俗话说：“生于忧患，死于安乐。”意思是：人在困苦的环境中，因为容易激发斗志，反而容易生存，而在安乐的环境中，因为没有压力、容易懈怠，反而会给自己带来危险。青蛙效应强调的便是这个道理，它告诫人们要有危机意识，提示人们居安思危、未雨绸缪。

校园是人口高度密集的地方，交织着各种各样的人际关系；学生年龄小，生理和心理方面都不成熟，自身防护能力较差，掌握的求生知识较少。这都使得校园危机产生的概率增加，造成危害的程度大大加强。

一般来说，校园危机大致分为以下几类：

1. 人身安全与生命安全危机

这类危机事件主要包括：因地震、洪水、台风、火灾等造成的自然伤害事故，因社会动乱、中毒、校园暴力、传染病的暴发和流行等造成的人为伤害事故。

2. 学校与教师的信誉危机事件

这类危机事件主要指对师生或学校形象、声誉有负面影响的事件，如教师对学生的体罚和变相体罚，教师对学生家长提出出格的有偿家教，学校办学质量的滑坡等。

3. 学校持续发展危机事件

这类危机主要包括资金问题、师资问题、生源问题、教学问题、人际关系问题等。

校园危机导致学校经济遭受重大损失，师生安全受到威胁，学校形象及声誉下降，管理运转不畅甚至瘫痪，会严重阻碍学校的发展和竞争力。所以，作为学校管理的核心，校长应提高对学校危机意识的认识，要把危机意识视作生命力和发展力，要在危机初始阶段就有相应的应对策略，防患于未然，让学校转危为安。

（二）让“三把火”燃烧得更猛烈一些

1997 年 4 月，崔其升被调到山东省茌平县杜郎口中学任校长。

刚来杜郎口中学，崔校长发现这是一所偏居鲁西北的远近闻名的薄弱初中，周围都是大片的田地；学校设备十分简陋，连一只用来上公开交流课的像样的音箱都没有，更不用说多媒体教室、视听教室了。更令人担忧的不是物质条件，而是师资力量薄弱，领导班子管理不力，人心涣散，教师得过且过，家长怨声载道，学生厌学怕学，纷纷转学，甚至连本校教职工的子女都转到其他学校就读。这让崔校长有了强烈的危机感。

既来之，则安之。既然学校已经走到了死胡同，与其坐以待毙，还不如来个彻底的变革。于是，崔校长开始了他的听课历程。他发现，教师在课堂教学中唱着独角戏，上课就像白开水一样枯燥乏味，课堂死气沉沉，学生昏昏欲睡，有些学生还在课堂上搞恶作剧，教学秩序混乱，师生关系紧张，体罚、变相体罚时有发生。

崔校长又对学生进行了多次上门家访。在家访期间，一个学生家长痛心疾首地告诉他：“孩子在学校混了三年，痛苦了三年！”这句话深深地刺痛了崔校长，他感慨地说：“教师把学生看做接受知识的‘灌装桶’，课堂由教师

‘一统天下’，学生像被驯服的小绵羊，只能被动地接受教师传授的知识。这些究竟给教育带来了什么？给孩子带来了什么？既然‘满堂灌’没有好的效果，我们能不能改？我们该怎么改？”

经过精心筹备，1998年秋，杜郎口中学的教学改革拉开了帷幕，崔校长点起了新官上任后的“三把火”。

第一把火是“量化指标”。

崔校长深知，评价是课堂教学改革的突破口，他将一堂好课的评价基点定位于学生的动。为此，他出台了对教师上课、备课以及业务学习的新规定：

1. 上课要求

(1) 课堂气氛：第一，教师微笑授课；第二，学生积极主动、情绪高涨、勇于自我表现。

(2) 活动内容及形式：第一，形式多样、情趣浓厚、寓教于乐；第二，能提高学生动脑、动手、动耳、动口能力，以培养学生的创新意识和实践能力为目标。

(3) 学生活动量：学生活动35分钟以上（优），30分钟以上（良），29分钟以下（一般）。

(4) 教师基本功：第一，板书富有条理，突出主要知识点，版面设计美观科学；第二，讲普通话。

2. 备课要求

教师要杜绝抄袭教学参考书及现成的教案，内容要体现学生的主体性，组织多种形式的活动，培养学生的创新意识和实践能力。

3. 业务理论学习要求

笔记每周一篇，不准抄袭，要写上课的心得体会、经验总结，写学生在课堂中的表现。

为了使教师掌握教改的内涵，崔校长提出了16个字的课堂评价标准，即“生龙活虎，欢呼活跃，争问抢答，喜笑颜开”。

量化评价指标就像一颗重磅炸弹一样，投到了这座沉静多年的校园，这些“另类”的要求在教师中引起了强烈的反响。

第二把火是上好“三课”。

量化评价指标并不能直接带动教师的行动，崔校长的改革遭遇了教师或明或暗的抵抗。有些教师公然提出：“我们辛辛苦苦地讲课，学生还学不好，现在还要我们少讲，这是在‘玩火’。”还有的教师口头赞成改革，暗地里依然我行我素。

崔校长知道，对于课堂教学创新，教师心里犯难是难免的，关键是需要专业引领和大胆尝试。所以，崔校长先让业务校长、教务主任、年级组长、学科组长上观摩课，然后让骨干教师、学科带头人上示范课，最后再让任课教师陆续上达标课。

通过“三课”，崔校长硬是把全校教师一步一步地“逼上”了教学创新之路。

第三把火是“一谈二警三停”。

对于大约20%不过关的教师，崔校长实行“一谈二警三停”。“一谈”，就是第一次课堂不达标者，先找他个别谈话，谈教改意图和课堂要求，指出他的问题，明确改进要点。“二警”，就是第二次不达标者，要在学科组会上予以通报。“三停”，就是如果第三次还不达标，学校便果断地让他停课反思，让他听骨干教师的课，对他进行专题辅导。

经过三年改革，这所在全县中考排名多次倒数第一的中学，已经上升到中游地带，终于摆脱了被撤并的命运。更为重要的是，该校教师从畏惧教改到开始信任教改，甚至热心教改，校园中所激荡的改革生机令人振奋。

2001年，新课程改革推行后，崔校长忽然发现，自己所采取的许多教学改革举措，与新课程改革不谋而合，这让他对新课程理念的理解更为深入。然而，崔校长仍有着强烈的危机意识，他决定继续深化改革，使杜郎口中学在新课程改革的大潮中实现新的突破，争当学校改革的弄潮儿。

2002年秋，崔校长对课堂时间作出了“10+35”的硬性规定，即教师讲解所用的时间必须等于或小于10分钟，学生自主活动不少于35分钟。只要在一节课上讲解超过10分钟，教师即被判定为上了一节失败课。经过一段时间的实践，果然出现了崔校长所期待的“学生动起来，课堂活起来，效果好起来”的良性循环。

2004年秋，崔校长在听课中又发现了一个不为人所注意的现象，教师一站上讲台往往就情不自禁地找到了以前“独霸讲坛”的感觉，不由自主地多讲起来，于是他提出了“取消讲台”的大胆构想。

现在，当你走进杜郎口中学的任何一间教室，都会惊奇地发现，教室的三面墙都是大黑板，教室中间是纵向排成的三排课桌，学生分组排位，面对而坐。课堂教学形式丰富多彩，“台上”学生或表演、或辩论、或唱歌、或讲解、或朗诵，小品、课本剧、诗歌、快板、歌曲、绘画、小组展示等多种形式交相辉映；“台下”学生或蹲、或站、或坐、或跪，地上、课桌上、板凳上挤成一团。每个班级都有一幅自己的标语，如“我参与，我成长，我快乐”“课堂大舞台，人人展风采”“新课堂，我主张”“我的课堂我主宰，我的人生我把握”等。

经过几年的艰苦探索，杜郎口中学的教学质量进入了全县先进行列。2005年11月12日，“山东省农村中学教育教学改革现场会”在杜郎口中学召开，大家一致认为，杜郎口中学的教学方法，不仅颠覆了传统的教学形式，更重要的是在培养什么人的问题上有了一个大的突破。然而，崔校长没有安于现状，他正带领着自己的团队继续挑战自我，即将掀起一场教学革新风暴。

目前，部分学校管理者盲目乐观，对校园危机意识缺失，认识滞后，应对策略还停留在补救阶段。他们认为校园危机不是经常发生的，而是偶然的。因此，当危机发生了，他们只是依靠经验来应对，并未建立合理有效的应对机制和危机预案。

更有甚者，有些管理者不但对事件的反应相当迟钝，而且采取一切措施掩盖事实真相，息事宁人。他们认为学校发生了危机事件是不好的事情，家丑不可外扬，不希望被“外人”介入，知道的人越少越好，介入的人也越少越好。

“真的猛士，敢于直面惨淡的人生。”正是崔校长求真务实、敢于面对、果断改革的工作态度和强烈的危机意识，才使得各方面都很薄弱的杜郎口中学很快成为各方面都让人刮目相看的强校。

人天生就是有惰性的，总愿意安于现状，不到迫不得已，多半不愿意去改变已有的生活。若一个人久久沉迷于无变化、安逸的生活，往往会忽略周遭环境的变化，当危机到来时便会像那只青蛙一样只能坐以待毙。

在学校管理过程中，学校领导的危机意识、决策水平、沟通能力、心理素质等都对学校的发展壮大起着非常重要的作用。作为校长，一定要提高自身的危机意识，提高应对危机的能力。

（三）做能摆脱危机的“青蛙”

校长危机意识的强弱，决定着他对危机征兆的敏感程度和对危机冲击的反应能力。如果校长的危机意识比较淡漠，不仅会导致一些本来可以预防的潜在危机转化为现实危机，而且还有可能导致在处理危机的过程中难以形成合理对策，甚至贻误时机。反之，危机意识比较强的校长，不仅能及时发现一些危机征兆并采取有效的预防措施，而且在处理危机的过程中也能迅速决策，使损失降到最低。危机无处不在，危机无时不在，校长应如何提高自己的危机意识和危机管理能力呢？

1. 树立先进的办学理念，扩展专业知识

社会的发展和《国家中长期教育改革和发展规划纲要（2010—2020年）》（以下简称《纲要》）对校长的素质提出了更高的要求。

苏霍姆林斯基说过："校长对学校的领导，首先是教育思想的领导，其次才是行政上的领导。"校长一定要有自己的办学思想，因为办学思想体现了校长的智慧和创造才能。校长要转变教育观念，树立"一切为了学生，为了一切学生，为了学生的一切"的先进教育理念，真正做到"为了全体学生的全面发展"，特别是要能够公正地对待每一个学生，向他们提供最适合的教育，使具有不同天赋、潜能、气质、性格和文化背景的学生都能得到最充分的发展，从而最充分地实现他们的人生价值。

校长是学校的灵魂。校长的专业能力对学校发展的作用是显而易见的，因此校长的专业发展是社会发展的必然要求。校长的专业发展主要包括校长的专业精神、专业修养、专业知识与专业能力等方面的发展。在此基础上，校长应使自己具有六种品质——时代的眼光、社会的良知、正确的理念、独创的见解、坚韧的品格和宽广的胸怀。

有了先进的办学理念和丰富的专业知识，校长便能够站在时代的高度，明确新时代对学校提出的各种挑战，把握社会的发展趋势。这正是校长危机意识和能力的体现。

2. 着力加强师资队伍建设，促进教师专业发展

办好学校，提高教育教学质量，最重要的是有一批团结且乐于奉献的教师。为此，校长应着力加强师资队伍建设，促进教师专业发展。

（1）抓好师德师风建设

校长应经常组织教师认真学习相关法律法规、教育理论等，帮助教师更新教育观念，掌握先进的教学方法，提倡教师"为人师表、敬业奉献、热爱学生、优质高效"，弘扬师德风范，树立良好的师德形象。

（2）依法治校

校长要完善学校管理制度，规范教师教学行为，全方位、多角度、客观公正地评价教师的教育教学工作和危机管理能力，并将考核结果纳入教师业务档案，作为奖励、评优、聘用、晋级的重要依据，最大限度地发挥教师的积极性，全面推进实施素质教育。

（3）建立校本教研制度

为了促进学校教育教学质量进一步提高，防止学校教育教学质量下滑，校长应努力提升学校品位，树立学校新形象，建设一支具有较强科研能力、较高教学水平的教师队伍。这就需要校长重视校本教研，努力提高教师专业知识和业务素质。例如，鼓励教师参加继续教育，通过岗位、学历培训，开展以“教学反思”“同伴互助”“专业引领”三个要素相结合的校本教研活动；加强现代教育技术培训，让教师掌握现代化教学设备，保证各种现代技术手段能在教育教学中得到广泛应用。由此，便可以探索出一条新的教师专业发展道路，让教师由教书匠逐步成为研究型教师。

3. 强化安全意识，维护学校安全

校长是学校安全的第一责任人。校长应高度重视安全工作，加强学生安全教育和日常管理工作，有效地保护师生的人身安全、学校财产安全，使学校安全工作真正落到实处。

（1）组织领导

学校要建立安全工作领导小组，要根据职责和工作性质，让校长与分管校长、中层干部及教职员工等均对学校安全工作负有不同程度的具体责任，力求做到职责明确、措施落实。

（2）强化安全意识

要做好学校安全工作，不仅需要学校领导的努力，而且还需要广大教职员工和全体学生的积极参与。只有具备了一定的安全意识，广大教职员工和学生才能不断提高应对安全伤害的能力，才能在安全伤害面前沉着冷静、随机应变。

作为学校的领导者，校长要通过专题讲座、讨论会、模拟训练、板报宣传等形式，组织广大教职员工和全体学生认真学习《教育法》《教师法》《学生伤害事故处理办法》等相关法律，不断增强他们的安全意识；要收集其他学校发生的安全伤害事件的典型案例或者本校曾经发生过的安全伤害事件的资料，组织教职员工和学生认真学习、讨论和反思，分析当时校方所采取措施的得与失，以增强大家的安全意识，提高大家应对安全伤害事件的能力；要组织广大教职员工和学生讨论安全伤害事件应对预案并进行模拟演习，使大家通过感性体验逐渐增强安全意识；邀请有关专家组织专题讲座，使教职员工和学生掌握一些基本的求生知识和技能。

（3）加强学校安全管理制度建设

学校应制订切实可行的安全工作规章制度，如严禁组织在校学生参与商业性活动，严禁组织学生参加有安全隐患的一切活动，严格执行学校安全事故报告制度，定期组织师生进行法制教育、安全教育，经常开展心理健康、交通安全、饮食卫生、消防安全等教育活动，进行预防和应急自救等教育培训，以提高全体师生的安全意识、安全预防和应急能力。

（4）建立有效的安全伤害应对机制

当安全伤害事件发生后，学校应立即启动应对预案，并由相关人员组成一个指挥中心，在确定安全伤害性质、估计发展趋势及其后果的基础上，协调校内各部门和相关社会职能机构解决安全伤害所需的物资、设备等。

（5）建立良好的安全伤害恢复机制

安全伤害结束后的恢复机制，是安全伤害管理体系中的重要组成部分。采取一些合理的善后措施，有利于恢复正常的教育教学秩序。而且，通过反思和总结，一方面可以积累经验、吸取教训，有助于日常安全管理工作的提升，另一方面可以寻求新的改进机会和发展机遇。学校应建立良好的安全伤害恢复机制，为自身的发展创造新的机遇。

不进则退，慢进亦退。校长只有时时刻刻提高危机意识，与时俱进，勇于开拓，努力实现外在条件和内在条件的提升，才能在众多学校的竞争中突出重围，立于不败之地。

危机固然是一件坏事，但是只要校长临危不惧，认真分析危机的成因及危害程度，积极寻求化解危机的办法，作出正确的应对决策，就能够妥善和有效地化解危机，转危为安。

只有这样，校长才能为师生营造一个健康、安全、文明、和谐的校园环境。

奥卡姆剃刀效应

——崇尚简单管理

（一）奥卡姆剃刀效应启示

12世纪，一位名叫威廉的基督教士因为博学而被称为“驳不倒的博士”，又因为出生于英国的奥卡姆，他被称为“奥卡姆的威廉”。他一生写下了大量著作，但享有盛名的却是他的一句格言：“如无必要，勿增实体。”

因为奥卡姆对当时无休止的关于“共相”“本质”的空洞抽象概念的争吵感到厌倦，认为凡是无用的废话和累赘，应当根据他的格言一律被“剔除”，人们便将他的这一似乎偏激的思维方式称之为“奥卡姆剃刀”。

“奥卡姆剃刀”曾使其所在教会受到威胁，被视为异端邪说，威廉本人也被关进监狱。然而，这并未损害这把“剃刀”的锋利，相反，经过数百年，它越发锋利，并早已超越了原来狭窄的领域，被应用到了科学、金融、管理、教育等领域，具有更广泛、更丰富、更深刻的意义。

“奥卡姆剃刀效应”的本质就是把“复杂简单化”，即指在思考和处理问题时，要把握事情的实质、主流，抓住最根本的问题，不要人为地把事情复杂化。因为把事情变复杂很简单，而把事情变简单却不容易。

有的校长在从事学校管理工作时，由于把简单问题复杂化，造成了员工互相扯皮、把小事扩大化等诸多问题，导致广大教职工身心疲惫、学校资源浪费、教育教学效能不断下滑。

复杂往往会造成浪费。在学校管理工作中，校长应学会运用“奥卡姆剃刀”，实行简单化管理。在处理具体问题时，校长应把握问题的实质，从而解决最主要的矛盾。

（二）讲究实际，实行简单管理

多年来，河南省开封市求实中学的张建平校长一直坚持推行一种在很多人看来似乎是简单的、偏执的管理模式。

1. 倡导人际关系简单化

在求实中学，张校长提倡“君子之交淡如水”，具体到学校管理实践中，就是将同事之间、同事与领导之间的人际关系简单化。为了实现人际关系的简单化，张校长建立了一套高效的用人机制。

与很多学校不同，求实中学只有校长和教职员工，没有处长、主任之类的中层管理岗位，校长可以直接管理教师和班级。遇到问题时，学生可以直接向校长反映，也可以通过校长信箱进行交流。

该校教职员工近200人，其中全脱产的行政人员只有15人，包括后勤、教务、图书管理员、司机等，其余全部是一线教师。对于很多学校来说，这是一件不可思议的事。

图书馆仅设一人，管理员既管图书，又管档案，还兼管学校新书的发放和相关的杂务工作，遇到突击性的工作，学校及时调配一些人员给予配合。

后勤办公室平时很少能见到人，他们都深入各个部门进行维修服务，能与他们联系的就是一块小黑板，黑板上写着各班的需求信息。一看到需求信息，后勤部门人员会在12小时内予以解决。

对如此“精兵简政”式的管理，张校长说：“如果设置的领导岗位多了，就可能出现人人都在管而人人又都不管的现象。比如，原本一个人的工作要分成三个人干，结果就会出现‘三个和尚没水吃’的现象，与其这样，不如让一个和尚挑水吃。”

在这种高效的用人机制管理下，教师之间、教师与校长之间的人际关系在很大程度上得到了简化，教师们因此也具有较强的协作精神和团队意识。

2. 实行无为、有所为管理

在对教师的管理上，张校长把已被淘汰的“大锅饭”思想巧妙地移植了过来，实行无为、有所为管理。

张校长说：“老师是不需要管理的，至少不需要给他们制订太多的条条框框，校长就要为他们营造一个宽松的有利于他们成长的环境。”在薪酬分配上，求实中学实行无为管理，不评职称，不评先进，无奖金分配，不以分数和升学率为教师排名，不管教师来校任教之前资历如何、职称高低，只要付出一样的劳动，就可以拿到一样的工资和奖金。

虽然求实中学在很多方面都奉行无为管理，但对读书制度的执行却非常严格。求实中学要求每位教师每周在学校阅览室内读 4 小时教育理论书，并写出 1000 字的读书笔记。张校长说，这是教师提升工资的必要条件。他始终认为，教师必须不断汲取新的教育理念。

在每年的新教师业务培训中，张校长都不忘给新教师推荐几个专业网站。比如，教育在线、成长论坛等。如今，在很多教育网站都能看到求实中学教师留下的评论。

从无为到有所为，“大锅饭”的简单管理丝毫没有影响求实中学教育教学质量的提高，相反，它保障了学校教育质量多年来连续在同类学校中名列前茅。2004 年 5 月，全国初中数理化三大赛事成绩揭晓，古城开封有 20 名选手获一等奖，其中求实中学竟占了 14 名。

3.“遥控管理”学生

张校长说：“真正的教育是自我教育，最好的管理是自我管理。”张校长注重营造一种让学生充分展示个性、张扬个性、发展个性的充满民主与和谐氛围的空间。他要求教师以培养学生自主管理能力为目的，逐步实现对学生的“遥控管理”。为践行这一理念，求实中学一直做着种种尝试。

求实中学重视社会实践是出了名的，经常开展社会调查、野外拉练等生存体验活动。这些活动通常由学生自己组织，全员参与，尊重学生的选择，把更多的选择权还给了学生。张校长说：“无论是参加市里的比赛，还是学校活动，大到评选市级三好学生，小到每节课的讨论发言，我们都十分重视给学生自我选择的空间。”通过这些活动，学生学到了课堂上学不到的知识，学会了团队合作。

“成长论坛”中的“快乐教育”版块，是求实中学主持的论坛。这里不仅有本校的，还有来自全国各地的教师和学生。在论坛上，教师与学生进行心与心的交流。“虽然是在一个虚拟的世界，但孩子们讲的大多都是真话，通过了解学生的眼界和掌握的信息，我们做老师的感到一种压力和动力。”大家在这里获得了另一种成长。

这就是张校长的简单化管理，它使求实中学在新时期教育教学改革中实现了规模与质量的双赢。如今，求实中学已有 3000 多名学生，分校有三所，教育教学质量不断有突破，在省内外的名气越来越大。

一位哲人曾说："头脑清楚，讲求实际的人最简单，未来也一定属于简单思考的人。"无论是在对学校人际关系的简单化管理上，还是在对教师的无为、有所为管理上，以及对学生的"遥控管理"上，张校长无疑都做到了讲究实际、简单思考，达到了简单管理的目的。凭借这种独具特色的简单管理方式，张校长让求实中学插上了腾飞的翅膀。

管理的真谛就是简单。能简单的时候就不要复杂，复杂不仅不能证明一个人能力的强大，反而会衬托他的平庸和无能。我们时常看到，为了体现自己的"能力"，有些校长在处理问题时总是喜欢"长篇大论"，或是绕弯走路，结果将很简单的问题复杂化，最终陷入纠结中，无法脱身。造成这样的结果，就是因为这些校长不懂得管理的真谛。另外，这还与他们没有认清问题的本质有关。

海默在《有一种缺点叫聪明》中谈道："凡事应找规律，去伪存真，去粗取精，由此及彼，由表及里，在真正掌握问题本质的基础上，以效率和效果为出发点，力求简单是最好的解决问题的方式，倘若把事情搞复杂，很多事情都会难以解决。"本来很简单的事情，为何要搞得复杂化呢？所以，校长在处理问题时要力避故弄玄虚、不切实际，要用"奥卡姆剃刀"果断剃掉一切干扰自己作出正确判断的枝节。

（三）学会运用简单的智慧

1994年2月，美国国家银行发展部主管吉姆·沙利和约翰·哈里斯召集下属开会，会议议题是"改善领导层、员工和客户之间的沟通与联系"，目的是使美国国家银行成为世界上最大的银行之一。在会议结束之际，墙上挂满了大家构想的草图。总结的时刻到了，约翰举着记录本站了起来，说："我要说的就是这些。"然后，他在墙上写下"简单就是力量"几个红色大字结束了总结。简单是一种智慧，且是一种智慧的力量。那么，在学校管理中，校长该如何运用这种简单的智慧呢？

1. 用制度管理

"总统有时也是靠不住的。"要使一个管理良好的组织能够历经几代成员更替仍能继续成功地运行下去，只有用制度管人。用制度管人才是科学的管理方法。

制度管理，就是一个人该获得褒奖或奖励，不是领导要奖励他，而是制度要奖励他；同样，一个人该受到批评或惩罚，不是领导和他过不去，而是制度规定了他必须受到批评或惩罚。

在学校管理中，采取人管人的办法是不可取的，校长应该建立各种科学合理的制度和规范要求，使全体教职员工在学校活动的各个领域都有统一且明确的行为标准和工作程序，知道“应该做什么”“不应该做什么”“鼓励什么”“禁止什么”“什么该奖”“什么该罚”等。

2. 主动沟通

学校管理中存在的问题，最有发言权的，一是学生和家长，因为他们是直接接受教育服务的对象；二是教师，因为他们是直接施行教育服务职责的人，是学校进行管理的核心焦点；三是学校管理人员，因为他们是直接施行管理的人，能最先察觉学校管理过程中的薄弱环节。如何让他们第一时间把问题反映出来？最好、最直接的办法就是校长与他们主动沟通。

任何人都有一种沟通的欲望，尤其是同自己的长辈和上级沟通的欲望。但问题是长辈或上级是否给别人这种沟通机会。如果校长能够积极、主动地与教师、学生、家长、管理人员沟通，全面及时地了解、掌握真实情况，就能极大地提高学校的管理效率。因此，作为一名校长，应多走进教室、走进教师办公区，乃至走进社区、走进学生家庭，倾听最真实的声音。

3. 事先调查和分析

一位成功人士说：“你应该在每天早上制订一下当天的工作计划，仅仅5分钟的思考就能使你摆脱工作的追赶，把工作变得更有效率。”“凡事预则立，不预则废。”什么事情都应该事先想明白了再去做，否则，一有想法就“火急火燎”地去做，等发现偏差了再去纠正、调整，反而费时费力。正确的做法是，校长在学校管理工作中应事先调查和分析，再制订出解决问题的最佳方案。

4. 合理安排工作次序

对于工作的内容，校长首先要考虑的不是工作细节，而是确定事情的大致方向与处理事情的先后次序。例如，先确认好做哪些事，才能开始后续的作业；哪些事情应该排在最后处理，以免因其他流程变动而必须重做；各项流程之间应如何协调与整合……

对于工作的顺序，校长应按事情的“重要程度”，即对实现目标的贡献大小来编排优先次序。具体来说，就是对实现目标越有贡献的事越重要，越应获得优先处理；相反，它就应该延后处理。

5. 用最直接、最简单的方式解决问题

“两点之间直线最短。”实现简单化管理的最好办法就是用最直接、最简单的方式解决问题。

事情能否简单解决，关键不在于事情的难易程度，而在于解决问题的人是否能够采取最简单的方法。易言之，问题解决的难易程度取决于解决方式的复杂程度。用复杂的方式处理问题，问题就很可能变得复杂；反之，用简单的方式处理问题，问题就可能变得非常简单。

所以，校长在解决问题时，要从事物的实际出发，就事论事，不能将其复杂化，因为任何事情其实都不复杂，往往是人为地将其复杂化了。

6. 适当追求完美

有的校长喜欢追求完美，这也要做好，那也要做好，这个要争第一，那个也要争第一。结果，哪一方面做得都不完美。

实际上，有些完美是值得追求的。比如抓课堂教学，因为它是素质教育的主阵地；比如抓校园安全，它事关师生人身安全，再小的事也是大事，马虎不得。这样的事，校长要亲自抓，要常抓不懈，而且要力求做得最好。而对于和其他学校比教学楼有几座、图书馆藏书有多少等形式上的事情，则应适可而止，甚至不追求。

7. 着重于人际关系改善

在学校管理中，最需要做简单化处理的就是人际关系。有些学校，教师感到最累的不是日常的教育教学工作，而是人际关系的纠缠。如果学校教职工不团结，三个一帮、五个一派，教师在各种场合说话、办事必须“鉴貌辨色”，“不可多说一句话、不可多走一步路”，那么许多工作将难以进行，大家都会因此感到身心俱疲。

学校的人际关系和谐与否跟校长的管理有直接关系，因为校长是学校这台机器的组装者。要让这台机器迅速通过磨合期，使人际关系和谐，校长应做到：(1) 倡导教师、中层干部多谋事、少谋人，想干事、能干事、干成事、不出事；(2) 坚持以“政治上靠得住、发展上有本事、管理上有能力、业务上有水平、作风上过硬、群众信得过”为工作导向；(3) 坚持提拔必先公示、公开竞聘的原则，坚持“能出能进、能上能下、淘劣留优”的机制；

(4) 坚决扶助正气，勇于打击歪风邪气，使广大干部、教师无后顾之忧。

只有简单化，才是最好的。简单化管理是一种用最小的投入获得最大效益的管理模式，其核心是要形成一种自然秩序。也就是说，当组织中的每个岗位、每个环节、每个人都知道什么时候该做什么、怎么做，学校的秩序自然就形成了。

因此，校长要把简单化管理作为终极追求，凡是有利于执行的因素都充分而科学地利用，凡是不利于执行的因素都尽量排除，从而在组织内部形成一种机制和氛围，使教职员工将执行变成一种自觉的行为，使全校上下有共同的追求，目标明确、注重现实、快速行动、做事简洁高效。

坎特效应

——管理从尊重开始

（一）坎特效应启示

斯卡拉曼丝绸公司的总经理比特女士非常注意从细微之处尊重员工。她向员工演讲时，从不用“工人们”这个称呼，而是用“师傅们”这个称呼。虽然她是一个有修养、爱干净的人，但她随时欢迎光膀子的工人走进她的屋里谈事情。在这种“尊重员工”的管理观念引导下，公司上下一心，亲密合作，业绩不断攀升。尤其是20世纪80年代与90年代初期，当整个纺织业处于困难时期，斯卡拉曼丝绸公司却靠着全体员工的力量顺利渡过难关。

尊重员工是一种非常有效的管理方式，它可以激励员工实现自我发展，促进团队合作，共谋企业发展。对此，哈佛商学院教授罗莎贝斯·莫斯·坎特提出一个观点：“管理从尊重开始。”坎特认为尊重员工是人性化管理的必然要求，是回报率最高的感情投资，只有员工的私人身份受到了尊重，他们才会真正感到被重视、被激励；才会在做事情时主动承担和负责，完成上司交办的任务；才会与经理积极沟通，心甘情愿为团队的荣誉付出。人们把坎特的这一观点称为“坎特效应”。

在学校管理工作中，有的校长非常强调组织机构的完善、计划方案的周密、规章制度的健全，非常关注学生的入学率、升学率，却偏偏没有很好地重视教师的人性因素。更有甚者，一些校长竟把教师放在被利益驱使的“打工仔”的位置上，采用所谓的“胡萝卜加大棒”的管理方式，一方面不断奖赏意见一致、顺从、合作的教师；另一方面利用权力或规章制度来惩罚、约束那些富有个性和主见的教师。这样的结果是，教师和校长之间形成了对立情绪，甚至是尖锐的矛盾冲突，学校的教育教学质量因此受到严重影响。

教师是一个具有较高知识层次的特殊群体，他们的特殊性表现在：有较低层次的生理、安全方面的需要，而对较高层次的爱与归属、尊重与自我实现等方面的需要，有较其他社会群体更强烈的追求；既是学校管理的客体，又是承担着管理学生的主体，具有较强的自主性倾向；工作的特点是脑力劳动，其劳动强度、进度、质量很难加以量化控制，在很大程度上取决于教师的自觉性和责任感。

这些特殊性使教师从本质上超越了被理性主义者视为可以通过制度和利益机制进行诱导和控制的“经纪人”的范畴，也不是停留在行为学派认为的追求友情、安全感、归属感、尊重等社会和心理需要的“社会人”的阶段，而是推进到了以追求价值观、信仰和自我实现为中心的“文化人”的阶段。

因此，在学校管理中，校长应充分重视教师的特殊性，树立“以教师为本”的管理思想，凸现其管理者的身份，增强其责任感和归属感，使教师的才能得到充分的发挥、人性得到最完善的发展。

（二）以师为本，为教师成长服务

湖北武汉市武珞路中学在外名头很响，这所学校没有优越的教学硬件，甚至没有令人倾慕的名师，却跻身全省综合办学50强，在高手如林的武汉初级中学中，年年中考成绩名列前茅。

何以如此？校长邱宝生说：“与别的学校‘以生为本’不同，我们奉行的是‘以师为本’。办社会满意的学校，首先是办老师满意的学校。只有老师发展了，学生素质才能得到提升，学校才有生命力。”

1. 校长把板凳搬进教室

“教学第一阵地在课堂，要向课堂要质量。邱校长最关注课堂，只要有空，他总是夹着听课本到教室去听课。”校办主任陈国平说。

邱校长平均每周听三四节课，且听课很杂，不仅仅限于他的数学专业，其他学科的课他也常听。他嘴边常挂的一句话就是：“校长听课要站在关心教师的角度，站在帮助教师发展提高的角度，提醒他（她）改进，而不是批评。”

“那天，邱校长突然走进教室说要听我的课，搞得我很紧张。一节课下来，我自己都不知讲得怎么样。课后，邱校长把我叫到办公室。邱校长首先肯定我肯动脑筋、有思想，但也提醒我，不要讲得太多，要给学生时间练习。”数学教师曾琳谈到校长第一次听自己的课时说，“现在，我是天天盼着他来听课。”邱校长听课后提的建议让曾老师充分认识到了自己教学中的不足，这让她感到很高兴，从此以后，她把每一堂课都当做是校长在听课，随时恭候校长的到来。

在邱校长的带领下，武珞路中学校领导进课堂听课已成了一种常规。现在，学校每个教室的后面都放着一排板凳，听课者不仅有校领导，还有教师和家长。

2. 为教师成长搭建平台

邱校长认为，校长就要为教师成长搭建平台。为此，他费尽心力帮助教师成长，而教师们也没有辜负他的期望。

肖蓉池老师念念不忘评区教坛新秀那一次：她在学校试讲了三次，每次邱校长都到场听课并指导。肖老师说：“有一次，邱校长为我点评，一直忙到晚上8点钟，连晚饭也顾不上吃。我想叫个的士送他回去，他不同意，骑着电动车回去了。”那一次，肖老师得了区教坛新秀一等奖。

李连珍老师教信息技术，虽然教的是小学科，但是，学校多次将特级教师申报名额给了她。对于此，李老师深有感触地说：“从评区、市学科带头人开始，是邱校长的鼓励使我一步步走到今天。今年特级考试结束后，我接到的第一个短信就是邱校长发来的，他关心地询问我考得怎样。”

在精神上和物质上，邱校长都为教师成长搭建平台。为了改善教师的工作和生活条件，邱校长下大力气投资：为每位教师配备一台计算机，建立校本研究档案馆，引进先进教学仪器……这使教师工作、学习的积极性明显提高，个人知识修养显著增强，从而很好地保证了教育教学质量。

近几年，武珞路中学培养了特级教师1人，省骨干教师5人，市、区学科带头人15人……在邱校长的带领下，一支优秀教师队伍逐渐成长起来。

3. 校长就是为教师服务的

在公开场合，教师们称邱宝生为“邱校长”，私底下则叫他“老邱”，称呼中透着亲切和尊敬。邱校长特别理解教师，经常设身处地为教师着想，因此，教师都把他当家人一样看待。

陈国平主任刚调到学校的时候，有家长向学校反映：“这个老师课上得好，就是作业少。”因此，邱校长找陈老师谈了一次话。

“老邱没有批评我，而是和我谈心。我认为语文就是要重视朗读和写作，而不在于做题。老邱表示理解，并鼓励我坚持自己的教学风格。”陈老师清晰地回忆着。

陈老师很庆幸，若不是邱校长这个开明的领导，《陈氏朗读教学法》就有可能因为家长投诉而被扼杀在萌芽中。

现在，陈老师在圈内已是小有名气。

姚思通马上到退休的年龄，现在却带两个班的课并担任一个班的班主任。大家都说姚老师越老越有干劲。

其实，姚老师心里憋着一股劲。那一年，他家里老人过世，邱校长特意把学校里的车派给他。事后，姚老师才知道，当天邱校长去市里开会，是自己搭公交车去的。“冲着邱校长这份情，我还能不站好最后一班岗?”姚老师动情地说。

对此，邱校长只是微微一笑，大声地说：“当干部不是多拿钱的，而是多干事的。”

这就是邱校长的治校秘诀。在他切实的“以师为本”的思想领导下，教师获得了更多成长、发展的机会，学生健康成长和发展，学校教育教学质量不断提高。

教育的成功，很大程度上依赖于一线教师的教育教学水平和管理水平。邱校长除了以合理有效的规章制度为要求，激励、调动教师们的主动性、积极性外，更多的是从尊重出发，关心教师的生活、工作及他们的所需、所想，尽最大努力为教师搭建实现自己理想的平台。

温家宝总理在《教育大计，教师为本》中指出：“教师承担着教育发展的重任，如果说教育是国家发展的基石，教师就是基石的奠基者。国家的兴衰、国家的发展系于教育。只有一流的教育才有一流的人才，才能建设一流的国家。”对校长来说，重中之重就是要善于挖掘人才、培养人才、利用人才。

成功的校长，往往不是靠权威，而是凭借感情与智慧，挖掘、培养和善用人才。而这一切都是以教师为本，从尊重教师开始的。

（三）利用坎特效应，真正尊重教师

“以教师为本”是尊重教师的实质，它主要包括三层含义：一是以教师为中心的管理，确立教师在学校管理中的主导地位，把教师作为学校管理的

主体；二是把教师作为能发挥积极能动性的、有思想、有创造力的管理客体，而不是一种生产要素、资源或是完成教育任务的工具；三是注重对教师发展的管理，这种管理在本质上就是以促进教师全面发展为根本目的。那么，在实际管理工作中，校长应采取什么样的策略使这三层含义得以全面体现呢？

1. 严于律己

“欲正人，先正己。”校长是学校的中心人物，其一言一行、一举一动无时无刻不处于教师的监督之中。所以，校长要对自己的言行负责，要严于律己、以身作则、率先垂范，在教师中树立起自己的威信，塑造好自己的形象，提升自己的人格魅力。

2. 充分信任教师

科学研究表明，一个人自身价值受到肯定，这个人的工作积极性、主动性和能力可以发挥出 90%；若非如此，则只能发挥出 20%～30%。

信任是人与人之间交往的基础，也是学校管理的前提。“以教师为本”的管理思想是将“信任”作为激励机制的。在学校管理中，如果校长能够充分信任教师，相信教师的觉悟，相信教师的能力，相信教师从本质上都是希望做好本职工作的，必将产生意想不到的积极效果。

信任教师就是校长在工作中“用人不疑，疑人不用”“用其所长，避其所短”。此外，校长应对大家一视同仁，对那些工作经验缺乏、工作效果不太理想的教师也要充分信任，并且要给他们提供一些好的建议和改进方法。

3. 学会真诚

尊重教师，最重要的是领导者要对他们真诚。

所谓真诚，就是对人的尊重不是有意做作，不是故作姿态，而是出于自身本性的品质和行为。

一个具有优良品质的人，就是一个值得信赖的人。领导者只有学会真诚，才能赢得信赖，其威信和号召力也会自然而生。因此，校长应学会真诚地尊重教师。

4. 学会宽容

在学校，学校领导与教师的关系时常处于矛盾之中，各种冲突时有发生，如教学工作的安排、教学评价、经济利益的分配、情感纠葛等都可能导致教师和学校领导之间产生矛盾。在这种情况下，作为学校领导，校长应首先对自己的言行作深刻的反省，若错误在于自己和其他领导，应主动、诚恳地检讨自己、承担责任，并向教师赔礼道歉，以争取教师的理解；若错误在教师，也不能过分指责教师，而要充分理解、宽容，真诚帮助教师改正错误。

5. 实行民主治校

民主治校就是要让教师参与学校重大决策及各项管理、监督工作。

让教师参与学校的管理，一方面可以激发教师的主人翁精神和创新意识，提高教师的工作效率；另一方面能够增强管理的民主性、透明度和可信度，使教师对学校的管理更有信任感和归属感，从而使学校形成一个有机整体，最终实现管理的组织目标和个人目标。

马斯洛指出："没有管理的管理是管理的最高境界……人人都是管理的主体，员工既是决策的参与者，也是决策的执行者。"实施学校管理，校长应建立健全教职工代表大会制度、校务公开制度等，以促使教师发掘自身的潜力，发挥自己的聪明才智，积极参与学校建设。

6. 了解教师的需求

每一位教师都渴望得到别人的认可、赞赏、支持。教师们有着各种各样的需求，而这些需求既有正当的、合理的，又有不正当和不合理的，这就要求校长深入调查了解，认真分析教师各种需求的正当与否、轻重缓急。对于教师急切的合理要求，校长应尽可能予以优先照顾和满足；对于那些因各方面条件的限制而暂时难以满足的合理要求，校长应实事求是地向教师说明原因，讲清道理；对于那些不正当的要求，校长不能姑息迁就或盲目顺从，而应耐心说服。

7. 关注教师的健康

目前，大部分教师教育教学任务普遍过于繁重，工作压力过大，体力严重透支，同时健身活动又少，使得教师们的健康状况非常令人担忧。

根据《教师法》第六章第二十九条规定：教师的医疗同当地国家公务员享受同等的待遇；要定期对教师进行身体健康检查，并因地制宜安排教师进行休养。

从保护学生健康的角度看，为学生提供教育服务的教师必须身体健康，经常与学生近距离接触的教师不能患有各种严重传染性疾病。

可见，不论是出于对教师个人的健康的关心，还是从保护学生的健康成长，以及从法律的角度来说，学校都应认真关注教师的健康状况，定期组织他们进行体验，若发现疾病，应及时治疗。

8. 注重对教师的培养

教师的培养对学校的发展至关重要，依据有利于教师发展的原则，校长应对教师的培养进行全面规划、统筹安排。一要考虑学校教学的需要，采取各种行之有效的方法，狠抓教师的业务能力，让他们掌握先进的教学方法；二要看到长远的需要，支持和鼓励教师努力学习专业知识，提高学历层次，为学校及个人将来的可持续发展奠定良好的基础。

根据教师实际工作的特点，学校在培养教师的过程中要正确处理好几个方面的关系：一是在职培训与脱产培训的关系，以在职培训为主；二是业余培训与正规培训的关系，以业余培训为主；三是专业知识培训与综合知识培训的关系，以专业知识培训为主；四是理论知识培训和实际工作能力培训的关系，以二者结合、不断提高综合水平为宗旨。

9. 动态评价教师

动态评价教师是指学校对教师的评价强调教师对自己教学行为的诊断和反思，注重学生的意见和家长的反馈，通过多方面的评价，使教师从多种渠道获得改进教学行为和提高自身修养的信息，不断提高教学水平和人格魅力。

动态评价教师的特点是：不仅注重教师的教学水平，还注重教师的师德修养，更关注教师的学习能力和人格魅力；主张使更多的人成为评价主体，加强自评、互评，使评价成为教师、管理者、学生、家长共同积极参与的活动；强调评价过程中主体间的双向选择、沟通和协商，关注评价主客体间的互动反馈，重视评价后的改进，促进教师不断发展；主张将多种评价方式进行整合，即定量评价与定性评价相结合，自评、互评相结合，构建全方位的教师评价体系……

动态评价教师可以实现由经验型教师向反思型、专家型教师的转化，促进教师的专业成长。这是一种最有利于教师成长的教师评价模式，校长应积极采纳和运用。

《纲要》提出，振兴民族的希望在教育，振兴教育的希望在教师。建设一支具有良好政治业务素质、结构合理、相对稳定的教师队伍，是教育改革和发展的根本大计。

要办好学校，校长应首先抓好教师队伍建设。校长应本着“以教师为本”的管理理念，在充分尊重教师的基础上，做到人尽其才、才尽其用，使教师的工作热情和积极性得到最彻底、最充分、最有效的释放。只有这样，学校才能培养出优秀的、具有创新精神的复合型人才，才能在新世纪的竞争中立于不败之地。

波特效应

——不要总盯着下属的错误

（一）波特效应启示

初秋晚上，老禅师在寺院里散步，忽然发现墙角摆着一张高脚椅子。老禅师心想：这一定是有人不守寺规，趁黑夜翻墙出去游玩了。于是，老禅师将椅子搬到一旁，弯身蹲在原处观察。没过多久，果然有一位小和尚由外越墙而入，在下墙时，由于黑暗，他踩着老禅师的背部顺利跳进了寺院。双脚落地没多久，小和尚很快发觉刚才踩的不是椅子，而是自己的师父。小和尚顿时手足无措，不知如何是好。然而，出乎意料的是，老禅师并没有严厉指责他，只是以平静的语调说："夜深寒气重，快去多穿件衣服，免得着凉。"小和尚感激涕零，便将整个事情经过一五一十地告诉了其他师兄弟。从此，寺院里再没有人在夜里越墙出去闲逛野游了。

对于小和尚的错误行为，老禅师知道宽容比惩罚更有效，他通过"宽容"达到了"无声"教育的目的。试想想，如果老禅师对小和尚严加斥责，或者通报全寺的话，教育的效果很可能适得其反。因为每个人都喜欢得到别人的尊重、赞美和宽容，而不喜欢甚至反感他人的批评、指责。这也正是"波特效应"的喻义。

"波特效应"最早由英国行为学家莱曼·波特提出，它是经济管理术语，其定义为：当遭受许多批评时，下属往往只记住开头的一些，其余就不听了，因为他们忙于思索论据来反驳开头的批评。由此，它暗示管理者不要总盯着下属的错误。

在学校管理中，波特效应现象时有发生。有些学校的管理者总是盯着下属的错误不放，很多时候，当下属犯了错误，他们便严词批评一番。在他们看来，似乎这样才会起到杀一儆百的作用，才能体现规章制度的严肃性，才能显示出管理者的威严。而实际情况恰恰相反，管理者过于关注员工的错误，尤其是一些非根本性的错误，会大大挫伤员工的积极性和创造性，甚至会使他们产生对抗情绪，从而造成非常恶劣的后果。

“人非圣贤，孰能无过?”每个人都可能犯这样那样的错误：孩提时玩火伤手，磕磕碰碰；青春期莽撞冲动，好高骛远；成人之后又常常浅尝辄止，自以为是……人正是通过不断犯错误，不断碰钉子，才逐渐成长起来、成熟起来的。可以说，错误与人生同行，错误与正确并存，错误与真理相伴。

“得饶人处且饶人。”作为学校的最高管理者，校长要学会宽容下属的错误，以平和、客观、公正的心态去正视、理解每一个错误；要设身处地地替下属着想，在批评的同时不忘肯定部下的功绩，以激励其进取心，并有效避免伤害其自尊和自信心。这样，校长就会得到下属的拥戴，学校各项工作也会得以迅速、顺利、有效地开展。

（二）宽容求真，站在教师的角度考虑问题

享堂西街小学是隶属于山西省太原市杏花岭区的一所企业改制小学，虽然教师只有20人，但70%的教师都是省、市、区的教学能手，这为学校赢得了很高的声誉。这令人惊异的数字得益于校长杨海潮的一句话和一个原则。这一句话就是——“站在老师的角度考虑问题，我可以原谅老师犯的任何错误”；这一个原则就是——“宽容和求真”。

1. 服务好每位教师

享堂西街小学的生源大多来自周围的企业和小商品商城，家长文化水平有限，更多的教育责任都由学校来承担。而学校的教师数量有限，在职教师包括校长和工勤人员在内一共20人，一个教师要承担多个年级的课程，课时数量远远超出市区的学校。这令许多教师忙得焦头烂额、抱怨不已。

杨校长能够体谅大家的苦衷，他和副校长一起安慰、鼓励教师们要敢于挑战，并请来省教科院的专家为教师们授课、评课，以提升教师的业务水平。

学校条件非常有限，不能给教师优厚的待遇。为了节约资金，每当有教师去参加讲课比赛，杨校长便亲自当司机，副校长负责照相，教务主任负责摄像。对此，杨校长感到很自豪，他说：“校领导就是要服务好每位老师，

让他们心情愉悦，这样他们才能让学生愉快学习。”

2. 不设签到制度，却没有一人误课

享堂西街小学的制度有很多，但每个制度在制订的时候都要征求每一位教师的意见。而制度一旦定下来，一定严格执行。

然而，该校却没有签到制度，这是大家共同的决议。因为在学校周围住的教师有三四个人，最远的教师也只需要每天半个小时的车程。

每天早晨七点半，教师们就全部到校了。在近 10 年时间里，该校没有一位教师因为迟到而误课。

仅有一次，一位教师因堵车来晚了一分钟，但没有耽误上课。杨校长知道后，见到该教师只是善意地笑了笑，并没放在心上。但是，该教师却把杨校长对自己的宽容放在了心上，从此以后，他不仅每天早到学校，在教学上也更加负责。

3. 换位思考，从大局出发

有一位年轻体育教师刚到学校不久，由于还未适应新的教学环境，总感觉工作乏味、自己在学校中没有地位、工资待遇低，这些渐渐引起了他对现实的诸多不满。于是，他对学校有意见，认为学校领导不重视自己；对学校的各种规章制度不满，认为学校的一些做法不合理。

杨校长非常重视体育工作，他严抓课间跑步质量，还亲自坚持跑步，喊出了“跑步学衡水”的口号，但年轻的体育教师并没有体会到校长的真实意图。出于对学校的不满，他写了一篇关于跑步的文章《队伍咋就跑不齐》来宣泄自己内心的不满。文中，他针对学校的做法，分析了学生跑步跑不齐的原因，批评学校这一做法是要形式不要质量。

正值学校的一次论文评选，年轻体育教师便将论文交了上去。没想到第二天，杨校长便通知他到校长办公室去。

到了办公室，看到校长正在阅读自己的文章，年轻体育教师顿时有了一种“闯了祸”的念头，但他又觉得理直气壮：“我这是揭露现实，我有言论自由。”接着他心里有了对策。

“你这篇文章写得不错!”杨校长第一句话让年轻的体育教师有些出乎意料。“但如果从如何来让队伍跑齐的角度去写，文章就会更有深度，建议你再加进去一些跑步带来的好处。比如，它不仅仅能促进健康，还可以培养好的习惯与规范意识等内容。”年轻体育教师一时语塞，头脑里盘算好的一切都在那一刻被击得粉碎。

紧接着，两个人谈了很多，从写作到发展……年轻教师尴尬得无地自容，虽然杨校长一句批评的话也没有。

通过交谈，年轻教师明白了站在不同的角度思考问题，结果是不同的，他学会了处理问题要换位思考，从大局出发，不能让自己的情绪给工作带来不良影响。

最后，杨校长特别关切地了解了年轻教师来学校后的诸多不适应，并指导帮助他积极面对、勇于挑战，这令年轻教师激动不已、信心倍增。

从此，年轻教师像换了个人似的，不再抱怨，不再发牢骚。他不断地在工作中调整自己、完善自己。通过努力，他不仅由于思想进步，被校党组织吸收为中共预备党员，而且因为在专业上取得了突出的成绩，被评为太原市骨干教师。

年轻教师深知，这一切成绩的取得都源于吴校长的宽容，是宽容让自己懂得了：要想让别人尊重你，你必须学会尊重别人。吴校长的宽容成为年轻教师追求的动力。

杨校长就是这样，每当教师出现错误，他都能够站在教师的角度考虑问题、宽容以待。他或表扬教师的长处，或认真分析教师出错的原因，或和教师一起承担错误……杨校长在努力给教师一个舞台，一个让他们成就事业的舞台。

在学校管理中，如果校长能够以宽容的态度对待错误，努力去为教师搭建平台，教师便会为学校努力付出。在这一点上，享堂西街小学教师们的安贫乐教无疑是最好的佐证。

众所周知，良好的人际关系有利于提高工作绩效，而紧张的、恶劣的人际关系会消耗人的精力。案例中，“宽容和求真”使杨校长拥有更好的人际关系，无障碍沟通营造了一个平等和谐的交流氛围。

宽容像皎洁的月光，可以照亮教师的眼睛；宽容像甘甜的雨露，可以滋润教师的心田；宽容像扬帆的航船，可以载教师乘风破浪抵达彼岸。校长应让“宽容”在心里扎根，使教师能够处处感受到被尊重、感受到被爱戴，从而不断地自省、自悟、自觉，实现自治的管理效果。

（三）对待错误的策略

教师在工作中难免会出现这样那样的错误，这是每一个校长都不希望出现但又难以回避的问题。校长只有学会用积极的态度对待它，才可能使“坏事变成好事”。那么，校长对待错误应该采取什么样的策略呢？

1. 宽容大度

管理着几百人甚至几千人的校长，如果事事斤斤计较、耿耿于怀、闷闷不乐，那他每天将被悲伤、痛苦折磨着。更何况，教师在工作中出现的错误，原因多种多样，但绝对不是故意的，那种明知“雷池”偏要“跨越”、明知“禁区”非要“撞入”、明知“悬崖”却要“放马”的现象绝对是极少见的。

“人不犯点错误就不可爱了。”校长要有“宰相肚里能撑船，将军额上能跑马”的大度胸怀，本着“惩前毖后，治病救人”的原则，宽容对待教师的错误，有放有收，不可寻机报复，更不能给教师“穿小鞋”。

2. 分析出错的原因

当教师在工作中出现错误时，校长盯的不应是教师，而应是错误本身。如果校长对教师的错误没弄明白就乱加批评，不仅会伤害教师的感情，也会丧失威信。为此，校长要掌握第一手材料，认真调查清楚出错的原因，力求做到不调查就不发言，先调查、后发言。

在调查中，校长应允许犯错的教师有辩解的机会和申诉的权利，并且要主动放下架子。如果错误是由教师单方面造成的，校长应尽可能给教师以宽容和理解；如果错误是由学校等多方面造成的，校长应及时主动且诚恳地向对方道歉，并加以改正，以重新赢得教师的好感与尊敬。

3. 批评讲究艺术

恰当的批评，有利于培养教职工良好的心理品质，有利于促进学校工作的开展；不当的批评则会挫伤教职工的积极性，使原本和谐的干群关系变得紧张，并导致工作难以开展。因此，校长批评时要讲究艺术。

（1）因人而异

校长在批评时，要做到因人而异，“一把钥匙开一把锁”。对于玩世不恭的教师，不要短兵相接，要“冷处理”，通过间接方式来提醒他；对于麻木不仁的教师，不妨来点急风暴雨、恩威并施、刚柔相济；对于性格内向、善于思考、爱面子的教师，宜用发问式批评，即以提问的方式将批评的信息传递给他；对于脾气暴躁、性格倔强、容易激动的教师，宜用商讨式批评，即以商讨的方式，平心静气地使其在一种友好的气氛中自然地接受批评意见；对于盲目自大、自我觉悟性差，但易于感化的教师，宜用参照式批评，即借助其他教师的经验教训，运用对比的方式烘托出批评内容，促其自我反省；对于自尊心较强的教师，宜用渐进式批评，即批评时对错误不“和盘托出”，而是逐步传达出批评信息，使对方逐步适应、逐步接受；对于性格外向、直爽的教师，可以开诚布公地交流……

（2）因地制宜

每个人都有自尊心，倘若校长在公众场合指名道姓地批评教师，不但达不到批评的目的，反而会适得其反，打击教师的积极性，使教师产生逆反心理。校长应懂得换位思考，设身处地地站在教师的角度去理解教师，批评时要看场合。例如，对于教师在工作中出现违规的情况，校长应尽可能地采取单独谈话的形式。如果工作上存在的问题必须在全体教师面前说，那么校长务必讲究艺术，切不可在众人面前指名道姓、伤人自尊。

（3）因时而异

如今，教师特别忙，备课、上课、批改作业、辅导学生、个人学习进修、照顾家庭……校长应该有全局观，要做一个有心人，找教师谈话时，务必选择一个恰当的时间，不可随心而欲、莽撞行事。比如，校长可以先查一查教师的课程表，或去教师的办公室走一走、看一看，充分了解教师的情况，再视情况批评。这样，就可以避免火上浇油、适得其反的事情发生。

（4）注重批评之后的关爱

批评不是一件事情的结束，而是一件事情的开始。受批评后，教师在心理上或多或少会有些触动，有的人会担心校长因此对自己产生不好的印象，有的人希望校长从此看到自己的进步和成绩。

为了减轻教师心理上和工作上的压力，增强教师改正错误、过失的决心和信心，在批评之后，校长要善于发现教师在工作中的闪光点，并及时予以肯定、表扬和鼓励，帮助教师解开思想上的疙瘩、甩开包袱、步入正轨。

优秀的管理者在员工犯错时绝不会一味地责怪。他会以宽容的态度面对员工的错误，变责怪为激励，变惩罚为鼓舞，让员工在接受惩罚时怀着感激之情，进而达到激励的目的。

每个人都是需要鼓励的，有鼓励才能有动力。现代教育管理的最高境界不是约束和规范，更不是居高临下的控制和干预，而是发现、肯定和鼓励，校长应该对教师宽容、赞赏、鼓励，让每一位教师都感受到自己是重要的。

金鱼缸效应

——实施透明化管理

(一) 金鱼缸效应启示

谈到企业上市的问题，蒙牛集团创始人牛根生说了一句非常经典的话："上市了你就要透明，透明了才容易做大。"他认为，透明了就没心思去想别的，透明了才容易及时发现问题，透明了才能获得给自己定价、秤出自己到底几斤几两的机会。在透明化的管理方式下，蒙牛集团现在已成为我国最大的乳产品加工企业之一。蒙牛集团2004年上市的时候市值30多亿元，现在的市值已经翻了十几倍。

无论是上市企业，还是普通的民营企业，透明意味着企业的一切都可能暴露在阳光下，这便为管理工作的公平、公正提供了推动力，从而使企业得到持续、良性的发展。这就是企业管理中的"金鱼缸效应"。金鱼缸是玻璃做的，透明度很高，不论从哪个角度去看，人们都可以一目了然地观察到缸内金鱼的活动情况。金鱼缸效应的本质是"透明"。

在企业管理中，金鱼缸效应不可或缺。对学校管理来说，金鱼缸效应也很重要。把金鱼缸效应运用到学校管理中，就是要求学校提高各项工作的透明度，推行校务公开，让校长及各部门领导的行为置于全体教职工、学生和家长的监督之下，防止他们享受特权、滥用权力，以及强化他们的自我约束能力。

如果学校管理能够切实运用金鱼缸效应，必然形成一种透明度极高的民主管理模式，人人都将以主人翁的意识和责任感来服务学校、建设学校、发展学校。这样，学校的民主化建设会不断推进和完善，学校将变为真正的"阳光学校"，每一个角落都充满着光明、温暖、关爱、平等、和谐……

（二）实行校务公开，促进民主发展

多年来，福建省漳州市八中在校长刘辉煌的带领下，坚持推行校务公开制度，从各方面加强学校民主管理与民主监督建设。

为了加强组织领导，保证校务公开工作的开展，刘校长非常注重加强组织机构建设，做到了有组织、有领导、有计划，职责清楚、分工明确，确保了校务公开和顺利进行。

刘校长牵头组织了校务公开工作领导小组，各处室负责人为小组成员，负责相关事项。办公室负责组织实施，工会（教代会）负责监督协调，教职工、群众积极参与，有关部门全力协助配合。

为了建立健全规章制度，规范校务公开工作，刘校长坚持群策群力，在征求各方意见的基础上，结合学校实际，全面具体地规定和明确了校务公开工作的各项内容、形式、组织领导及程序。

在各部门进一步推行校务公开工作的进程中，漳州市八中不但制订了具体的实施细则，而且要求各部门在此基础上积极制订完善业务规章，以规范各项管理事宜，使学校的重大事项和涉及师生切身利益的事项得到公开，做到有章可循。

为了让校务公开工作抓住重点、有的放矢，刘校长实行了突出重点项目、分步实施的工作管理方式。

在推行校务公开的过程中，刘校长始终把群众最为关心、反映最为强烈、社会最为敏感、容易引发矛盾和滋生腐败的内容作为公开的重点，同时把与学校教育、管理、改革密切相关的事项和涉及教职工、学生切身利益的事项最先公开。

面向社会，刘校长公开各项收费政策，并严格按照政策规定执行；公开学生评优、奖惩的过程和结果。

面向教职工，刘校长公开财务管理，每年通过文件、会议等形式公开财务预决算及收支情况，在建筑工程和大宗物资采购方面实行了招投标；公开职工奖惩、工资调整等涉及职工切身利益的事项；公开干部人事工作，严格执行有关考核、考评规定，通过一定方式公布结果。

为了切实推进校务公开工作，刘校长非常注重内容与形式的统一，确保工作取得实效。刘校长充分发扬民主作风，注重群策群力，让工作形式多样化，根据不同内容采取不同的公开形式。

会议是漳州市八中校务公开、教职工民主议事的最主要的形式之一。该校坚持党政联席会议和民主议事制度，每学期都召开由各级干部、高级职称人员、民主党派、离退休人员和教代会有关人员参加的干部大会，主要由刘校长总结通报并安排部署学校工作；每年分别召开1～2次统战人士、离退休人员情况通报会，主要由学校领导通报学校改革发展建设等情况。

漳州市八中还通过校刊、公开栏或网站，把许多信息予以公开。2007年初，该校根据漳州市物价局关于“价格服务进万家”活动方案的要求，为进一步深入扎实开展好校务公开工作，增强收费透明度，实行“阳光收费”，特别制订了《漳州八中关于开展“价格服务进万家”活动的工作方案》，并成立相关领导机构，专门建立了学校价格宣传栏，并将公示的“价格服务五项制度”内容发布在网上：

1. 教育收费公示制度——设立举报箱、举报电话。

2. 教育收费咨询制度——设立价格服务咨询室，公示咨询电话，同时聘请市物价局专家为联络员，接受咨询，提供收费政策和信息，回答教育收费有关问题。

3. 教育收费政策提醒制度——规范收费审批程序，防止乱收费。

4. 教育收费监督制度——建立由市物价局、教育局、学校、家长、学生代表组成的收费监督小组，由物价部门颁发聘书，定期督查教育收费政策的贯彻执行情况。

5. 教育收费联席会议制度——共同讨论教育收费问题。

为了进一步完善校务公开工作，防止腐败现象的滋生，让多方力量监督学校管理工作，刘校长把校务公开工作作为党风廉政建设的一项重要内容来抓，将它与党风廉政建设紧密结合在一起。需要多方具体监督检查的是：校行政部门对各职能部门的办事公开情况及时进行督促、汇总，掌握、总结全校的基本情况；校工会充分发挥教代会作为校务公开重要载体的作用，通过学习和总结有益的经验，监督校务公开工作。这种监督检查方式，既提高了校级领导对校务公开工作的认识，又有力地促进了这项工作的开展。

经过刘校长和全体教职工的不懈努力，漳州市八中的校务公开工作积极推进，不断完善，取得了显著的成效：学校收费、招生、学生管理和财务管理、工程招标、大宗物资采购、考核和职称评定、干部人事工作以及关系教职工切身利益的事项等的透明化，大大树立了学校的威信；广大教职工的参与意识、管理意识和监督意识普遍提高，学校的凝聚力增强，推动了学校的民主和法制建设；学校各级领导和部门自觉接受群众监督，既确立了自己的威信，又促进了党风廉政建设。

漳州市八中的校务公开制度真实再现了金鱼缸效应，学校改变了过去管理中程序不严、效率低下、随机性大的弊端，使学校各项工作透明化、民主化，从而形成了一套科学的、民主的学校内部管理体制和运行机制，极大地调动了广大教职工和社会各界人士参与学校管理和监督的积极性，有效地避免了学校管理者在决策上的重大失误，促进了学校教育质量和管理水平的提高。

这说明实行校务公开是加强学校民主管理、民主监督，维护教职工权益，促进学校法治建设和党风廉政建设，让学校改革取得创新发展的一项有力措施。因此，在学校管理中，校长应坚持推行校务公开制度，发扬民主，尊重教职工的主人翁地位，以“公平、公正、公开”为原则，让学校的教育事业持续健康向前发展。

（三）加强透明化管理，全面推进校务公开工作

目前，校务公开工作已深入人心，许多学校形成了校务公开的整体氛围，基本上实现了学校重大问题、重大政策的全部公开。可以说，校务公开是学校管理透明化的具体体现，它在很大程度上确保了家长、学生和教职工的知情权，激发了各方面力量参与学校建设的热情，是学校可持续发展的重要保障。所以，不同地域、不同层次、不同类别的学校要坚持贯彻执行，努力做到认识到位、积极探索、认真实践。那么，作为校务公开工作的最高执行者，校长应该采取哪些有效的策略来实现校务公开呢？

1. 了解基本内容

校务公开的基本内容包括：公开内容、公开方式、公开程序、档案管理等。

（1）公开内容

校务公开的内容包含围绕学校改革和发展的重大规划、决策和实施方案；教职工的聘任、职务评定、考核、评优、评先；学校大宗物资采购、事业费预决算、财务收支；教职工关注的热点问题等。

(2) 公开方式

校务公开的方式具体包括：对于教工大会（教工大会是校务公开的基本形式）职权范围内的问题，应向教工大会报告，由教工大会审议通过或决定，闭会后将结果印发文件公布于众；对于社会热点和学校的收费问题，可以通过广播、通告、收费卡、致家长的公开信等形式向社会公开收费标准，并设立监督举报电话，接受社会各界监督；对于教职工关心的热点问题，如教职工聘任、职务评定、考核、评优、评先等，实行各种会议公开与校务公开栏公开相结合；对于教职工的工资发放，要每月实行公开。

(3) 公开程序

校务公开的程序一般是先由学校职能部门或工会委员会提出，再由学校领导班子讨论决定，最后经校务公开领导小组（或监督小组）审查同意决定。

此外，凡属教代会或教工大会审议通过、决定的事项，实行教代会或教工大会闭会后公开；凡属常规性工作，实行定期公开；凡属学校的热点问题，实行随时公开。

(4) 档案管理

加强档案管理，就是校务公开领导小组负责把公开内容、公开日期、公开形式、群众反映等情况及时输入计算机，对所有校务公开的资料实行专人保管，及时归档。

2. 坚持四个原则

实行校务公开，要坚持四个原则：一是实事求是的原则，要把情况如实公开，作必要的解释，自觉接受群众的监督；二是依法办事的原则，既要促进科学决策和民主管理，又要维护和尊重学校校长依法行使管理职能的权利；三是讲求实效的原则，要注重实效，解决实际问题，一切为了学校的发展，严防走过场和搞形式主义；四是内外有别的原则，属于学校内部管理的问题要向教职工公开，属于社会关心的热点问题要向社会公开。

3. 完善相关制度

为保证校务公开工作正常、有序运行，校长应注重完善相关制度。

(1) 完善校务会集体议事制度

校务会集体议事制度不但能维护教师的合法权益，而且能使学校领导决策成为全体教师的共同意愿和行动指南，既发扬教师的主人翁精神，又体现学校的民主化管理，确保学校管理工作的实施和贯彻的时效性。为此，校长应定期召开校务会集体议事，全面总结、研究和安排学校的各项工作。

在会上，校长要把学校的办学思路、办学目标、发展规划、改革措施、管理制度以及其他重大事情都坦诚地讲出来，然后与全体教师共同讨论分析、研究决策；要及时公布校务会议作出的决定，引导教师积极参与；要对教师反映的合理意见加以采纳，及时纠正工作决策中的偏差。

(2) 完善教代会民主审议、评议制度

教职工代表大会制度是学校教职工行使民主管理、民主监督权利的基本制度，为实现校务公开提供组织与制度上的保证。校长应坚持通过教代会民主评议学校领导和学校工作，高度重视并认真解决教师代表提出的各种问题，以发挥教工代表的参政、议政和民主监督职能，提高校务公开工作的透明度和教职工的主人翁地位。

在教代会上，校长要充分尊重教师代表的权利，认真倾听和研究教师代表提出的意见和建议，按程序逐一说明每一条意见采纳与否的原因，尽力沟通，寻求一致，最终以全体会议表决结果为准，并严格遵照落实。

(3) 完善财务内、外部监督制度

收费“公示制”、管理“预算制”、票据“月审制”等极具约束力和可操作性的规章制度，能够有效地杜绝各种乱收费、乱开支等不良现象，使学校的收入、支出和账务管理规范化、科学化。校长应加强这些制度的建设，提高学校财务工作的透明度，以避免教师的各种猜测，促进学校领导的廉洁。

另外，校长要力戒为己谋私、为小团体谋私，即使在为全体教师谋利时，也要避免出现好心办坏事的情况。凡涉及学校大型采购、基建维修等项目，校长都要按程序报批，通过政府采购予以实施。

(4) 完善信息反馈交流制度

为了增强校务公开的实效性，校长应创设条件，拓宽和群众联系的渠道，认真听取教职工和社会各界对学校工作的意见。例如，定期召开教职工代表大会，向教职工通报学校管理、财务收支和学校行政人员的工作情况，接受教师代表审议监督；定期召开家长会，了解社会各方面对学校工作的反映；设立举报信箱和监督电话，让群众大胆举报学校存在的不正之风及违法违纪现象。对于真诚的批评和建议，校长应及时采纳，并提出改进措施，注重落实。

4. 公开教师管理

加强教师工作调配、职务评审、考核聘任、评优评先等方面的公开工作，有利于进一步调动教师教学的积极性、主动性，促进学校管理民主化。

为了保证教职工年度考核的公平公正，消除教职工“干多干少、干好干差一个样，每年优秀无我份”的想法，校长可以实行量化考核制度，根据量化考核细则打分，确定优秀等次，减少考核过程中的人为因素。

中级职称推荐工作历来是教师关注的热点问题，为使推荐工作公平、公正，校长应采用量化考核、择优推荐的办法。具体来说，就是首先公开中级职称推荐的对象、条件、程序、各项考核项目与权重、推荐指标等内容，其中考核项目涉及公开课或讲座、教育教学论文、教育科研、教学荣誉、上课、说课、教学效果等。在教师个人申报的基础上，推荐小组组织考核，然后根据考核结果择优推荐，并公示于众，接受群众监督，使职评推荐工作公开化，让教师满意，也让未被推荐的教师明确今后的努力方向。

对于教师的评聘推荐，要严把评审推荐关，确保评审质量。一是要严格按照规定的程序和办法，坚持公开、公平、公正的原则，坚决防止走过场，不符合条件的要坚决退回，特别是有举报信的，要将问题调查清楚后方可上报；二是要实行评审情况公示制，加大推荐评审工作的透明度，如对本年度教师职务评聘工作的有关政策、基本条件、各级教师职务岗位数额、推荐数额、被推荐人员名单及推荐对象的基本情况等内容，在上报前公示一周，并设置举报电话，指定专人受理来电、来信和来访，接受广大群众的监督，以加大评审工作的透明度；三是要加大打假力度，严肃处理弄虚作假行为，如对侵占他人劳动成果，抄袭剽窃，署名不实，利用假学历、假文凭、假论著申报者，一经发现取消当年参评资格，并通报批评，三年内（含当年）不许申报专业技术职务，情节严重者，要追究当事人及领导的责任。

5. 公开班务

班务公开是校务公开工作的深化延伸。它使学校工作能更好地让家长、社会了解，接受监督；同时又能激发学生的集体荣誉感，使他们从小遵章守纪，树立健康向上的民主、竞争意识。校长应促使校务公开工作细节化，并将它扩展到班级管理工作中。

班务公开，即将全校每个班级的课程表、学校作息时间、班级任课教师、班队委、班级学习小组划分、上（放）学路队划分、班费开支、班级荣誉等情况，设置成规范明晰的“班务公开栏”，装框固定在各班级教室门口。

校务公开是从党、政、企延伸到教育领域的一项重要民主建设举措。它是学校管理体制、运行方式的改革、创新和发展，是加强学校民主建设和领导班子建设的重大举措，是关注教职工切身利益的“阳光工程”。

实行校务公开，有利于引导、保护和发挥广大教职工参与改革、支持改革的积极性；有利于促进学校领导班子建设和党风廉政建设，进一步密切学校党群关系、干群关系，保持学校的稳定；有利于实现学校管理科学化、决策民主化，推进学校的改革与发展。

为了全面推进校务公开，使学校管理工作实现“金鱼缸效应”，校长要把“透明”管理贯彻始终——事前透明、流程透明、结果透明，促进学校各项工作扎实有效地开展。

马太效应

——做，就以第一为目标

（一）马太效应启示

《新约·马太福音》中有这样一个故事：一个国王远行前，交给三个仆人每人一锭银子，吩咐他们："你们去做生意，等我回来时，再来见我。"国王回来时，第一个仆人报告说："主人，你交给我的一锭银子，我已赚了10锭。"国王很高兴，便奖励他10座城邑。第二个仆人报告说："主人，你给我的一锭银子，我已赚了5锭。"国王也很高兴，奖励他5座城邑。第三个仆人报告说："主人，你给我的一锭银子，我一直包在手巾里存着，我怕丢失，一直没有拿出来。"国王很生气，命令将第三个仆人的一锭银子赏给第一个仆人，并且说："凡是少的，就连他所有的也要夺过来。凡是多的，还要给他，叫他多多益善。"

这就是"马太效应"的来源。根据美国学者罗伯特·莫顿的研究理论，它可以归纳为：任何个体、群体或地区，一旦在某一个方面（如金钱、名誉、地位等）获得成功和进步，就会产生一种积累优势，就会有更多的机会取得更大的成功和进步。简言之，就是强者愈强、弱者愈弱。目前，马太效应广泛存在于社会心理学、金融、科学等领域。

由马太效应的定义，我们可以看出：要想在某一个领域保持优势，就必须在此领域做大、做强，成为"一流"，成为"最好"，成为"领先"。当你成为某个领域的领头羊的时候，即使投资回报率相同，你也能更轻易地获得比弱小的同行更大的收益。而当没有实力在某个领域做大、做强时，你就要不停地寻找新的发展领域，以保证获得较好的回报。

对于学校管理而言，马太效应也同样适用。

一所重点中学，常常备受学生家长青睐，学生中的佼佼者也会纷纷报考该校。由于该校学生整体素质高，其社会形象也就越好。而一所普通中学，由于社会知名度低，或许只能招到一些素质一般或较差的学生，若不能采取有效的措施解决，久而久之，这种状况必将造成恶性循环，导致该校的社会声誉越来越差。

另外，社会形象好的学校获得上级拨款的机会及社会各界的捐赠、赞助比普通学校多得多，随之，教职工的福利待遇、奖金等也丰厚起来，这便会引来其他学校的优秀教师及优秀师范毕业生从教，因此，这样的学校在教师聘用方面也有更大的选择余地。

可以看出，学校管理中的马太效应在学校竞争中有积极的一面，但也存在着不可忽视的消极的一面。消极的一面就像一个怪圈，会套住学校管理者，使得学校的发展受到严重束缚。一所学校要摆脱这个怪圈，获得发展，就需要自力更生，充分发挥积极性、主动性与创造性，上下一致、团结协作、卧薪尝胆，发扬敬业、拼搏、奉献的精神，摆脱当前的落后面貌，走出困境，赢得良好的社会声誉，创出最佳学校形象，不断接近马太效应的积极的一面。

(二)“国内领先，国际一流，创世界名校”

1997年7月3日，刚上任5天的人大附中校长刘彭芝向全体教职员工宣布了心中已积聚多年的奋斗目标：国内领先，国际一流，创世界名校。

然而，刘校长没有得到预期的响应。大家的表情中有渴望，但更多的是疑惑，甚至不相信。有几位教师低声议论起来：“国际一流，太狂了吧!”“太不现实了!”有人怀疑：“一个女同志，能撑起那么大的天吗?”还有人放出话来：“在人大附中做校长，不是气死就是累死!”

虽然受到大家质疑，但刘校长一点也不懊恼。因为她了解人大附中的历史，了解人大附中的师生，更了解人大附中的潜能。对国内国际教育发展趋势非常了解的她，清楚地知道人大附中所处的位置，所以她坚信“国内领先，国际一流”的目标一定能够被大家接受，并通过内心的认知进一步转化为教职工自觉的教育教学行为，最终得以实现。

“天将降大任于斯人也，必先苦其心志，饿其体肤，劳其筋骨，空乏其身，行拂乱其所为，所以动心忍性，增益其所不能……”从此，追求卓越且不断创新的刘校长忍受着非议甚至诽谤，却坚定不移、大张旗鼓地为自己的办学目标努力奋斗着、探索着。

为了让全体教师，尤其是学校管理团队相信自己对学校的定位是准确的，刘校长提出，领导者必须具备历史的眼光和世界的眼光。在她看来，历史的眼光是知己，世界的眼光是知彼；历史的眼光是发现经度，世界的眼光是发现纬度。只有用历史的眼光和世界的眼光看教育，做到知彼知己，经纬交织，才能搞清楚世界教育已经发展到了什么水平，中国基础教育又发展到了什么水平，从而明白我们处于什么样的历史地位。于是，刘校长在学校大会小会上反复讲两种眼光的重要性，引导大家用两种眼光找准人大附中的定位。慢慢的，各种议论逐渐减少。

1997 年 8 月，人大附中中层以上全体干部，包括教研组长、年级组长等一行几十人，来到了风景秀丽的京郊密云。会上，刘校长作了《关于人大附中面向 21 世纪教育改革与发展的初步设想》的主题报告，并与她带领的干部团队达成了共识。“密云会议”成为人大附中发展史上一次里程碑式的会议，被教师们喻为“梦起飞的地方”。

随后，刘校长为人大附中确立了“尊重个性，挖掘潜力，一切为了学生的发展，一切为了祖国的腾飞”的办学思想。具体地讲，“尊重个性，挖掘潜力”针对每一个教职工和学生，因为每一个人都有与众不同的个性，理应受到尊重，学校应尽一切力量创造机会、搭建平台，使他们的个性得到充分的展示和发挥，从而实现人生价值；“一切为了学生的发展”是人本位思想，在学校的大舞台上，校长只是导演，教职员工是各类工作人员，主角永远是学生；“一切为了祖国的腾飞”是社会本位思想，人大附中要创办世界一流的学校，培养世界一流的学生，最终是为了服务祖国，造福人民，直至“一切为了人类的幸福”。

从此，人大附中开始实施“七大工程”，着手进行“六项改革”，创造了一个又一个的奇迹，成为中国基础教育史上的经典。

在教职工培养上，人大附中从五个方面打造高素质的教师队伍：一是点燃激情，让教师树立为教育事业献身的精神；二是搭建平台，让教师实现人生价值；三是重视团队建设，建立有利于教师共同发展的机制；四是校本培训，引领、促进教师成才；五是关心教师身心健康，营造宽松和谐的工作氛围。

刘校长说："一所学校绝对不能藏龙卧虎，是龙就得让它腾，是虎就得让它跃。龙藏着虎卧着，是最大的人才浪费。管理工作的最佳境界是事得其人，人尽其才；校长应该是'用才'的高手，让智者尽其谋、勇者竭其力、能者显其才、贤者彰其德。他们能翻多大的跟头，学校就给他们搭建多大的舞台。"经过多年探索和实践，人大附中培养了一批又一批献身教育事业、具有高尚品德、教育观念先进、治学精神严谨、教学水平一流、育人艺术精湛、热爱学生、不断创新的教师队伍。

在推行素质教育的道路上，人大附中把"创新"作为学校的精神导向。在刘校长的带领下，人大附中打通了科学精神和人文精神、现实关怀和终极关怀之间的关节，打通了信息、知识、智慧和能力之间的关节，打通了严格考试和素质教育之间的关节，打通了规定动作和自选动作之间的关节，打通了感情凝聚和制度管理之间的关节，从而全面推进了素质教育向纵深发展。

中国的传统教育重人文而轻科技，教育内容以道德修养为主，教育目的是培养君子而不是专门的人才。西方教育，尤其是进入近代后，重科技，求功利，与中国的传统教育迥然有异。人大附中在教育改革和创新中注重吸收中国传统教育和西方近代教育的优秀成分，打通科学精神和人文精神、现实关怀和终极关怀之间的关节，不断加大哲学、社会科学和人文科学的教学内容，加大美育的力度，让文学艺术净化学生的心灵，升华学生的思想。这样培养的学生，既具备科学精神，又具备人文精神；既立足现实，又有远大理想；既讲求功利，又能超越功利，达到了"正其义不谋其利，明其道不计其功"的人生境界。

信息、知识、智慧和能力是教学内容的四个关键词。相对而言，中国的传统教育重视中间的两个环节，西方教育重视一头一尾两个环节。人大附中的教育不仅发挥中国传统教育重知识、重智慧的优势，而且还借鉴西方近代教育重信息、重能力的长处，在打通信息、知识、智慧和能力之间的关节上下工夫，让学生尽可能广泛地接受信息，然后将信息整合为知识，将知识升华为智慧，将智慧转化为能力。为此，人大附中为学生提供了丰富多样的课程和活动，让学生在学习中学会选择，在选择中发展自我，在发展中规划人生。

重视考试，是中国传统教育的一大特色，尽管有弊端，但到目前为止，人们还没有找到一种比考试更公平、更公正的人才选拔方式。当重视考试走到极端，必然束缚人的个性，影响人的全面发展。在当前基础教育的大环境下，每一个中学校长都似乎面临一个两难的选择：在考试评价体系不变的情况下，或是牺牲学生长远的可持续发展的能力，或是失去眼前的升入理想学校的机会，鱼和熊掌似乎不可兼得。人大附中的教学改革和教育创新则试图从这种“逃不掉”的选择中探索新的选择，将着眼点和着力点放在打通严格考试和素质教育之间的关节。学校重新审视考试内容的设置，创设灵活多样的考试形式，让学生不怕考试，让学生备考的时间越来越少，而所学的知识、所掌握的信息越来越多，所具备的能力越来越强。人大附中近年来在素质教育方面取得的辉煌成绩证实了严格考试和素质教育之间的关节是能够打通的。

国家制定的中学教学大纲、评估标准，必须不折不扣地执行。但这只是基本的要求，学校自由发挥的空间很大。如果说执行国家制定的中学教学大纲和评估标准是“规定动作”的话，那么，充分利用自由发挥空间，则成了人大附中的“自选动作”。人大附中在完成好“规定动作”的基础上，已经在很大程度上将办学的重点放在做好“自选动作”上，在“自选动作”中出新出彩，实现了“自下而上”与“自上而下”的良性互动。人大附中建立了较为完备的选修课、校本课程体系，开设了150多门选修课程，涉及自然科学、社会科学、综合实践活动、体育与艺术四个领域；开设了法、德、日、韩、俄、荷兰、西班牙、意大利、芬兰、阿拉伯10种第二外语课，以及英语物理、英语生物、英语戏剧等18种学科英语课程。还有不少课程，如数码影像与三维制作、十字绣、跆拳道等与高考没有直接关联，但人大附中是真开，学生是真上。

作为校长，在实施教育管理时，既要靠制度管理队伍，靠事业激励队伍，还要靠感情凝聚队伍，让教职工对学校有认同感、归宿感、责任感，进而将之上升为热爱之情。一个人只有对事业有热爱之情，才能把事业做到最好。刘校长打通了感情凝聚和制度管理之间的关节，让学校的各项管理制度不仅科学化，而且人性化，实现了管理制度的以人为本。

在履行社会责任上，人大附中自觉地承担起输送先进的教学理念和优秀师资的任务，变“独善其身”为“兼济天下”。刘校长说：“人大附中作为一所名校，它的发展凝聚着所有人大附中人的智慧和心血，对中国基础教育有过很多的思考，在实践上也做出了很多探索，并取得了一些成功的经验。这些经验不仅是人大附中的财富，更应该与更多的教育同行分享，让更多的学生受益，产生更大的社会效应。这也是人大附中义不容辞的社会责任和历史责任。”

从2002年开始，人大附中已经进行了8年多的探索和实践。学校成立了基础教育资源共建共享联盟，通过现代网络技术，实现了对全国各地优质基础教育资源的集成和共享。人大附中联合全国200多所中学，将优质课件用互联网P2P联合输送到西部12省市的薄弱学校。对于帮扶学校，人大附中除了派教师去那里执教、进行交流培训外，还接收来自内蒙古、四川、新疆、宁夏、河南等地，以及北京延庆永宁中学、海淀区翠微中学、北航附中等学校的学生近300人到人大附中“留学”，探索出了优质教育资源共享的新途径。

在履行社会责任的过程中，刘彭芝深深意识到，最好的做法是向别的学校输送干部。也就是说，授人以鱼，不如授人以渔。近年来，在上级主管部门的支持下，人大附中陆续向北京海淀等区的学校输送了校长、书记、副校长等十几人。

在探索超常教育上，人大附中迄今已经完成有关超常教育和涉及超常教育研究的各类国际、国家、市区级课题几十项，走出了一条科研兴教的高起点、高层次的发展之路。人大附中对各方面具有特殊禀赋的学生实行因材施教，使他们的特长得到了发展，取得了显著的成绩。近年来，人大附中在数理化方面的成绩不仅体现在每年很高的重点大学录取率和近7年摘得6个北京市高考状元上，还体现在上千名学生在国内外发明大赛和学科竞赛中获奖上。人大附中在艺术、体育等方面的成绩绝不亚于在数理化方面所获得的荣誉：“三高”足球队获得世界青少年足球锦标赛的冠军、亚军；国际象棋队两次获得世界中学生团体赛冠军；围棋队连续7年战胜大、中学围棋队，蝉联“大三元杯”团体冠军，并获得世界围棋棋王赛冠军；在世界中学生女子健美操大赛中获得个人冠军；交响乐团获得第35届维也纳国际青年音乐节交响乐组金奖第一名；艺术团受文化部委派，多次赴美国、俄罗斯、英国等国家交流演出……

如今，人大附中已是中国基础教育界一面高高飘扬的旗帜，是中国特色、中国风格、中国气派的现代化教育的杰出代表。它以面向全体、因材施教为基石，以敢为人先、提高质量为追求，以尊重规律、提高素质为主线，以教师发展、团队建设为关键，以推进改革、勇于创新为动力，实现了“国内领先，国际一流，创世界名校”的办学目标，构建起了具有时代精神的“尊重、和谐、创新、奉献、科学、开放”的学校文化，创建了适合每个学生和教职工发展的教育，缔造了一个个传奇。而传奇的缔造者刘彭芝校长，仍将以她独有的国际视野、历史眼光、超前意识、创新精神，不断地追求卓越，续写新的传奇……

人大附中不断强大的过程，揭示了这样的规律：突破能强大，变通能强大，融合能强大，追求能强大，反思能强大，压力能强大，理想能强大，激励能强大，实践能强大，执著能强大，卓越能强大，完美能强大，求真能强大，务实能强大，处处能强大，事事能强大，时时能强大，人人能强大……同时也说明了，当学校强大后，它会更有优势变得强大。这就是我们所推崇的积极的马太效应。

现在，追求卓越和不断创新的刘校长，正引领着人大附中大踏步走在“国内领先，国际一流，创世界名校”的路上，走向百年名校、千年名校。这对有远大理想的校长来说，具有积极的借鉴意义。

（三）不断积累优势，获取更多发展机会

“物竞天择，适者生存。”处在社会转型期中的校长就应该追求卓越，坚持创新，执著追求，让学校不断积累优势，获取更多的机会，持续发展，越来越强大，最终成为“行业领先，国内一流，国际知名”品牌。为此，校长应从以下几点抓起：

1. 加强教师理论知识学习

为了提高教师的业务水平和驾驭管理教育教学的能力，校长应让教师结合教育工作实际，深入学习新课程改革的有关书籍，如学习《人民教育》《中国教育报》等教育专刊上刊载的优秀文章。

为了提高教师的法律意识，依法治校，校长应让教师学习《教育法》《教师法》《未成年人保护法》《预防未成年人犯罪法》等和教育息息相关的法律法规。

2. 抓好师德建设

一所学校的教育好不好，关键在师德。教师既是正确的世界观、人生观、价值观的积极传播者，更是高尚的思想品德的身体力行者。对学生来

说，教师的一言一行都具有积极的示范作用。所以，校长应坚持把师德建设作为教师队伍建设的基础工程来抓，如组织广大教职工学习优秀教师的先进事迹，学习他们终身从教、无私奉献的精神，学习他们默默无闻、爱岗敬业的精神，学习他们勤奋刻苦、甘为人梯的精神等，从而让教职工在思想政治上、道德品质上、学风学识上全面以身作则，增强责任感、使命感，自觉担负起培养21世纪社会主义新人的历史使命。

3. 致力于和谐的人际关系建设

和谐的人际关系有利于教师专心投入教育教学，学生专心投入学习，管理者专心投入管理，从而提高教育教学质量。为此，校长应放下架子，经常主动找教职工、学生谈心，以改善干群关系、党群关系、师生关系。

4. 加大课程改革力度

一所学校有没有竞争力，关键看它的教学质量如何。要使学校的竞争力加强，校长应该加大课程改革力度，推进课改实施。在具体的教学活动中，校长可以让教师集体备课，充分发挥群体优势，提高教师个人处理教材和独立备课的能力；可以要求教师写教学反思笔记，让他们从更高层次思考自己的教学行为；可以建议教师互相听课，加强教师间的合作交流学习……

5. 严格规范学校各项常规管理制度

为了保证教育教学秩序井然、各项工作有条不紊，校长应严格规范学校各项常规管理制度，如例会制度、考勤制度、备课签字制度、作业检查制度、班级管理制度等。对于这些制度，校长要细化，落到实处，严格执行。

6. 营造安全环境

安全工作事关教育教学改革发展与稳定的大局，安全工作无小事。校长要始终把确保学校师生生命和财产安全放在工作首位，抓紧、抓实、抓好。具体来讲，校长应要求各部门经常深入开展安全工作自检自纠活动，排查安全隐患；建立健全学校安全保卫制度；广泛开展各项安全教育，提高全校师生的安全责任和防范意识。

7. 特色立校

学校要想有持久的生命力，必须有自己的办学特色。办学特色表现在方方面面，如办学思想、教育环境、师资队伍、管理水平、教学质量等，校长应联系学校实际，选择其中的一项，创建自己学校的特色，千万不能贪多。

由马太效应可知，无论是积极的一面，还是消极的一面，都对处于学校管理核心地位的校长提出了更高的要求。但是，只要校长把工作做好，他就能领导教职员工坚韧不拔、想方设法克服困难，将学校工作向前推进。

也就是说，一所学校办得如何，在很大程度上取决于校长素质的高低，领导工作能力的好坏。尤其是在学校转型、改变落后面貌的关键时期，校长的作用更不容低估。

第二篇

以人为本，知人善任

奥格尔维效应

——善用比自己更优秀的人

(一) 奥格尔维效应启示

美国奥格尔维·马瑟公司总裁奥格尔维召开了一次董事会，在会议桌上，每个与会的董事面前都摆了一个相同的玩具娃娃。董事们面面相觑，不知就里。

奥格尔维说："大家打开看看吧，那就是你们自己!"

于是，大家一一把娃娃打开来看，结果出现的是：大娃娃里有个中娃娃，中娃娃里有个小娃娃。他们继续打开，里面的娃娃一个比一个小。最后，当他们打开最里面的玩具娃娃时，看到了一张奥格尔维题了字的小纸条。纸条上写的是："如果你经常雇用比你弱小的人，将来我们就会变成矮人国，变成一家侏儒公司。相反，如果你每次都雇用比你高大的人，日后我们必定成为一家巨人公司。"前一句话与从大娃娃到中娃娃再到小娃娃的次序吻合，后一句话与小娃娃到中娃娃再到大娃娃的次序吻合，这些聪明的董事一看就明白了。这件事给每位董事留下很深的印象，在以后的岁月里，他们都尽力任用有专长的人才。

这就是著名的"奥格尔维定律"，也称"奥格尔维效应"。它强调的是人才的重要性。一个好的公司固然要以好的产品、好的硬件设施、雄厚的财力作为支撑，但最重要的还是要有优秀的人才。光有财、物，并不能带来任何新的变化，只有具有大批的优秀人才才是最重要、最根本的。

用好人才、管好人才是领导干部的重要职责，也是领导干部必须具备的基本功。古人说得好："非成业难，得贤难；非得贤难，用之难；非用之难，任之难。"领导者要管理有方、成就大业，最重要的就是要有高超的用人艺术，要能充分地调动下属的积极性，让他们自愿做得更多、完成得更好。领导干部只有尊重人才、善用人才，才能使事业蒸蒸日上。

校长在选贤任能时应遵循奥格尔维效应，善用比自己更优秀的人，做到人岗相适、人尽其才。俗话说：“好马能千里，犁田不如牛；坚车能载重，渡河不如舟。”校长用好了人才，便能创造巨大的效益，但如果用不到位，那些有才能的人成不了人才，反而可能使工作受损。

任何人都各有长短，校长既要知人之短，更要识人之长，用其之长，避其之短。孙子兵法有云：“智者用其谋，愚者用其力，勇者用其威，怯者用其慎，则皆为人才。智者用其诈，愚者用其蠢，勇者用其莽，怯者用其懦，则天下无人。”所以，校长应该先了解清楚人才各自的特点和专长，因人制宜，把人才放在适合他发挥特长的岗位上，做到人尽其才、才尽其用，从而实现人才资源的最佳配置。

（二）善用优秀人才，收获更多成果

某校长认为，在新课改中，教育科研起着至关重要的作用，而教育科研的主力是教师，只有敢于善用比自己优秀的人才，他们才能回报给学校一个奇迹。

学校的一切工作都应通过全体教师去完成和实现，科研工作也一样，不可能单靠一个人或者几个人完成。

该校有一位很有才华的教师，他认为学校任用干部存在问题，就向校长提出了自己的想法。在听取了他的意见后，校长觉得他的想法不错，就让他担任教科组长，并申请了一个省级课题让他负责。

每当工作上出现困难，遇到阻力，校长都给予他很大的支持，帮助他想办法解决。如果实在解决不了，校长就去外面聘请一些专家学者来专门指导他。慢慢的，他的工作越来越顺手了。在他的带领下，学校教研工作取得了较好的成果。

后来，这位教师感慨地说：“其实，当初我并没有奢望学校会让我担任教科组长，只是对学校的安排不满意。没想到，学校却认为我可以，甚至还给我申请了课题。校长这样对我，我能不好好干吗?”

在以后的日子里，该教师一直专注于教研工作，并悉心制订了一套语文教研组课题研究实施方案：

1. 研究背景

（1）实施新课改后，我校教师的教学方式依然比较传统，还未能真正形成“自主、合作、探究”的教学方式，这既不符合新课改课堂的要求，更不利于培养学生的创新精神和实践能力。

（2）现阶段比较传统的教学方式直接阻碍了教学质量和效率的提高。因此，课题研究势在必行。课题研究是提高课堂教学质量、效率的手段，更是“科研兴校”的重要途径。

2. 研究目标

（1）逐步建立“自主、合作、探究”的课堂教学方式。

（2）探索适合学生、教师教学实际的感知、探究、感悟的方法。

（3）进行教学反思，收集教学案例，写出有创意的教学论文。

（4）写出体现学科特点、阅读规律的课题研究报告。

3. 研究课题

在阅读教学中如何实现三维目标（课堂阅读教学中三维目标的实施）。

4. 研究步骤

第一阶段：（3～9 周）课题小组研讨，本组教师每人积累 30 篇教学反思；精选 3 篇教学案例；写 1 篇“求变创新”的交流材料在组内交流，并上交教研组。

第二阶段：（11～17 周）课题组研讨，全组教师每人上交 1 篇教学论文，课题小组长交流课题研究报告，一式两份，教研组自留一份，一份上交教务处。

第三阶段：（18～20 周）全组教师每人上交 1 篇教育叙事，课题组上交 1 篇课题研究报告。

5. 研究措施

（1）组建三个课题研究小组，明确组长职责：具体组织实施本小组的课题研究；定期检查“反思”“案例”的积累；督导“求变创新”的材料、论文的撰写；写出课题研究报告并指导教师写出教育叙事。

（2）每周周四教研组长检查课题小组长的“反思”和“案例”。小组长检查本组成员的“反思”和“案例”，并用最后一节课和教研活动时间就本周的课堂教学进行课题研讨。每周由课题小组长确定一个中心，各成员发言并做好研讨记录。

(3) 做好课题研究的各种材料的积累。每位教师及时写好教学反思，重点写教学方式、方法上的“得”与“失”；独立思考与学习借鉴结合，尽力做好每一节课的教学设计，着重体现新的教学方式、教法和学法；课题经验交流材料交流后上交教研组；课题小组课题研究报告、每个人的教研论文上交教研组。

(4) 教研组长每两周检查一次课题研究活动记录、教学反思、案例，及时指导纠正不良做法，并在教研组听评课会议上通报检查结果。

(5) 教研组长主抓课题小组长，督导搞好“反思”“案例”的积累，并以典型、富有创意的“反思”“案例”为材料写出质量较高的论文。

(6) “实验—研讨—实验”循环进行，提炼出“感知、探究、感悟”规律，探索适合学生的教学方法，加强阅读训练，有效提高学生的阅读能力，真正提高学生阅读的质量和效率。

6. 预期效果

(1) 建立起“自主、合作、探究”的教学方式。

(2) 每人上交1篇教研论文；课题小组写1篇课题研究报告上交教研组；课题组写1篇课题研究报告上交教务处。

在这位教师的积极努力下，该教研组成员的各方面能力都得到了不同程度的提高，同时也给学校的发展带来了一定的影响。

上述案例中的校长敢于任用优秀人才，才让那位教师发挥出其应有的作用，不仅让其他教师获益，更有效地促进了学校的发展。

美国钢铁大王卡内基曾说过：“把我的厂房、机器、资金全部拿走，只要留下我的人，4年以后我又是一个钢铁大王。”到20世纪初，卡内基钢铁公司已成为世界上最大的钢铁企业。它拥有2万多名员工及世界上最先进的设备，它的年产量超过了英国全国的钢铁产量，它的年收益额达4000万美元。卡内基是公司的最大股东，但他并不担任董事长、总经理之类的职务。他的成功在很大程度上取决于他任用了一批懂技术、懂管理的人才。

卡内基的墓碑上刻着：“一位知道选用比他本人能力更强的人来为他工作的人安息在这里。”在善用比自己更优秀的人才时，校长应做到：

1. 胸襟宽广，虚怀若谷

用比自己优秀的人，校长一定要有宽广的胸襟，否则，当看到有能力而意见又经常和自己相左的人，校长是不会轻易使用的，他会担心某一天这个人可能会爬到自己头上去，又会担心这样的人可能经常会把自己弄得没面子。若没有宽广的胸怀，校长是不可能善用“能人”的。

“能人”对问题一般都有自己的看法，个性都比较鲜明。作为校长，就要有宽阔的胸襟，当自己和“能人”发生矛盾，若是自己的责任或失误，必须勇于自责，而不苛求对方的态度；若是“能人”的不对，校长应该宽宏大量，待其平静下来，再与之谈心，交换意见。一般地说，“能人”都是比较通情达理的。校长这么豁达大度，“能人”岂有不感动之理？俗话说：宰相肚里能撑船。校长肚量大，才能容得下众多“能人”，否则，必将发生“能”源危机。

2. 善于用“能人”之长

校长对待“能人”切不可求全责备，应当取其一能一计，让其发挥作用。有人在班主任工作中显出才干，可安排其管理班级；有人擅长教学研究，可让其担任教研组长；有人长于经营，可让其在校办工厂或学校总务处等部门大显身手，让其充分施展才华。

3. 善于协调“能人”间的关系

一所学校固然是“能人”越多越好，但是任何事情总是有两面性，“能人”能力强，能做事，这是好的一面；另一方面，“能人”之间也容易发生摩擦。若校长不善于协调，两“能”相撞，定会冒出“火花”，势必给学校的工作造成不良影响，产生“内耗”。一个优秀的校长，应有驾驭“能人”的本领，应做好“能人”之间的协调工作，以增强学校的凝聚力、战斗力。

4. 实行按劳分配

“能”者多劳，多劳就应多得——量大多得、责重多得、绩优多得、创新多得，这是社会主义的新型分配原则。可有相当一部分人对此就是接受不了。他们不和“能人”比工作、比奉献，而是同“能人”比报酬。

校长要从学校整体工作的大局出发，坚持按劳分配，无论是奖金发放，还是评先、晋级晋职，都要坚持“能”者多劳、多劳者当先，确保那些能力强、挑重担、为学校工作出力多的教职工在经济上得到较多的实惠。实行按劳分配，不但可以起到以经济手段调动“能人”积极性的作用，而且也能充分调动全体教职工的积极性。

5. 用人不疑，疑人不用

发现能力比自己强的人，校长就要大胆去用，要授予其充分的权力。如果束缚了能人能力的发挥，这样人才早晚会流失。“用人不疑，疑人不用”，信任是对人才最大的勉励。

6. 目标远大

校长善用比自己优秀的人，说明该校长具有远大的理想，目标不是只局限在当前，而是放眼于未来。要使学校长远发展，人才无疑是最重要的资源。目光短浅的校长才会选用庸才，因为他只在乎现在怎么样，而不在乎未来。

（三）善用优秀人才的策略

《淮南子·兵略训》道：“若乃人尽其才，悉用其力。”能够让员工“人尽其才”的校长，自然能够使人才“悉尽其力”，也必然能够实现学校的大发展。因此，校长在具备了“知人之心”之后，更要懂得“善任之道”：

1. 解放思想，破除用人过程中的几种错误思维

（1）“武大郎”思维

俗话说：“武大郎开店——高我者不用。”某些校长不敢用水平比自己高和能力比自己强的人，害怕这些人才会夺了他们的光芒，威胁到他们的地位。试想，这样的校长怎么可能吸引优秀人才为学校工作？

（2）“土皇帝”思维

少数校长说一不二，根本不听也听不进别人的意见，以为自己是领导，就一定懂得多，比别人聪明、能干。这样的土皇帝喜欢打击人才，再有才能的人到他手里，也发挥不了作用。土皇帝用人的另一大特点是凭自己的爱好去用人，谁对自己胃口就用谁，而不管这个人是不是真有能力。

（3）“周扒皮”思维

“周扒皮”思维就是把人才当做自己攀升的工具，当做自己实现政绩的机器，功劳都是领导的，责任都是他人的。有这类思维的校长拼命地压榨人才的血汗，又不给相应的报酬和待遇。试想，有才能的人怎么可能安心工作？

（4）“寒号鸟”思维

寒号鸟最突出的特点之一就是得过且过，只顾眼前，不顾长远。俗话说：“十年树木，百年树人。”培育人才是一个长期的持续的过程，校长一定要有前瞻性，要有计划，要不断发掘，并加以磨炼，切不可等到需要的时候

再抱怨手下没有人才。

2. 要有重才之识

重才之识，是校长对人才重要性的理性认识。进入知识经济时代，谁拥有人才，谁才有可能创造一个新世界。治校如治国，人才是兴校之本。学校是以人为要素的一个大系统，其良好运行需要一支以校长为核心的德才兼备的教职工队伍各尽所能、密切配合才能实现。

校长要选用一批精通业务、会管理、责任心强的骨干负责学校各类管理工作。特别是要选拔一批见多识广、品行高洁、精于领导管理、有创造能力的人来担任学校主要领导，让他们在校长的指挥下参与决策、分工负责、履行义务。

3. 要有爱才之心

这是校长在“重才之识”的基础上形成的对人才的真实情感，也是校长热爱教育事业的一个重要体现。爱才之心体现在校长合理对待人才的言行上，言行一致说明了爱才之心的真诚。真诚爱才，就要以工作为重，不以个人的好恶定取舍，更不能以血缘、地缘、人缘、家庭条件、利益关系、帮派观念或是对自己的顺从度为标准。爱才就要接受人才的缺点，要在认识人才重要性的基础上，形成一种健康的爱才观。校长的爱才之心就是其事业心及思想素质、道德品质、工作作风等素养的体现。

4. 要有识才之眼

世有伯乐，而后有千里马！校长要有识才慧眼，运用科学的标准去挖掘人才。

每位教师各有所长，他们都是人才或有待培养成人才。老年教师业务熟练，经验丰富；青年教师事业心重，方法新，观点新，接受能力强。

校长应深入教职工中，察其言，观其行，熟悉每一个人的优点和缺点，了解每一个教师的个性及其工作表现与方法，细心观察分析其发展趋势，从而见其长、用其专，为其恰当安排工作岗位。

只要校长能慧眼识才，学校的人才资源就会不断涌现。古人有以“听其言而观其行”为核心的识才之法，可供借鉴。这就是：“问之以是非而观其志”（立场观点），“穷之以辞辨而观其变”（应变能力），“咨之以计谋而观其识”（见识谋略），“告之以祸难而观其勇”（信义与能力），“醉之以酒而观其性”（自持力和真实心境），“临之以利而观其廉”（廉洁与价值观），“期之以事而观其信”（诚信之气）。这一识才之法极为系统完备，校长应认真领会其精神实质，充分加以运用。

5. 要不失时机地大胆任用优秀青年教师

现代人才学告诉我们，人才的特长有衰变性和用进性。衰变性是指人的特长随着年龄、生理和心理条件的变化而可能衰退。用进性是指人的特长具有用进废退的特征，在一定时期内，特长越用越会增进优势，反之，废置一边，就会退化。

校长应善于在青年教师特长的增长期和峰值期予以重用，还要善于在使用中开发教师的特长，促进其特长的发展。有才不用，就是一种人才资源的浪费。人才资源不同于其他资源，既不能保存，更不可能因保存而增值。

6. 合理使用教师

首先，要做到能级对应，人事相适。由于每位教师的学历、经验、知识和能力存在差异，校长要合理地划分教师的能级层次，对教师的能力心中有数。

其次，要对人事适时地进行动态调整。因为“岗位能级”在不断变化，随着教师主、客观条件的改变，“人才能级”也在不断改变着。一个教师通过不断学习和实践，能级就会上升，校长应适时将其调整到较高的能级岗位，反之亦然。

再次，要做到扬长避短、人尽其才。合理使用人才就是要扬长避短，实现人尽其才、才尽其用。

最后，要做到同频共振、群体优化。校长应努力与教师保持协调一致、相互促进，形成“同频共振”效应，组建学校的“人才集团”，进行科学有效的组合。

“一个好校长就意味着一所好学校。”校长是一校之魂，有什么样的校长，就有什么样的学校，就有什么样的学校文化，就有什么样的教学氛围。作为学校的火车头，校长的作用举足轻重，在人才管理方面，更应注重奥格尔维效应，为优秀人才搭建施展才华的舞台，从而促进学校的整体发展。

晕轮效应

——全面正确认识人才

（一）晕轮效应启示

晕轮效应，又称光环效应，最早是由美国著名心理学家爱德华·桑戴克于20世纪20年代提出的。晕轮是月亮被光环笼罩时产生的模糊不清的现象。爱德华认为，人对事物的认知与判断往往从局部出发，然后扩展而得出整体现象。就像晕轮一样，这些认知和判断常常都是以偏概全的。一个人如果被标明是好的，他就会被一种积极肯定的光环笼罩，并被赋予一切都好的品质；如果一个人被标明是坏的，他就被一种消极否定的光环所笼罩，并被认为具有各种坏品质。

心理学家戴恩做过一个实验。他让被试者看一些照片，照片上的人有的很有魅力，有的没有魅力，然后让被试者评判这些人。结果表明，被试者对有魅力的人比对无魅力的人赋予了更多理想的人格特征，如亲切、和蔼、沉着、人缘好等。晕轮效应不但常表现在以貌取人上，而且还常表现在以衣物定地位、性格，以初次言谈定人的才能与品德等方面。在对不太熟悉的人进行评价时，这种效应体现得尤其明显。

从认知角度讲，晕轮效应是一种以偏概全的主观心理臆测。正如歌德所说："人们见到的，正是他们知道的。"晕轮效应的错误在于：

第一，它容易抓住事物的个别特征，习惯以个别推及一般，就像盲人摸象一样，以点代面。

第二，它把并无内在联系的一些个性或外貌特征联系在一起，断言有这种特征必然会有另一种特征。

第三，它说好就全部肯定，说坏就全部否定，这是一种受主观偏见支配的绝对化倾向。

在管理中，有的领导看到员工的一些缺点，或对他们的生活习惯、工作之余的衣着打扮看不顺眼，就把他们看得一无是处。而看到某个员工的字写得好，就认为他思路清晰、办事果断、认真、有条理等。这种戴着有色镜去判断员工的现象正是陷入了晕轮效应的迷宫，管理者应该克服和避免这种错误的心理效应。

晕轮效应的危害可用一句古语表述："一叶障目，不见泰山。"在学校管理工作中，也存在这样的现象：有个别校长仅仅根据教师的某一突出特点去评价他、认识他和对待他。如某位教师跟自己关系好，就认为他一切皆优；对与自己关系不好的某教师，哪怕他只是在生活作风上有些小问题，就一概否定。

晕轮效应对校长的管理工作有以下三点启示：

第一，不要过早地对新的教师作出评价，要尽可能地与教师进行多方面的交往，促进相互间的深入了解。

第二，及时注意自己是否全面地看待了他人，特别是对有突出优点或缺点的教师。

第三，在与他人交往时，不要过分在意他人怎样评价自己，要相信自己一定会获得他人的认可和理解。

"赢得教师，才能赢得 21 世纪的教育。"能否建设一支具有优良师德、胜任现代教育教学工作、具有现代教育理念、适应《纲要》需要的高素质师资队伍，关系到教育改革能否真正推行和一所学校的生存与发展。作为"学校之魂"的校长，采取科学的人才策略才是吸引人才、发现人才、培养人才和合理使用人才的前提与保证。

校长应该如何把握客观公正的尺度，杜绝晕轮效应，有"举世皆嫌良马瘦，唯君不弃卧龙贫"的识才慧眼呢？

1. 准确把握人才的标准

英国哲学家波兰尼认为，人类大脑中的知识分为两类：明确知识和默会知识。明确知识是指能言传的，可以用文字等来表述的知识。默会知识则是指不能言传的，不能系统表述的那部分知识。人类的默会知识远远多于明确知识，而且有着不同于明确知识的显著特征。

波兰尼的知识论给校长正确地"识人"指明了方向。文凭、职称、教龄这些东西实际上仅仅是明确知识的反映，而默会知识是无法通过“文凭”来反映的。校长应理性地选择人才，不唯资历看能力，不唯文凭看水平，不唯职称看称职，不唯既往看发展。

2. 见其所长，录其所专

很多时候，优点越突出的人，其缺点也就越明显。“人之才行，自昔罕全，苟有所长，必有所短。若录长补短，则天下无不用之人；贵短舍长，则天下无不弃之士。”有的教师性情耿直，遇事喜欢直陈利害，个别校长常认为这是缺点而不能容忍，不仅不委以重任，还欲尽力“驱逐”。有眼光的校长则往往能见其所长，用其所专，化不利为有利，使各类人才都能各得其所、各尽所能。校长有了这样的识人之道，学校的人才资源就会变得越来越丰富。

值得一提的是，随着社会的发展，教师的民主意识、参与意识都会进一步增强，价值取向也会发生一定的变化，这些都是正常现象。如果校长不尽快转变观念，仍然以老眼光看人，把教师的这些个性也当成缺点，很容易陷入晕轮效应。

3. 克服心理偏见，客观地识别人才

人才的鉴识，毕竟是一项主观色彩很浓的活动。这些主观色彩主要表现在首因效应、近因效应、晕轮效应和定势效应上。首因效应就是先入为主，以第一印象代替全面了解。近因效应是指在对人的长期了解中，最近了解的内容往往占优势，掩盖了对一个人的一贯了解。定势效应指人们头脑中存在的关于某一类人的固定的形象。对陌生人的知觉，常常会表现出首因效应；而对熟悉的人，则容易对他们的新异表现产生近因效应；对一个人的情况了解不多，易产生晕轮效应。显然，克服这些识人过程中的心理偏见，对于校长准确、客观地识别和发现人才具有非常重要的意义。校长在识人的时候坚持以发展的眼光看人，是克服这些心理偏见的有效方法。

如果校长在识人方面不以个人好恶为标准，不以“框框”定取舍，不以“小恶”而忘“大美”，扬长避短，求其所长，就能克服晕轮效应，使各类人才各得其所、各尽所能。

（二）客观识人，用宽容温暖人心

北京市第二实验小学有一位老教师非常要强，专业能力也不错，但因正值更年期，情绪不佳，专业发展也受到了影响。

这位老教师在学校里总是牢骚很多、怪话连篇，对学生也是呵斥多、脾气大，引起了学校和家长的不满。

但实际上，这位教师有一副热心肠，她在校长李烈刚进入实验二小工作的时候，曾经给予过很多帮助。后来因为两人所教年级不同，来往就少了，渐渐的，两人的关系也就疏远了。但李校长始终认为她是一个有着很强专业素养的老大姐。

当校长以后，李校长决定和这位昔日的老大姐进行一次深入的沟通，帮助她调整不良的心理状态。

谁知李校长刚跨进办公室，这位昔日的老大姐就当着其他老师的面毫无顾忌地将她所有的牢骚和不满一股脑地发泄出来，说话的语气非常刻薄。

李校长的眼泪在眼眶里转，她强忍着没有让它流下来，坚持听她将牢骚发泄完。李校长说："我今天找您只想说两点：第一，我知道您现在心里很不愉快，也知道您对我的工作有很多意见。我想您这些牢骚、不愉快肯定有您的道理。但不管您怎么想，我只想跟您说，过去您给了我很多帮助，我永远会记着。虽然后来这些年我没能和您在一组，但是我心里一直都记挂着您并深深地感激您。我做校长了，现在主要抓教学工作，您又是这么优秀的区级骨干教师，我们学校出了名的好教师，我希望能为您做些什么，让您愉快起来。第二，我想告诉您，我刚来的时候，是您关心我，经常指导我备课，在帮助我的同时，还指导组里的其他年轻教师。那个时候，您给我的印象是特别能干，特别热情，又特别善良。我心中那个美好的印象太深刻了，所以我希望现在看到的不是真正的您。我知道，而且我也相信，您也不希望就这样不愉快地退休。"

说完这些话，李校长如释重负。回到办公室以后，虽然觉得有点委屈，但李校长更感到一种心痛：是什么原因使这位曾经热情、善良的老师变得如此刻薄难缠、不可理喻？

事后，有人劝李校长："算了，她没几年就要退休了，由她去吧！"但李校长却执拗地认为，不能放弃，一定要想办法走进这位老教师的内心，消除她的不良情绪，让她快快乐乐地退休，带着美好的回忆离开工作岗位。

之后，李校长举办了一次“老教师给青年教师说课”的活动。李校长亲自选定这位老教师为低年级教师说课。然而正如她所料，这位老教师带着极大的情绪说：“我不干，你找其他优秀教师去吧！我现在比不了人家。”

李校长没有生气，而是态度平和但很坚决地说：“该找的我都找了，一个没落，而且大家都愉快地接受了，我希望您也能跟大家一样接受这次邀请。我认为您有资格、有能力做这次活动的指导教师。同时请您记住，我凭能力用人，该怎么对待，我就会怎样对待。”

临走时，李校长还补充了一句：“机会我给您了，您别自己放弃。”

后来，李校长从其他教师那儿了解到，这位老教师没有再推脱，而是正在为这次活动做积极的准备。

等到正式说课时，李校长发现她准备得认真，毫无保留，讲得特别具体和实在，对年轻教师启发很大。看到她投入、认真的工作劲头，李校长由衷地感到：这些老教师的内心还是那么热爱教育事业，那么渴望得到他人的认可和重视。

于是，不管这位老教师态度如何，李校长都坚持这样做下去，把指导青年教师和实习教师的工作交给她。

渐渐的，这位老教师开始变了，人变得越来越和蔼可亲，心态也慢慢平和了。有的时候，她还会主动找到李校长，反馈她所带的青年教师或者实习生的情况，说话语气很柔和，话中也满是赞扬。

一次，区里一位语文教研员对李校长说：“×老师现在和原来可不一样了，原来她一提起你们学校就满腹牢骚，但现在好像变了一个人似的，总是很动情地说起你。”

听到这种反馈，李校长感到很欣慰，觉得自己的努力没白费，这位老教师终于从不良、失落的情绪中走了出来，重新找到了属于自己的位置，重新满怀激情地回到了教学岗位上。

第二年，李校长全面主持学校工作，成立了一个教研室，把包括这位老教师在内的几位非常有教学经验的老教师一起安排在教研室，享受正主任级待遇，但不参与行政工作，让他们全力以赴培养青年教师，发挥他们的才干。

现在，这位老教师工作很出色，每天下班后走得最晚，她以全部心血辅导着青年教师，帮助青年教师成长。她到退休年龄时也没有离开学校，超期“服役”了一年。她说：“我呀，就凭李校长对我的那份爱，在我出现问题时，没有放弃我，即使不给酬劳，我也愿意在二小继续干下去！”

在认识某人或某事时，人们往往会以点概面、以偏概全。“一俊遮百丑”“情人眼里出西施”“爱屋及乌”都是晕轮效应的体现。如校长在评估教师时，一听说这位教师是优秀教师，就会认为这位教师的一切方面都好。相反，一听说这位教师不受人欢迎，还受过处分，就会觉得这位教师很差。再如，某位教师人际关系好，不得罪人，或在某一项工作中成绩不错，那么他的缺点就可能被忽视或掩盖，有时还可能被人为地赋予不存在的优点和业绩。一些性情急躁、处世艺术不佳或由于特殊原因造成某些工作失误的教师，会遭到个别校长的反感。而李烈校长能客观评价人才，杜绝晕轮效应，用爱心和宽容化解了老教师的不良情绪促使老教师最大限度地发挥出了自身的能量。

随着年龄的增长，年轻一代的新秀教师逐渐走上前台，老教师难免会产生一种强烈的失落感，这时他们很容易对学校、对工作、对教育失去曾经炽烈的热情。如何对待这些昔日的教育“功臣”？李烈校长为我们给出了答案。

面对昔日对自己有过帮助的老大姐的冷言冷语，虽然备感委屈，但李校长时刻都站在老教师的角度考虑问题。她知道，她是因为失落才有这种不良情绪的。身为校长，必须消除她的顾虑，让她感受到学校对她的尊重和重视，重新焕发生命的活力。于是，李校长举办了“老教师给青年教师说课”活动，让老教师充分展示自己积累多年的教学经验，从而使其在心理上获得一种满足感。李校长还提出“尊重老教师”的口号，充分体会老教师的心态，肯定他们一生对教育的辛勤付出及价值，从而走近每一位老教师，让老教师感受到自己对学校不可替代的贡献和学校给予自己的温暖，从而促进老教师发挥余热，继续实现自己的教育理想和人生价值。

消除老教师的失落心理，对老教师不以偏概全，是校长正确识别人才、建立和谐团队的一个重要环节。在学校管理中，学校应该发挥光环效应的积极作用，打造名师，宣传本校的杰出校友，培养尖子生，用以扩大学校的影响，用以激励学生和教师。同时，更要注意，在评价教师时要坚持实事求是，防止以偏概全，从而正确识别人才、使用人才。

（三）在识人、用人方面不“犯晕”的策略

在学校管理工作中，个别校长受晕轮效应的影响，在对教职工了解不多的情况下，掺杂了大量主观因素，难以真正地了解和公正地评价这些教职工，以致对他们产生不公平的看法。警惕和消除这种效应，有助于校长对教职工获得正确认知，改善学校的人际关系。作为校长，应该怎样防止晕轮效应产生的负面作用呢？

1. 提高自身素质

校长应该懂得现代教育评估的基本理论，掌握一定的评估方法与技术，同时还要有一定的组织能力，有较好的心理素质，作风正派，善于正确处理人际关系。

学校管理学原理告诉我们，要想成为一名好校长，首先就得努力成为一名好教师，成为一名博学多识、能力过硬的教师。校长只有博中有专、专博相济，思路才会更加开阔，想问题、评价人才会更加全面。这样，在检查教案，参与备课、听课，与教师研讨教学问题时，才能够看得出、听得出、悟得出道理来，才能够及时发现教师的先进经验和优秀品质，才能够指出他们教学中的缺陷和错误，并进行指导，从面避免出现晕轮效应的负面作用。

2. 实事求是，客观评价教师

校长应该实事求是、客观公正地对待教师，不带任何先入为主的观念去认识教师，以免形成错觉，特别要注意避免晕轮效应的消极作用，更不能分门别类地、简单地对教师的品行作出判断，而要客观地、全面地了解下级，正确地作出评价，从而形成正确的印象。

在对教师评估的过程中，校长既要站在评估者的立场，客观公正地进行评估，又要站在教师的立场，设身处地地思考评估问题，要认真考虑评估中哪些方面合理、哪些方面不够合理。实践证明，通过这种心理换位的方法，校长可以把个人对教师的亲疏、好恶抛在一边，从而正确地实施评估。

3. “慎始”，避免先入为主

作为校长，要“慎始”，处理好自己与下属的第一次接触。比如，开好第一次校务会或教师大会，做好第一次发言，使教师对自己产生良好的最初印象，为今后顺利交往、关系融洽创造有利条件。校长还要正确看待自己对

教师的第一印象，避免先入为主，把某一教师看“死”。

4. 加强沟通，加深情感

要实现校长与教师双方互相了解、形成正确印象，必须依靠彼此在思想上、情感上、态度上的信息沟通。校长应该具有强烈的沟通意识和互动意识，经常与教师接触交流，避免“鸡犬之声相闻，老死不相往来”的情况出现。

人非草木，孰能无情？校长关心教师，教师也会转而关心校长，双方在相互接纳中，才会感情增强，关系融洽，从而消除心理上的距离，增进了解。

5. 完善规章制度，建立科学的评价体系

在对教师进行评估前，校长首先要制订科学的评估方案，在评估过程中，要严格按照评估结果和规定的比例确定等级，不得掺杂个人情感因素。对于需要调整级别的，一律经过学校教代会集体讨论通过，校长个人无权更改。

建立全面、科学的教育评价体系，特别要慎重考虑“教师评价指标”。在评价教师时，严格按照指标进行，以降低误差。

6. 克服心理偏差，改善管理个性

校长应该改善自己的管理个性，克服性格孤僻、心地狭窄、脾气粗暴、自以为是等缺点。要做到这些，就需要注意以下几点：

（1）胸怀要宽广，气量要宏大。作为领导，顺耳之话能听，刺耳的话更要听；支持自己的意见能接纳，反对自己的意见也要“消化”；和自己同观点的人，能团结工作，对那些反对过自己的人，也要团结。

（2）公平正直，诚恳坦率。校长对人对事要公正，敢于负责，以实事求是的原则对待教职工，不言过其实，力戒大话、空话、假话。

（3）不给教职工“穿小鞋”，不“秋后算账”。校长要有宰相肚量，听得进不同意见，即使有些言辞过激、失之偏颇，也能一笑了之，切不可打击报复。

（4）要富有理性，善于思考。不拉帮结派，不受“老同学”“老部下”“老乡亲”“老同事”“老教师”等的左右，不偏听偏信。

校长好比钢琴家，只有熟悉每一个琴键，运用好每一个音符，才能弹奏出美妙的乐章；校长是棋手，只有运行好每一粒棋子，才能下出一盘好棋。

校长，官儿不大，但责任可不小，只有充分具备伯乐相马的识才之智、海纳百川的容才之量、知人善任的用才之艺，才能真正成就发展学校的宏图大业！因此，校长应该采用适当的策略，在发挥一些心理效应的积极作用的同时，避免晕轮效应的消极影响，在与教师的交往中努力形成正确、良好的印象，正确、全面、公平、公正地认识、使用、评价每一位教职工。

大荣效应

——生存与发展的根本在于培养人才

（一）大荣效应启示

号称日本两大百货公司之一的大荣百货公司创建于 1957 年。初创时，大荣公司只是大阪一家拥有 13 名职工的小百货店，后来扩展到经营糖果、饼干等食品和百货。

有人请教大荣公司为什么能创造如此辉煌业绩的秘诀。大荣公司的老板微微一笑："重视对人才的培养。"

大荣公司提出的"企业生存的最大课题就是培养人才"，被人们称为"大荣效应"。

企业发展应以人为本，人是企业发展之根、之源。"商场如战场"这一经济理论体现在当今，就是人才成为胜负的关键。向"战场"输送人才，并最终达到企业生存、发展、获利的目的，已经成为人力资源管理的核心目标。

这是大荣效应给予企业发展的启示，它对于校长进行学校管理同样具有重要意义。

教师在当今社会发展中的作用是毋庸置疑的，近年来欧美等国不断深化教师教育改革，关注新教师群体，推行新教师入门指导计划和新教师入职培训制度等政策，以促进新教师迅速成长，尽快适应教育教学工作。而在我国当前的教师教育中，一项重要的甚至对教师的发展十分关键的工作，即教师专业发展过程中的中间链条——新教师的培养（专门为新教师提供的为期至少一年的有计划的、系统的、持续的帮助），却明显被忽视了。

对新教师的培养都没有被放到战略性位置上，对其他教师的培养就更是如此了。教育质量的提高，很大程度上取决于所有一线教师思想素质的提高和教育观念的改变，教育本身是一个复杂的系统工程，不是靠一两个中坚分子或积极分子就能实现的。

鉴于此，校长应像大荣公司那样，将培养教师作为学校发展的重要课题，树立学校发展靠每一位教职工的意识，努力探索一条适合本校实际情况的教师培养模式，帮助教师获得尽可能多的发展。这样，学校才有可能水涨船高，获得更大的发展。

（二）把培养人才放在第一位

江西省上饶县徐家小学校长谢国洪，多年来做校长的体会是：做校长忙，做校长责任重大，做校长苦。由于学校工作千头万绪，特别是小学，许多工作都离不开校长，但如果每件工作的布置与实施都要校长一个人决定，就算校长有三头六臂，也应付不过来，这样，学校工作肯定是一塌糊涂。所以，他认为，作为一个学校的带路人，校长必须要善于培养人才、重用人才，这是学校生存与发展的根本。

在实践中，谢校长是这样做的：

1. 培养中层干部队伍

中层干部是一所学校的中流砥柱，其素质高低、能力大小、积极性高低，直接影响甚至决定着学校管理水平的高低。所以，在选拔中层干部时，徐校长会注意选那些教学成绩突出、在教师中有较高威望的教师。这样，他们的示范作用就能引领和带动其他教师。此外，徐校长还注意发动和鼓励中层干部主动、大胆地开展工作，在自己所负责管辖的范围创造性地做好工作，做出成绩。

如今，徐家小学的报账员、辅导员、教导主任和教研组长，都是由学校的骨干教师担任的。他们业务上都比较精通，工作也积极主动。比如，教导主任和教研组长能把学校的一些校本教研活动组织得井井有条，把各种竞赛提前安排好，而报账员也能独立认真做好采购工作……这让徐校长减轻了不少工作负担。

2. 注重培养和选用班主任

班主任是校长的得力助手，是一个班级的“灵魂”。一所学校班主任队伍素质的高低，对学校形成良好的管理秩序和校风、校貌，确保学校和谐、稳定、高效地运作，发挥着重要的作用。所以，选任班主任时，徐校长会选那些工作认真、细致、负责，且在学生中有较高威信的教师。徐校长还注意加强对班主任的培训，以提升其育人水平。

当前，徐家小学的班主任都是工作责任心强、有多年班级管理经验的教师。他们工作认真、踏实，在卫生管理、安全教育、学生管理等方面，都做了大量工作，从而保证了学校良好班风、校风的形成。

3. 注重培养骨干教师

人才是宝贵资源，骨干教师更是学校不可多得的宝贵财富。一所学校骨干教师的多少不仅能直接影响学校的声誉，更能决定学校教学质量的高低，影响到学校的发展和前途。所以，深知这一点的徐校长，特别重视并花大力气加强对教师的培养，力求让每一位教师都能成长为敢挑重担、能挑重担的骨干教师。

他经常督促教师认真学习，主动提高自身的业务水平。他还鼓励教师多参加校内外举办的教研活动，以提高自身的业务能力。

青年教师是推动学校发展的生力军。徐校长对他们的培养更是格外重视。新教师毕业分配到徐家小学，他都会组织他们进行培训，让他们尽快成长，适应各种教学。学校已经培养出多位青年骨干教师，保证了教育教学的顺利开展，使学校整体教育教学质量有了大幅度的提高。

通过对人才的培养、重用，徐家小学的教学活动顺利开展，教风、校风、学风良好。

为了发展企业，一些管理者不断地引进新设备，却忽视了提高员工素质，没有适当地给员工接受再教育和培训的机会，结果导致企业发展并无起色。他们忘记了人才培养是任何一个企业生存、发展的重中之重，没有了人才，一切都无从谈起。人才的培养是事关企业成败的大事。

企业发展的关键因素有资金、人才、产品，其中以人才为首要。要让自己的企业更有竞争力，管理者必须认清“人才”这项关键因素的重要性。

西方成功企业的CEO大多将大部分时间投入在公司人才的经营上。《A到A+》一书中指出，这些企业之所以成为卓越公司的关键因素之一就是：先找到对的人上车（Right people on bus first）。要成为卓越的公司，首先要主动培育各阶层员工，拥有一群优秀的员工。

教师对学校的意义，比员工对企业的意义更重要。教师是学校的主要人力资源，是学校生存与发展的主要依靠力量。所以，教师管理就应顺理成章地成为学校管理的第一要素，成为学校管理的核心。

校长必须将对教师管理的认识提高到这一境界，才能真正重视对教师的培养。

通过多年的工作实践，谢校长认识到，校长即便能力再强，也不可能把所有的学校事务都揽过来，必须把担子分给其他人一些。而要想让其他人都有能力承担学校事务，最先要做的当然就是培养他们。所以，中层干部、班主任和骨干教师，就成为他的重点培养对象。

一个学校的这三种主要力量培养好了，就相当于给全校教师树立了看得见的榜样，让每一个教师都有了努力的方向。而学校工作也会因这些中坚力量的强大而开展得更顺利。

学校管理无止境，无定法。只要校长坚持“管理为本、人和为根”，给每一位教师提供充分的培养机会，学校管理工作就有望迈上新的台阶。

（三）加强培养，让教师有能力为学校发展出力

教师是办学的主体，培养教师是学校的基础性工作。建立和完善教师培养工作体系，是提高教师教学水平的保障。校长应采取有力措施，开展形式多样、内容丰富的培训，严格过程管理，加强对每一位教师的培养。这样，办好学校、稳步提高教育教学质量，才不会只是愿景。

校长可以采取以下措施来培养教师：

1. 给教师明确的目标指向

目标是引领一个人前进的方向，它能赋予一个人巨大的动力。校长要培养教师，让教师持之以恒地积极进取，获得发展，就必须给其一个明确的目标。美国提出了“五者型”教师培养目标，即教师应分为成长学者、教学者、交往者、决策者和示范者。英国近年来也提出了“完整型”教师培养目标。“完整型”指教师优良的个人品质、精湛的教育教学技能和较强的学习能力相统一。

对自己制订明确的目标有困难的教师，校长要给予明确的目标指向。可以结合本校的实际情况，如教师的分级情况及个人的实际情况，给教师指定明确的目标。

（1）明确教师“自觉关注学生”的目标

经过研究，福特和布朗曾经揭示出一个关于新教师成长的原理：在从一名新教师成长为一名合格教师的进程中，不同的成长时期所关注的问题不同。根据教师在不同成长时期的需要和所关注的焦点问题，他们把教师的成长过程分为关注生存、关注情境和关注学生三个阶段。其中，关注学生是一项意识性很强的内容，也是教育成功的基本前提。能否关注学生也是衡量教师是否成熟的尺度。

新教师往往将注意点放在自己的“生存适应性”和所处的教学情境中，而不知道自觉朝着关注学生的特点、需要、个别差异方向努力。这就需要校长及时予以引导，让教师朝正确的方向发展。

（2）明确专家型教师的基本特征

成为专家型教师，是所有想成功的教师的梦想。校长应为他们创设条件，提供帮助。

专家型教师的基本特征主要包括：有丰富的组织化的专门知识并能有效应用，能高效率地解决教学领域内的问题，善于创造性地解决问题，并有很强的洞察力。校长应主动帮助教师认识、理解专家型教师的这些特征，强化其成为其中一员的意识，使他们既有理想又有进取的方向，这样才能促进教师的迅速成长。

2. 构建多元化的教师培训体系

（1）有计划地对教师进行校本培训

学校对教师的培训应从教育理论培训、专业知识培训、教学技能培训、师德培训等方面多角度、全方位地开展，应以系列培训活动和新教师的自我学习为主要途径。校长要专门派人分管教师的思想建设工作，并定期专门研究和解决教师队伍中思想建设和教书育人的问题。

校长还可以通过开展教学研讨、听评课、授课竞赛等活动，组织教师对好的教学方法进行交流，使新教师能有学习机会，不断汲取老教师、优秀教师的教学经验，提高自身教学质量。

（2）实行“一对一”带教制度

每一个能力稍有欠缺的教师，尤其是新教师，都需要一个“传、帮、带、教”的导师，为其成为一名合格的教师提供支持。学校应为新教师选派一名愿意带教的专业教师作为指导教师。

指导教师要拟订教师培养计划，在教育思想、教育观念、课程安排、授课计划、教案编写、教案素材的准备、备课试讲、教学方法、教学手段、难重点的把握、教材处理、课堂管理、实验带教、作业的布置与批改等方面，一一给予教师指导与点拨。指导教师应发现并指出新教师存在的优势和不足，循循诱导，对症下药。

指导教师还要鼓励教师多想、多看、多做，严格岗前训练和岗后指导，引导教师了解和掌握本专业前沿知识和发展方向。

（3）引导、鼓励教师相互学习

不断进行积极的讨论，会让每个参与者受益匪浅。校长应创造机会和环境，让教师们可以聚在一起，分享教学经历，提出互动问题，交流成功经验等，彼此相互鼓励。

校长可以安排教研组每两周固定开一次研讨会或交流会，保证组内有几个小时的合作时间。教师们聚在一起，共同研究某一教学问题、教育难题，并进行案例分析。

对提出的问题，每一位教师都可以结合自己的经验提出可能的解决方法，并可以不受限制地点评彼此的工作，相互学习，一起分享教学经验。

这些活动对教师建立信任和互相团结意义重大。老教师应不断倾听、鼓励新教师表达他们的希望，鼓励他们认识自身价值。把相互听课、彼此讨论作为一种惯例，以促进老中青教师之间相互学习、取长补短、共同提高。

3. 建立教师激励机制

激励教师的前提是洞悉他们的内心世界，了解他们的需要。只有这样，才能找出激励因素。

如何剖析教师心理，透视教师动机，充分调动其积极因素，激发他们奋发进取，不仅是对教师自己，同时也是加强教师队伍建设，提高队伍群的整体素质，保证学校教育教学质量的关键举措。

不管是取得成绩还是遭遇挫折，教师都需要激励。激励教师的具体措施，有给予认可、给予鼓励、给予信任、给予支持等。

校长可以通过以下“六给”措施，让教师获得尊重感，从而自我敦促，尽快脱颖而出。

（1）给要求

校长可以根据每个人的不同情况，分阶段、分层次地对他们提出奋斗的目标。

(2) 给条件

校长要经常选派教师走出去参加各级组织的教育教学研究会、观摩活动，为教师订购多种教学资料，为提高教师的文化素质、业务水平创造有利条件。

(3) 给机会

校长应为更多的教师创设施展才华的机会，为他们提供自我展示的舞台。比如，定期开展教学基本功比赛和教学评比活动，让全体教师人人参与，评出优胜者，并给予适当的奖励。

(4) 给鼓励

对于教师的每一点进步，校长都要关注并给予肯定，对取得的成绩给予奖励。

(5) 给提拔

对于在教学中成绩突出、思想素质好的教师，校长要不拘一格，大胆提拔，放手让他们担重担、挑大梁。

(6) 给担子

校长要多安排青年教师到教育教学第一线——做班主任工作，还可以结合教师个人素质，要求青年教师定期完成一些具体的任务。比如，要求他们每周听一节课，每学期上一次公开课、写一篇最佳教案，每学年确定一个教研专题，订一本业务资料，写一篇专题总结或论文。

4. 重视情感投入

几乎每一位教师都面临着工作、生活、社交等方面的压力。主动关心教师生活，帮助他们解决后顾之忧，应成为校长工作的重要组成部分。

校长要带领其他学校领导主动深入教师中去，了解他们的生活需要，积极采取措施解决他们的实际问题，使教师能心情舒畅地全身心投入教育教学工作，充分发挥聪明才智，力争创造最佳的工作业绩。

5. 加强师德教育

教师之所以走上教师岗位，是由职业谋生的需求、职业兴趣的选择、实现人生价值的追求等因素综合作用决定的。弄清楚教育是什么这个问题，对教师明确自己的职责、找准前进的方向是大有好处的。

校长应在校内多开展一些教师培训活动，组织教师学习相关的教育法律法规、教师职业道德规范、教学常规管理条例，强化教师职业培训，强化师德教育，增强教师对教育本质的认识，使他们认识到教师职业的神圣和肩上责任的重大。

校长还应制订一套严格而科学的师德考核标准，要求教师严格按照师德标准规范自己的职业行为，使他们明白教师应具备哪些师德，为何要具备这些师德。

校长还应大力开展、举办各种形式的师德评比活动，表彰身边的优秀教师，宣传他们的先进事迹，倡导青年教师向其学习，激发青年教师做好本职工作的积极性和主动性。

21 世纪教育委员会主席雅克·德洛尔在其论著《论未来的教育》中提出了“终身学习”的概念，他认为人的学习不能只限于人生的某一个时期，而应该终身接受教育。这被誉为教育史上的“哥白尼革命”。

这个论断清楚地表明：上一次大学受益终身的时代已经一去不复返了，取而代之的是“终身学习”。

作为教师的领导者，校长有必要、有义务给每一位教师提供终身学习的机会，让他们苦练内功，储藏厚积薄发的力量。

贝尔效应

——为有才干的下属创造脱颖而出的机会

（一）贝尔效应启示

贝尔天赋极高，曾经不止一个人预计说，如果他毕业后进行晶体和生物化学的研究，一定会多次赢得诺贝尔奖。但他却心甘情愿地走了另一条道路——把一个个开拓性的课题提出来，指引别人登上了科学高峰。于是有人把他这种甘为人梯的行动称为“贝尔效应”。

德国哲学家尼采在《查拉斯图拉如是说》中，曾经提出了著名的“人梯学说”。这个学说包含两方面，其中之一就是，人类艰辛劳作的终极目的，是使最接近人类超越理想的完美个体诞生，因此，那些自愿被超越并且支撑超越者的个体是阶梯，而人类正是一个阶梯一个阶梯地向上进化的。这与贝尔效应是一致的。

作为一个学校的灵魂人物，校长更应发挥贝尔效应的作用。

当前，学校的建设与发展已跨跃校长个人的“能人时代”。虽然“一个好校长就是一所好学校”这句话很有现实意义，但学校的建设与发展更要依靠科学而完整的制度，需要一种非常符合人性发展的学校文化，而制度的建设与执行与学校文化的执行都需要全体教职员工来完成，需要一批德才兼备的人辅佐校长来完成。

当校长能全面地发现每一位教师的特长与能力，并安排他们到适合他们特长的岗位上工作时，这就是“人尽其才，才尽其用”。

不仅仅如此，校长还要建立符合教师发展的平台。比如，开展一些立足于本校教育教学实际的教学研究活动，让不同的教师参与其中，发挥他们自身的特点；要开展多样化的符合学生个性发展的教学活动，让有特长的教师参与其中，发挥他们的价值；要给教师提供更多的培训机会，让不同层次的教师及时更新教育观念，充实教育教学理论知识；要为教师提供升职、转任其他更适合教师自身工作的岗位……

校长要乐于为教师做嫁衣，为有能力的教师脱颖而出创造机会，让他们能更快、更积极地发展自己，更富创造性地为学校发展贡献力量。

(二) 珍惜眼前人，用好优势能量

上海中学校长唐胜昌认为，校长就是靠正确用人来成就事业的，任用优秀人才是校长的职责。所以，他一直将善于发现人才、认真选拔人才、科学使用人才当做学校事业成功的关键。

1995 年 5 月，唐校长正在国外作学术报告，当时，国际政治局势动乱，以美国为首的北约正在攻打南联盟。他一直关注着局势，没想到美国竟然轰炸了我驻南联盟大使馆。

唐校长立刻想到了学校拥有许多美籍教师和学生的国际部可能会出乱子，但人在国外，身不由己，况且国际性大会不能随意请假，他心里乱极了。但一想到国际部有李英老师在管，心里又觉得踏实了许多。他立刻给李老师打电话，询问学校的情况。

“一切平安，唐校长。我一听到大使馆被炸，就马上赶到了学校。正好外办领导来电，要我们切实保护好所有在校美国人的人身安全，我已经通知门卫，全力加强学校的保安工作。不过，还是有些外教惊慌失措，不敢在中国停留，希望即刻回国。我明确告诉他们，在中国是安全的，在我们上海中学更是安全的。美国政府轰炸我国大使馆是错误的行为，我国政府会出面交涉，但这与平民百姓无关，两国人民还是应该友好相处。虽然一些大学生在美国大使馆门前游行，但相当节制，没有任何出格行为。经过我反复劝说，他们同意留下来了。”李老师汇报道。

得知李老师轻而易举地就把这“棘手”的事情处理好了，唐校长松了一口气。

在国际部发展过程中，遇到的难题数不胜数，如中西观念碰撞的处理、对不同国家与地区的家长和学生要求的满足、突发事件的应对、外籍教师的沟通和管理等。然而，不管问题有多大难度，李老师总能妥善处理好。

当初国际部创办时，需要一位能带领国际部走上良性发展道路的主管，可职位一直是个空缺。许多干部都提出，国际部主管应该懂教育、精通英语，而纵观整个上海中学，却没有合适的人选，所以需要从社会上招聘。但唐校长却认为，中国人自主管理的国际部是没有先例的，也没有经验可以借鉴，如果用办本部教育的思维模式来办国际部，肯定不适宜；但如果用外国人办外国学校的模式，无论从课程管理还是教育管理上看，也是不适宜的。选国际部主管也是如此，必须摆脱传统的思维模式，从国际部可能面临的问题出发选择合适的人才。

国际部要办好，可能会出现哪些问题呢？能处理好东西观念的碰撞是其一。在中国人的土地上办外国人子女学校，岂能不招来非议？国际部与本部在同一校园里，而国际部学生的行为与本部学生完全不一样，在本部学生看来，国际部学生的许多行为方式可能就是“叛逆”，而同样的，国际部学生可能会认为本部学生的行为“老土”，这样双方之间难免发生冲突、矛盾，那怎样协调双方的关系呢？另外，国际部家长往往带着“挑剔”的眼光来看中国人办的国际学校，再加上交了昂贵的学费，他们更会对学校提出很多不近情理的要求，怎样和他们沟通呢？

要解决好这些问题，并不能只看国际部主管的教育经验是否丰富及外语精通的程度，还要看他的沟通协调能力，看他能否合理应对不同国家、地区学生的学习要求，看他能否创造性地作出各项决议，看他是否肯花时间学习国际教育的先进成果。

这样的人才，必须外聘吗？上海中学内部真的没有吗？在学校管理中，唐校长向来坚持更多地任用学校内部有优势的人才。这样不仅是对本校教师的一种鼓励，也可以让被任用的人才更快地适应学校管理环境。

这时，唐校长想到了时任办公室主任的李老师。虽然她的教育教学经验不是很丰富，外语运用能力也不是很突出，但她具有很强的人际协调能力，大大小小难以处理的事件，到她手中都能迎刃而解。另外，她还有高度的政治敏锐性，这在国际部处理冲突时会起到非常关键的作用；她能着眼于大局，乐于学习；她不因循守旧，不盲目模仿，总能走出一条适合自己的路。

而这些品质，都是国际部主管这个职位所需要的。

当唐校长提出要李老师做国际部主管时，很多人提出异议，问题就在她的教育经验与外语运用能力方面。但当唐校长讲明学校的用人机制和国际部可能出现的问题时，大家就没有异议了。

事实证明，让李老师做国际部主管是非常正确的决定。国际部开办第一年，她不仅是国际部主管，还是学生的大班主任。她不断地摸索、学习，既向本部教师讨教，又向其他国际学校取经，慢慢地就有了自己的想法：上海中学国际部教育既不能完全是中国式的，更不能完全是国外式的。国外教育十分注重法，学校所有的规章制度都合乎法理，但缺了人情，而中国式教育虽然重情，但往往是家长包办的，不合乎外国学生的特点。

之后，上海的国际学校越来越多，对于上海中学国际部如何具备竞争力，走在前列，唐校长问过李老师的看法。

她说："办出我们的特色。别人有的，我们自然要有；别人没有的，我们也要有。我们如果单单模仿美国学校，就永远只是拷贝，而且也学不像。我们应形成自己的特色和风格。"

之后，李老师在"情""法"二字上大做文章，结果使上海中学的国际部始终保持强劲的发展势头。

一位国际部的学生家长说："我的孩子曾经在其他国际学校读过书，也生过病，但教师只是礼节性地请家长把孩子领回去。而这里的教师陪孩子看病，给孩子吃药，送孩子回家，对孩子关照得无微不至。送孩子到这样的学校，我放心。"

正因为具有良好的沟通协调能力，李老师成为国际部各类矛盾的绝佳调停者。一次，中国台湾地区的学生和韩国学生发生摩擦，韩国学生打了台湾学生，学校对韩国学生作了开除的决定。十几位韩国家长气愤地来到校长室，要求重新处理，否则他们的孩子就不在上海中学读书了。

李老师请他们将心比心，从母亲的角度出发想一想，如果自己的孩子被打了，心情会怎么样；又从学校规章制度的贯彻出发，让家长理解学校的做法。如果家长还不能理解并无理取闹的话，学校宁愿流失一批学生，也不能弃校规而不顾。经过两个小时的沟通，家长们终于理解了学校的处理，纷纷向李老师道歉。

教师大多数经过正规的大学教育，经过一定的实践锻炼，具备一定的素质和能力。正如一位名校长说的，学校不应是藏龙卧虎之地，而应该是龙腾虎跃之地。这意味着校长有义务、有责任让教师中隐藏着的"龙"和"虎"飞腾跳跃起来，让教师的激情和能力迸发出来。

马斯洛提出关于人的"五个需要层次"的理论：生理需要→安全需要→

爱与归属需要→尊重需要→自我实现需要。该理论认为，个体成长发展的内在力量是动机，动机是由多种不同性质的需要组成的，而各种需要有先后顺序与高低之分，每一层次的需要与满足，将决定个性发展的境界或程度。当较低级的需要得到满足后，人们就开始追求更高一层次的需要，即人的各种心理需要一旦得到满足，就会进入舒适的心理区域，其内在动力将得以调动，内有潜能将得以激发。

当教师具备一定的素质和能力之时，就想做一些与这些素质和能力相匹配的工作，从而发挥自身的能力，体现自己的价值。也许他们无时无刻不在默念阿基米德的名言："给我一个支点，我就能撬动地球。"但与此同时，教师身为知识分子，又是很矜持的，他们很少会毛遂自荐、主动请缨，而是习惯于被安排，如果学校交给某项工作，并给予公平的竞争机会和公正客观的评价，他们就竭尽所能地做好这项工作，并尽力展示自己的才华。

"世有伯乐，然后有千里马。千里马常有，而伯乐不常有。"千里马就是拥有特殊或优秀才能的人，而伯乐就是能够发现千里马的人。纵览古今，有多少匹"千里马"因与"伯乐"失之交臂，而沦为拉车驾辕的普通马，进而失去其日行千里之能。

千里马常有，而伯乐不常有，本就是千里马的悲哀，但是如果看到了千里马的优秀才能而故意视而不见，不委以重任，不但是浪费资源，甚至是不可饶恕的。

一所学校肯定会存在着一批有特殊才能或优秀素质的人，关键在于校长是否能够发现他们。学校发展需要校长凝聚全校教职工之力，共同完成。所以校长要擦亮眼睛，寻找千里马式的人才，并且一旦发现，就给他一个日行千里的机会，让其尽可能地发挥自己的才能，创造出与他的才能相匹配的价值。

在很多人眼里，仅凭教学经验不足与外语不精两个缺点，就足以将李老师排斥在国际部主管这个职位之外了。但是，唐校长却看到了她的特殊才能——人际协调能力强、政治眼光敏锐、着眼于大局、创新意识强、敢走适合自己的路，于是就力排众议，给了李老师一个施展才华的机会。

受到激励的李老师没有辜负唐校长的希望，上任之后加倍努力摸索、学习，在处理我国驻南联盟使馆被炸引发的学校骚乱及因韩国学生打人而引发的家长闹事事件中，表现出了较强的人际关系协调能力，使国际部的发展不仅顺利，而且势头强劲。

所以，为了学校发展，校长一定要多给那些有能力的教师机会，让他们得以为学校的发展添砖加瓦。

（三）搭建平台，给教师机会

教师要成长，需要学校铺路架桥、搭建平台。作为学校的实际管理者，为了学校的长远发展，校长更对此有着义不容辞的责任。而且，从某种意义上讲，校长的成功与否，不仅在于其培养出了多少学生，还应包括培养了多少教师。如果一所学校在校长的领导下，出现了更多的名师、专家型教师、优秀的学校管理者，那么这个校长的工作就是成功的。

要发挥贝尔效应，让教师成长并脱颖而出，担负起学校发展的重任，校长应做好哪些工作呢？

1. 提供明确而具体的努力目标

就像贝尔为许多人提供了很多研究课题一样，校长也应给教师提供明确的目标，让他们在目标指引下“成就自我”，让他们的专业技能发展有一个明确的方向。比如，一些教师适合从事班级管理工作，一些教师适合从事课堂教育教学研究工作，一些教师有很好的人际关系处理能力，一些教师能潜心于教学实践工作……但这些，教师自己可能不自知，校长应引导教师及时发现自己的特点与优势，并给他们一些指导。

2. 切实提供广阔的发展平台

帮助教师确立目标后，校长还要切实给教师搭建平台，让教师得以发展。每一位一线教师都会承受来自学生、家长、学校、社会等各个方面的压力，而这些压力往往也决定着教师的行为和态度，影响着教师本人对自身发展的积极性。

一方面，校长要给教师营造适合于自身发展的环境，让教师有时间、有精力在繁忙的教育教学工作之余，能静下心来为提高自己的专业素养而努力；另一方面，校长还要给教师搭建具体的平台，如给年轻教师配备教学经验丰富的老教师做师傅，与教学研究机构或师范院校的教学专家合作，使教师不仅接受理论指导，还能有理论与实践相结合的机会；送教师参加再学习再锻炼；给教师压担子，让他们出任学校管理职务，或承担重大课题的科学研究……

3. 敢用有能力的教师担大任

大胆任用人才，大胆提升人才，这不仅是企业繁荣的条件，也是学校获得大发展的条件。然而，一些校长在选人、用人方面的观念似乎有失偏颇，按资排辈的观念仍然根深蒂固。一些教师有能力但因年纪轻、资历浅，就不被重用，甚至被弃用。这样，教师难免会产生自暴自弃或当一天和尚撞一天钟的消极思想。

要真心为学校和学生的未来着想，校长作为管理者，就要有爱才之心、识才之能、容才之量、用才之艺，不拘一格地选拔人才，大胆放手地使用人才，着眼于人才作用的发挥。

没有人是十全十美的。一些有能力的教师也许会存在这样那样的不足。对此，校长要看到其长处，帮助其补短；同时还要力排众议，让他们在合适的岗位上做更多有价值的事。

4. 工作中给予支持和帮助

有能力的教师被学校选用担任要职时，可能会因自身的缺点或不足而出现一些问题。对此，校长要勤与他们沟通，随时充当他们的后盾，给予他们支持和帮助。当他们做出成绩时，校长更要及时予以表扬，提升他们的士气，鼓励他们再接再厉。

5. 摆正心态

嫉妒之心害死人。一些教师能力强，做事出成绩，会受到全校师生乃至学生家长的广泛赞赏，甚至还会抢了校长的风头。对此，校长要摆正心态，不能嫉妒他们，不能给他们穿小鞋，而要给他们压重担，给他们提供更多施展才能的机会。

陶行知说过：“就科学教育论，其第一要素为教师。”作为学校最主要的资源，教师的潜能发挥出来了，学校的资源就盘活了，学校的教育教学品质也就提高了。校长要想经营好学校，第一重要的就是要激活教师人力资源，使教师与自己同心同德，共同为发展学校出力。

美国心理学家赫茨伯格提出过“双因素理论”，认为能够促使人们产生工作满意感的因素叫做激励因素，其中包括工作表现机会和工作带来的愉快，工作上的成就感、责任感等。

给能力出众的教师一个良好的发展平台、发展机会，就是一种不错的激励手段。所以，校长要想将自己的办学理念、校园文化贯彻下去，就不能单凭自己个人的工作，而应有“为教师做嫁衣”的想法，创造贝尔效应，竭尽所能地给学校里的每一个人才提供表现机会，让他们能够尽情地表现自己、展示自己，让他们在展示和表现中产生愉悦感、成就感，从而激发出无限的工作热情。

乔布斯效应

——掌握网罗一流人才的艺术

（一）乔布斯效应启示

美国国际商业机器公司（IBM）是世界首屈一指的高科技公司，在这个公司里，具备“野鸭精神”的人才受到青睐和重用。公司总经理沃森把丹麦哲学家歌尔科加德的一段名言作为自己的格言：“野鸭或许能被人驯服，但是一旦被驯服，野鸭就失去了它的野性，再无法海阔天空地自由飞翔了。”

沃森强调：“对于那些我并不喜欢却有真才的人的提升，我从不犹豫。我所寻找的就是那些个性强烈、不拘小节、有点野性，以及直言不讳的人。如果你能在你的周围发掘许多这样的人，并能耐心地听取他们的意见，那你的工作就会处处顺利。”

沃森把创新作为“野鸭精神”的化身，他采取种种措施激励员工创造发明，不断地发展新技术产品，取得了国内外市场的制胜权。“野鸭精神”成为IBM公司迅猛发展的基石和动力。

这就是“乔布斯效应”，也称“乔布斯法则”，是由美国苹果公司的老板、“管理奇才”史蒂夫·乔布斯提出的。

乔布斯说，他花了半辈子时间才充分意识到人才的价值。他在一次讲话中说：“我过去常常认为一位出色的人才能顶两名平庸的员工，现在我认为能顶50名。”由于苹果公司需要有创意的人才，所以乔布斯说，他大约把四分之一的时间用于招募人才。高级管理人员往往能更有效地向人才介绍本公司的远景目标，而对于新成立的富有活力的公司来说，其创建者通常在挑选职员时十分仔细，老板亲临招聘现场，使求职者以最快速度了解与适应公司的文化氛围和环境。

那么，乔布斯到底靠什么方法网罗人才呢？

1. 以实际行动重视人才

久负盛名的沃顿商学院负责职业开发的安德鲁·亚当斯说："公司不能只是在口头上说引进人才多么重要，却又不采取实际行动。公司的高级主管应当参与人才招聘活动。"领导亲自出马，势必使求职者从心理上感到一种满意和欣慰，这对消除他们对领导的心理障碍大有好处。

2. 选择更优秀的人才

领导亲自出马，能在招聘会上引起更多人的关注，当然也能吸引更多的应聘者。这样，选择余地大大增加，有利于选到更优秀的人才。某些人事部门的招聘人员一味地寻找能填补某些职位空缺的人员，而领导和高级管理人员则不同，他们总是先搜罗人才，然后为他们安排合适的岗位。

3. 提高招聘效率

领导亲临招聘现场，与求职者面对面地直接交谈，能从心理素质、专业知识等方面更直观地对他们进行全面系统的考核。这不仅避免了过去招聘过程中的某些失误，同时也简化了筛选过程，节省了人力、物力，特别是节省了宝贵的时间。

4. 使员工感到亲和力

领导亲自参加人才招聘，等于向求职者发出了这样的信息：一旦加盟，就更容易接触到高层管理人员。如果求职者在被招聘以前就有机会和高层管理人员交谈，那么他们会认为，当自己成为员工后，更容易受到关注。

和公司一样，学校要发展壮大也需要网罗一流的人才。对于校长而言，以上这些方法都可以运用到网罗人才上，真正做到以人为本、知人善任，让学校队伍逐步壮大。

（二）巧用乔布斯效应，创造学校辉煌

胡美山，中学高级教师，现任平邑兴蒙学校校长。1997年，他通过竞选走上校长岗位，从一片空地开始，白手起家，励精图治，在不长的时间内，使该校成为拥有从学前班到初中的5000余名师生的大型学校，成为省市名校和国家、省、市级教育教学改革实验和研究学校，参观者达数万人次。这应归功于胡校长网罗一流人才的艺术。

兴蒙学校始终充盈着生命活力的关键性因素之一是聘任制。胡美山是第

一个受聘者。他是经过理论考试、听课评课、答辩演讲等，在21位竞争对手中脱颖而出，被聘为校长的。在校长授聘仪式上，胡美山只字不提学校发展的困难，不提资金紧张的问题，而是向领导提出了允许他在全县范围内招揽人才、选聘教师的请求。这一请求当即得到了领导的肯定与支持。

正因为他有了选聘权，才有了今日群英荟萃的优秀教师队伍，有了学校教育教学的高质量，以及追求卓越、成为名校的坚实基础。

为了招贤纳士，胡校长可以说六亲不认，拒送礼者与走关系者于门外，并亲自制订了招聘的“八字方针”“二十八字标准”“六字方法”和“十二字程序”，而且严格执行。

八字方针是：公平竞争，唯贤是举。做到标准公开、条件公开、招聘程序公开、参聘人员公开、成绩公开、招聘结果公开。

二十八字标准是：师德高尚，思想开拓，业务精专，功底深厚，兼有特长，结构合理，身心健康。

对此，胡校长又在报纸上发表宏论：“用才必先聚才，聚才必先识才。教师业务要精良，师德要高尚。兴蒙用人坚持唯贤、唯德、唯才。智能平庸、情商不高，不能与同仁凝聚者，坚决不用！”

六字方法是：查、问、考、测、听、观。查其人事和业务档案，问其知情之人，考其工作实绩，测其理论水平，听其课堂教学，观其答辩与演讲时知识的深广度和反应速度、心理素质，尤其是“施政”策略。

十二字程序是：层层筛选，逐步淘汰，优中选优。多角度、多侧面对应聘人员进行了解，立体地、全面地审视每一个应聘者。

胡校长制订招聘方略，却不直接参与招聘工作，而是将大权交给品德好、业务棒的评委，由他们具体进行选聘工作。经过审查、调查、理论测试、课堂教学、答辩演讲等，选出了几十位高素质的教师。这些教师平均年龄仅有28岁，大专以上学历者占86%，市级以上优秀教师、骨干教师、各类获奖者占76%，100%为县级骨干教师、教学能手和教学新秀。1998年和1999年所选聘的教职工与1997年一样，依然年富力强，德才兼备。

兴蒙学校的一些三十多岁的教师已有了中学高级教师的职称，有的还成了全县乃至全市具有较高知名度的教师。这些凭着自己的品德与才识过五关斩六将走进兴蒙的老师们在一起工作，感到志趣相投、充满活力、幸福异常。

胡校长长于谋略，善于用人，堪称帅才。他重在选将用将，再由良将布阵打仗。在权力影响力与非权力影响力方面，胡校长选取了后者。

知识分子难领导，也好领导。如果没有思想，没有权威，没有水平，他们便不服你，领导起来也捉襟见肘。但知识分子敬重有思想、有品德、有学识的人，这样的人当领导，便能驾轻就熟、左右逢源。胡校长提出了“首先、靠后、一样、多劳、公正、公开”十二字校长之道。

“首先”是说要老师做到的校长首先做到。胡校长带头学习、听课，并且亲自评课。胡校长要求老师不吃家长的饭，他首先不吃家长和老师的饭。

“靠后”是说有关利益方面的，领导要靠后。

“一样”是指在工作上一样要求。劳动，校长与老师一起干；外出几十里的活动，与师生同行。奖罚也一样，一次上级来人，胡校长中午迫不得已喝了酒，回校之后，根据学校规定，罚款50元，不仅受了罚，而且公开写在黑板上。

“多劳”即多工作，他早起晚睡，暑假也不休息。有人做过统计，两年多的时间里，连同节假日计算在内，他只休息了十来天，而且每天工作时间均在十二三个小时。

“公正”即一碗水端平，平等地对待每一位教职工。

“公开”即不搞神秘主义，虚心听取群众意见，增大决策的透明度。

正因如此，老师们敬服校长，工作干得舒心而起劲，有校长在与没有校长在一个样，各司其职，努力工作。这样，胡校长可以从容地去思考大问题，干些大事情。

胡校长的人格魅力和勤奋，既给老师们树立了榜样，又使聘任制的实施获得了保障，他坚持对学校教职工人尽其能、层层聘任。

他只聘任品德好、有才识的中层领导，然后再由他们自主地聘任教研组长、年级组长、班主任和老师。中层干部有了校长的充分信任，同时也有了压力，有了高度的自觉性与责任感。

胡校长说有的校长其实是姓“钱”的，抓住财权，牢牢不放。他说自己主要是姓“教”的，是个教育校长。两年多的时间，两千多万元的建筑和购物款，均经后勤主任之手支出，他绝不插手具体的财务问题。这样，他可以腾出更多的时间读书、思考与写作，审视当代教育的新形势。

中层领导也从胡校长那里受到启发，选聘老师重德、重才而不重关系。

作为老师，只有德才兼备、努力工作，才能够受聘使用；反之，便无立足之地、立身之本。如此一来，每一个人都在想着如何提高自身的素质，想着如何做好工作，兴蒙学校形成了一种既和谐相处又你争我赶的学习、研讨与工作氛围。

“赢得教师，才能赢得21世纪的教育。”在全面推进素质教育的过程中，人们越来越清醒地认识到，高素质的教师才是实现素质教育的核心和关键。当前，师资队伍的整体素质尚难以完全适应以培养学生创新精神和实践能力为重点的素质教育的需要。实施素质教育呼唤高素质的教师。能否建设一支具有优良师德、胜任现代教育教学工作、具有现代教育理念、适应教育改革和发展需要的高素质师资队伍，从根本上关系到素质教育能否真正推行和一所学校的生存与发展。上述案例中的胡校长就是一位懂得凝聚人才的人。

作为“学校之魂”的校长，科学的人才策略是其吸引人才、发现人才、培养人才和合理使用人才的前提和保证。校长应努力掌握凝聚一流人才的艺术，让教师发挥出自己的优势，进而打造一支高效的教师团队，促进学校的发展。

在具体运用乔布斯效应时，校长应遵循以下原则：

1. 学校所需和岗位适合相结合的原则

人才的招聘不是做给人看的，而是学校需要的。一个公认的优秀人才，如果学校不需要他的特长，他来了就是巨大的浪费，最后学校难受，他也难受。人才招聘要招适合本岗位的，不一定招最好的，但必须是最合适的。

2. 外部招聘和内部选拔相结合的原则

学校发展需要引进外部人才，学校需要新鲜血液，如果没有新的人员进来，管理就会出现退化、老化、固化，学校就会缺乏活力。

但是学校的主要人才选拔方式应侧重于内部选拔、竞争上岗，自己培养人才。这样不但能让内部人员看到成长有路、有奔头，从而拼搏向上，还能减少内外“磨合期”，有利于学校的稳定。

3. 领导招聘和后续服务相结合的原则

现在，许多企业就像乔布斯那样，“一把手”去现场招聘。这样可以直接回答应聘者提出的一些问题，也可当场拍板，既提高了效率，又能快速招到所需的好人才。

留住人才是校长必须做好的重点工作，校长要用愿景留人、待遇留人、情感留人、福利留人、事业留人。

4. 突出优点和包容缺点相结合的原则

招聘来的优秀人才是学校现在或将来发展所需要的，他们可以促进学校优势更突出或由劣势变优势，所以校长可以委以重任。但是，必须认识到，“金无足赤，人无完人”，优点突出的人，往往其缺点也很突出。因此在用人时校长要发挥他的优点，包容他的缺点。

5. 外不避仇和内不避亲相结合的原则

外举不避仇，只要他有学校需要的本事，有教师应有的素质，就应毫不犹豫地聘用他。

内举不避亲，只要对学校发展有利，亲属也可以重用，但要建立防范机制，以避免用人唯亲。

（三）网罗一流人才的策略

人才的鉴识是人才任用和培养的基础。刘劭在《人物志》序言中写道：“夫圣贤之所美，莫美乎聪明；聪明之所贵，莫贵乎知人。知人诚智，则众材得其序，而庶绩之业兴矣。”可见，只有“知人”，才能“善任”而至“兴业”。

古人“重金市骏骨”“高筑黄金台”广揽人才的故事，对现代校长选拔人才具有启发性。

在推行素质教育背景下，现代校长应有“举世皆嫌良马瘦，唯君不弃卧龙贫”的识才慧眼，在应用乔布斯法则时，可以参考以下策略：

1. 建立合理的激励机制

随着教育现代化进程的加快，学校人事制度改革将日益深化，加上民办学校的强势切入，教师的自由流动将成为现实。这时，校长是不是招贤有方，能不能“高筑黄金台”，也将在一定程度上决定着一所学校师资素质的优劣。当前，基础教育师资“流失”现象困扰着学校的校长们，这和长期以来教师待遇较低不无关系。显然，解决这一问题的关键不在学校，但校长是不是愿意为提高教师待遇积极努力有时也成为教师选择学校的一个重要因素。

2. 待贤以诚，委以重任

重金买骨，是因为对千里马的钟爱。校长待人以诚、重用贤才，是对教师的极大鼓励和尊重。作为知识分子的教师，有渴望得到尊重和承认的心理，他们最看重的是事业上的成功。教师一旦感受到校长的理解、尊重与信任，找到了自己的成功之路，他们就会在工作中表现出极大的积极性和创造性，即使条件再艰苦也在所不辞。

3. 不拘一格选聘兼职教师

不拘一格选聘一批学有专长、热心教育的校外优秀人才作为兼职教师，是学校人才资源的一种补充，也是优化师资队伍的需要。随着“应试教育”向“素质教育”的转轨，学校课程结构将发生较大的变化，很多新的教学内容将纳入课程体系，各种选修课程、活动课程、微型课程将逐步增加，尤其是研究性学习课程的开设，对师资队伍提出了新的要求。这仅仅依靠现有教师或等待师范院校培养是不行的，而从校外选聘一部分该方面的专业人才，经过一些适当的培训作为兼职教师，应该不失为一种有效的办法。随着教师资格证书制度的落实，教师队伍的入口进一步拓宽，校长应该致力于建立一种开放、动态的师资队伍平衡机制。

有些校长不能准确识才，并非他们缺少眼力，也非心理偏见的影响，而是囿于其自身利益的考虑或抵制不住不正之风的压力。只要校长在识人方面不以个人好恶为标准，不以“框框”定取舍，不以“小恶”而忘“大美”，扬长避短，求其所长，就能使各类人才各得其所、各尽所能。

海潮效应

——以待遇吸引人，以事业激励人

（一）海潮效应启示

公元前314年，燕国发生了内乱，临近的齐国乘机出兵，侵占了燕国的部分领土。燕昭王当了国君以后，消除了内乱，决心招纳天下有才能的人，振兴燕国，夺回失去的土地。虽然燕昭王有这样的号召，但并没有多少人投奔他。于是，燕昭王就去向一个叫郭隗的人请教，怎样才能得到贤良的人。

郭隗给燕昭王讲了一个故事：从前有一位国君，愿意用千金买一匹千里马。可是3年过去了，千里马也没有买到。这位国君手下有一位不出名的人，自告奋勇请求去买千里马，国君同意了。这个人用了3个月的时间，打听到某处人家有一匹良马。可是，等他赶到这一家时，马已经死了。于是，他就用500金买了马的骨头，回去献给国君。国君看他用很贵的价钱买了马骨头，很不高兴。买马骨的人却说："我这样做，是为了让天下人都知道，大王您是真心实意地想出高价钱买马，并不是欺骗别人。"果然，不到一年时间，就有人送来了3匹千里马。

郭隗讲完上面的故事，又对燕昭王说："大王要是真心想得人才，也要像买千里马的国君那样，让天下人知道你是真心求贤。你可以先从我开始，人们看到像我这样的人都能得到重用，比我更有才能的人就会来投奔你。"燕昭王认为有理，就拜郭隗为师，还给他优厚的俸禄，并让他修筑了"黄金台"，作为招纳天下贤士的地方。消息传出不久，乐毅、邹衍和剧辛等一大批贤士纷纷从各自的国家来到燕国。经过20多年的努力，燕国终于强盛起来，打败了齐国，夺回了被占领的土地。

什么是"海潮效应"？

海潮效应，是海水因天体的引力而涌起，引力大则出现大潮，引力小则出现小潮，引力过弱则无潮的现象。

用买马骨的方法来买得千里马，用修筑黄金台的方法来吸引天下的人才，所运用的就是海潮效应。人才乃强国之本。求贤纳士，选人用才，贵在诚心实意。燕昭王采纳郭隗的建议，不以“才”小而不敬，向天下人昭示自己尊重人才、招募人才的诚心，所以四方贤士纷至沓来，燕国由此日渐强盛。这给后人留下了深刻的启示。

人才与社会时代的关系也是这样。社会需要人才，时代呼唤人才，人才便应运而生。依据这一效应，作为国家，要形成尊重知识、尊重人才的良好风气。对于一个学校来说，重要的是要通过调节教师的待遇，合理配置人才，从而加大本校对人才的吸引力。现在很多知名企业都提出这样的人力资源管理理念：以待遇吸引人，以感情凝聚人，以事业激励人。

学校与优秀教师的关系也是这样。校长要在“感情留人、政策留人、事业留人”的前提下，深化教师分配制度改革，建立健全“效率优先，兼顾公平”的人事分配制度，坚持“以能定级，按劳分配”的原则，努力改善教师的待遇、工作和生活条件，从制度层面吸引优秀教师、留住优秀教师。

（二）实行绩效工资制，让教师工作更积极

江苏省兴化市戴窑高级中学创办于1972年，坐落在民风淳朴、历史悠久的江苏省重点中心镇——戴窑镇，为首批“泰州市重点中学”“江苏省星级高中”。

学校坚持以人为本，广揽人才，形成了一支结构合理、学养深厚、教导有方的教师队伍。

为了进一步规范和深化学校内部管理体制和分配制度改革，充分调动广大教职工尤其是奋战在教学第一线教师的工作积极性，校长结合学校自身情况，根据“效率优先、兼顾公平；多劳多得、奖优戒劣”的原则，制订了一套结构性的工资制度。

在戴窑高中，每个在编在岗的教职工的工资都由包括岗位工资、薪级工资和教龄津贴等在内的基本工资和扣除住房公积金、医保金、失业保险金后的岗位津贴、综合补贴等在内的绩效工资构成。

具体发放时，则根据教职工的具体工作而有所不同。比如，教职工在完

成本职岗位工作的情况下即可以拿到基本工资；而编制原为职工的人员在竞聘上岗后，可以拿到本人原档案工资的国标部分，编制原为教师的人员竞聘上管理、教学、教辅和工勤岗位后，则可以分别拿到本人原档案工资国标部分的100％、100％、95％和90％。

戴窑高中的教学岗位绩效工资由师德考核津贴、教育教学常规与出勤考核津贴、工作量津贴、职务津贴、教学质量考核奖及专项奖六个部分组成。对于每种津贴的计算方法，学校都作了相当具体的规定。

这种根据教师所教学生人数、课时量、出勤率、辅导工作量等计算出来的工资，让每个教师对拿到手的绩效工资都无二话。

比如，学校规定师德考核津贴的实发金额为：各人被提取工资（除去用于授课基本工作量考核的320元部分）的二分之一乘以考核奖励系数，减去当月实际考核扣除部分。考核奖励不封顶，扣完为止。

校长还针对补课形式的不同，具体规定了工作量辅导津贴。比如，早读课每节4元；晚自修辅导每节15元；节假日白天补课，非毕业年级每节10元，毕业年级单独补课每节15元；而具体工作量可以查看学校行政人员负责的工作记录，根据实际补课时间计算工资。

对于职务津贴，除了规定了具体数目，校长为了防止担任双职务的人拿双津贴，还特别规定学校中层以上干部兼任班主任工作时享受班主任津贴，兼任其他工作时不累加发放职务津贴，按最高项目发放。

对于教学质量考核奖的发放，校长采用了动态考核和过程评价相结合的方法，严格确定每一位教师的教学质量及进步情况，力求客观、公正、公平地奖优罚劣。

即便对于教师教学质量、进步情况，校长都按年级分别进行考核计算。比如，高一年级以学科均分成绩和均分进步作为标准进行考核；而高二、高三年级则需要先按语、数、英三门总分排列，确定上一次考试各班前30名学生人数，再考核现实状态，从而确定班级奖金额。而且学校还规定，实行最严格的教学常规管理制度，在教学常规中造成教学事故的则取消该科考核奖励的发放。

而在专项奖这项津贴里，校长又设置了六种津贴，其中包括：高考成果，专门奖励那些对高考成果有突出贡献的高三年级班级、任课教师；竞赛指导奖，奖励那些经学校同意指导学生参加由教育部门组织的竞赛的教师；

教科研成果奖，奖励那些在各级报刊发表过文章并获奖，或者在各级教育教研行政部门组织的论文竞赛中获奖或教学基本功、评优课、多媒体课件制作等各级评选中获奖的，以及那些经学校同意，进行有关主管部门批准立项的课题研究并通过权威部门成果鉴定的教师；教职工特殊贡献奖，是奖励那些对学校稳定、发展和安全等作出贡献的教师；对于那些荣获市级及以上“教坛新秀”“教学能手”“学科带头人”和“名教师”等称号和获得兴化市教学比赛一等奖及市级以上教学比赛获奖的教师，校长还设置了教师自我发展奖……

专职从事教辅、工勤工作的教职工，因其与在编在岗的教师在工作内容上有所不同，所以戴窑高中就将其从专职教师中分离出来，专门制订了《专职教辅工勤岗位绩效工资发放办法》。除了基本工资外，还包括职业道德考核津贴、出勤考核津贴、工作量津贴、职务津贴、服务质量考核奖及专项奖在内的专职教辅工勤岗位绩效工资。

实行结构工资制以后，戴窑高中的很多教师都认为，这种把教师的职、责、权、利有机结合起来的工资制度，改变了工资的福利性质，使其成为一种另类的工作动力。

为了进一步取得理想的教学效果，获得更多的津贴，他们改变了许多，在工作中更加兢兢业业。他们认真备好每一堂课，精心组织每一次课堂教学，耐心批改每一个学生的作业，主动关心、了解和帮助有需要的学生。

在“平均主义”制度下，每个人干多干少都是一个样，干好干坏也是一个样。既然怎么干，都拿一样的工资，会有几个人愿意卖力工作呢？

当分配是按照工作时间与工作成绩来进行的时候，每个人就不会有丝毫怠慢情绪了。因为你做得不好、做得少，从收入上一下子就显现出来了。

当戴窑中学按照在编在岗的教师和在编但从事教辅、后勤人员，甚至还按照年级、所授科目、教学时间与教学质量等，严格给教师们确定工资收入时，学校里的老师变得对工作异常认真起来，这样便有效地调动了教师的积极性，促进了教师自身素质的发展。

海潮效应中“以待遇吸引人，以事业激励人”主要包括以下几种方式：

1. 物质方面

物质方面主要包括工资、奖金、津贴、福利等。如今绝大多数公立学校工资仍然是按照国家标准发放，虽然目前实行了聘用制，但还是按职称发放工资，同一职称的人无论其业绩好坏，拿的都是相同的工资，已经起不到什么实质性的激励作用了。所以奖金、津贴、福利的分配就显得更加重要。

2. 目标方面

目标是所有成就的起点。目标方面的具体内容有：帮助教师进行职业生涯规划，委以重任，设置“替补”等。

（1）帮助教师进行职业生涯规划

职业规划的第一个法则是目标要明确。第二个法则是尽可能量化并有完成时限。

教师做职业规划时，校长要帮助他们根据自身的实际情况，设定出1年、3年、5年、10年、20年、30年分别要达到什么程度。

例如，3年内在省级刊物发表文章3篇，国家级刊物发表文章3篇；10年内要写出两部著作，成为省级名师；20年内进行学术交流20次，成为国家级名师；30年内培养出10名各行业顶尖级人才，成为特级教师……

（2）委以重任

一个能挑40公斤的人，你让他挑20公斤，无疑会降低他的成就感，如果让他挑50公斤甚至60公斤，他就会全力以赴，发挥出更强的能力和更大的创造力。校长应合理地对人才委以重任。

（3）设置“替补”

现在，大多数学校里设置的岗位都没有“替补”。这就会让许多有才能的人因为看不到希望而另谋高就。有效的办法是在所有可能的岗位设置“替补”。例如，在有教导主任的同时，校长再另配一个或两个准教导主任，一方面可以让“替补”得到培养和锻炼，一方面一旦有空缺就会有一个相对成熟的人被升职，同时也增加了目前在岗人员的危机感。

3. 民主方面

民主方面的方法有：让教师全员参与，召开特殊会议，设合理化建议奖，公开领导邮箱（或设校长信箱），让教师表决等。

（1）竞争

校长要注意创设良性竞争的环境，鼓励在团队竞争基础上的个人竞争。

（2）允许抱怨

任何一个单位都不可能没有抱怨，有些抱怨正是由于管理不善造成的，所以校长要允许教师抱怨，可以建立抱怨登记制度，广泛听取教师的意见，即使有的抱怨难以解决，但教师说出来后，心情也会好很多。有些抱怨一旦得到解决，教师的积极性会得到更大程度的提高。

（3）一对一沟通

学校应定期或不定期地与全体教师进行“一对一”的沟通，有些教师在大家面前不一定说的话，在“一对一”的沟通中可能就会和盘托出。

（4）公开讨论

学校的政策方针，涉及师生利益的重大问题，校长应公开征求大家的意见，并将意见分类整理。

（5）奖励“失败”

在课程改革的今天，教学方式方法、课程管理等都没有现成的经验可以借鉴，校长要鼓励教师创新，而创新就会有失败，对于经过学校审慎研究批准后的教育改革而导致的失败，学校可单设奖励，激励教师的改革精神。

（三）实施海潮效应的策略

海潮效应可以说是一种激励艺术，校长的行为激励是学校管理工作中一种有效的领导手段，能提高教职员工的思想境界，充分调动和发挥他们的主动性和创造性，增强他们搞好教育教学的内部动力。作为学校的领头羊，校长该如何应用好海潮效应，更好地激励教师呢？

1. 注重作风激励

作风是指校长的思想作风、工作作风和生活作风等。校长作风好坏会产生两种截然不同的动力。作风好，就能在广大教师队伍中产生积极向上的凝聚力；否则，就会产生瓦解力，成为学校工作的障碍。常言道：“榜样的力量是无穷的。”一个作风正派、公正廉洁、实事求是、任人唯贤、讲民主、不以权谋私的校长，不仅使人产生敬佩感，而且具有诱人的仿效力和向心力。这样的校长能在教师中树立良好的职业道德形象，产生极大的推动力量。

例如，在教师聘任、职称评定、评先评优等工作中，校长能秉公办事，坚持原则，不搞任人唯亲，在严格考核、广泛听取群众意见的基础上进行评定，就会受到群众的欢迎和拥护，就能得到教师的信赖和支持。校长只有做到公正、廉洁，才能在班子成员和全体教职员工中树立威信，促使工作更顺利、有序地开展。

中国古人曾经说过这样一段富有哲理的话："吏不畏吾严而畏吾廉，民不畏吾能而畏吾公；廉则吏不敢欺，公则民不敢慢；公生明，廉生威。"如果校长对工作兢兢业业，一心扑在工作上，教师就会仿效。校长善于公正地进行批评、表扬，扶正压邪，做到无私无畏、刚直不阿，必定会受到教师的敬佩。这样，教师工作起来就有动力、有干劲，校长就能有效地敦促下属恪尽职守，做好教育教学工作。

2. 做好能力激励

校长的能力包括计划决策、组织指挥、协调控制、改革创新等方面。其中计划决策能力是校长聪明才智的集中体现，当机立断的科学决策是校长取得事业成功的一个重要条件。因此，校长要善于开发并集中全体教师的智慧，进行科学决策，提出既鼓舞人心又切合实际的目标，把教师的热情引向预定的目标。

例如，从学校的实际出发，改善学校的办学条件，为师生创造舒适的工作、学习环境；搞好学校内部管理体制改革，克服过去"干多干少一个样，干好干坏一个样"等束缚积极性的种种弊端；在教学改革中，制订出切实可行、有利于实施素质教育的办法、措施等。教师们会从决策中得到宽慰，看到希望，增强干劲。

校长的口才、文才也是其能力的重要体现。一所学校的校长要有一定的讲演（报告讲话）和写作（制订计划、写总结等）能力，要博览群书，广泛地涉猎知识，善于捕捉各种信息，通过语言交流等形式，使教师得到知识的教诲和哲理的启迪。校长写出的计划、总结、经验要实事求是，有理有据，令人信服。人们向来就崇拜和羡慕有真才实学的人，能力强的校长更能在教师中产生较大的影响，增强凝聚力和战斗力。

3. 重视感情激励

感情人人有之，人人需要。教师要用纯真的感情去教育、影响学生，同样，校长也要用真挚的感情去感化、影响教师。教师在得到愉快的感情体验后，积极性才能发挥出来。校长应多与教师进行情感交流，设身处地为教师着想，建立感情联系，增进与教师的融洽度。感情一经建立，教师就会乐意去完成校长交给的任务，不计较工作多少、任务轻重、个人得失等，而忘我地工作。建立感情联系，需要校长克服官僚主义的工作作风，和教师打成一片。例如，工作之余，和教师开一些不失原则、不失体面的玩笑，说一些不失大雅的诙谐话等。

校长要注重关心教师的疾苦，帮助他们解决生活和工作中的实际困难。在教师有困难的时候，帮他们一把。这“一把”有时能使教师终生难忘，使校长与教师之间的感情得到升华。

此外，校长要经常和教师促膝谈心，平等地探讨问题，开诚布公地开展批评与自我批评，对来自下级的批评要有“言者无罪，闻者足戒”的气量，还要鼓励教师大胆创新、改革，关心教师的兴趣爱好、成才志向，主动和教师一起参加文娱、体育活动等。这样，教师与校长相处就能无拘无束、情理相容、心声共鸣、互相产生信任感。同时，校长要有豁达的胸襟，虚怀若谷，做到容人有心、忍让有度，以磁石般的人格魅力吸引广大教职工，体现校长的感召力和影响力。反之，若校长与教师之间貌合神离、感情淡薄，教师就感受不到学校这个大家庭的温暖，就会出现做一天和尚撞一天钟或当和尚不撞钟的冷场现象，学校也就无法顺利开展工作。

4. 巧妙运用精神激励

精神激励是激励的最高层次，也是校长智慧的集中体现。现代社会心理学表明，社会成员都有归属心理，而教师具有更为强烈的自尊和受人尊敬的需要。他们不仅希望学生尊重他们，而且也希望学校领导和社会重视、信任他们。精神激励能较好地满足教师这一心理需要。

例如，学校的体育代表队载誉归来，校长向教师和运动员表示祝贺，那么教师就会觉得自己的工作得到了领导重视和承认，其情绪会更好，干劲会更足，工作就会越干越出色。当教师上完一节优质课，圆满地完成一项学校交给的任务，或在报刊上发表了一篇有质量的论文，校长如果能给予肯定和表扬，那么，对于一个有理想、有才干、有抱负的教师来说，这比给予物质奖励还要高兴，因为这种精神的奖赏是千金难买的。

校长要知人善任，对有才能、有远大志向的教师，都应为其提供施展才能的良好条件，对教师提出的合理化建议、诚恳的批评等，也应给予肯定性评价，或采纳，或解释说明。这样做可使教师在精神上得到满足、安慰，为自己的意见得到校长的重视或采纳而高兴，从而更大地调动起他们为学校发展出力的积极性。

在人力资源管理中，如何设计激励模式是一个重大课题。人才流动光靠行政手段是行不通的，而且此方法往往会引起法律纠纷。因此，必须要建立起用薪酬来配置人力资源的激励机制，特别要考虑对人才的激励力度，形成“海潮效应”。

教师工作积极性能否得到充分发挥，决定着学校工作的成败。校长的行为激励与教师的工作积极性关系极为密切。校长在教师管理工作中应不断加强自身修养，采取有效措施，灵活运用行为激励方法，调动广大教师的工作积极性，以自己的高尚品行“激励寻常的员工获取不寻常的成果”。

第三篇

把握沟通技巧，灵活运用激励策略

踢猫效应

——别让负面情绪影响下属

（一）踢猫效应启示

为了重整公司事务，某公司董事长承诺自己将早到晚回，否则甘愿受罚。有一次，因为看报看得太入迷，结果他忘了时间，为了不迟到，他在公路上超速驾驶，结果被警察开了罚单，最后还是误了时间。

这位董事长愤怒至极，为了转移别人的注意力，刚到办公室，他就把销售经理叫去训了一番。

销售经理莫名其妙地挨训之后，气急败坏地走出董事长办公室，把秘书叫到自己的办公室，也对秘书胡乱挑剔了一番。

秘书无缘无故地被人挑剔一番后，也是一肚子气，就故意找接线员的茬。

接线员无可奈何，垂头丧气地回到家后，就对看电视的儿子大发雷霆。

儿子被父亲痛斥之后，也很恼火，就把家里的猫狠狠地踢了几脚。

这种坏情绪连锁传染的现象，就是心理学上的“踢猫效应”。

先不去想猫受气后是否去找老鼠算账，单看这条社会关系链，处于金字塔最顶端的董事长和处于最底端的猫，本是风马牛不相及的两个个体，却因人的不满情绪和糟糕心情联系在了一起，并成为链的两端。

或许有人会问，这条链的任何一环，比如销售经理，如果被训后选择的是沉默或者自我发泄而不是挑剔秘书，这个社会链就会中途断掉，而以下的情况就不会发生。然而，很多时候，在很多地方，人事治理却在事实上存在着这样一种恶性循环。于是，“官大一级压死人”，“人在屋檐下，不得不低头”，就成了一种人所共知的“真埋”和必须遵循的准则。

试想，如果董事长把早上发生的事当笑话讲给销售经理听，销售经理听后肯定很兴奋，会认为董事长把这种糗事告诉自己，是把他当自己人，就会很开心。或许，他会把秘书叫来，表扬一番他的工作。依次下去，最后儿子多半会像对待朋友一样，开心地跟猫玩。当然，这是一种假设，但这种假设的前提却表明管理者控制自我情绪的重要性。

当一个人情绪不佳时，潜意识会驱使他选择下属或无法还击的弱者发泄。受到上司或者强者情绪攻击的人又会去寻找自己的“出气筒”，这样就会形成一条愤怒传递链条。所以，“踢猫效应”给管理者的启示，就是当自身情绪不佳时，不要对下属发泄自己的不满，避免不满情绪和糟糕心情继续传递。

生活节奏越来越快的今天，在享受现代生活便利的同时，人们面临的压力也更大，神经经常处于紧张状态，就像拉上的弓弦一样，稍有裂纹就会崩断。生活在这样的高压下，人的心理承受能力到了脆弱的极限，一点点不顺的小事都会使得情绪骤变，怒火像膨胀已久的火山，喷射而出。

于是，这种糟糕的心情或情绪就会像瘟疫一样在人群中蔓延，稍不留意，就会让身边人成为“踢猫效应”链条末端无辜的受害者。

成为卓越的管理者，引领学校走向辉煌，是很多校长孜孜以求的目标。中国的教育事业只有拥有这样一批卓越的校长，才能有效提高学校的管理水平和教育教学质量，才能满足社会变革和教育发展的需要。

校长要走向卓越，不仅需要提升自己的专业水平，更需要提升自己的情商。

1995 年，美国哈佛大学心理学教授丹尼尔·戈尔曼提出了“情商”的概念，认为“情商”是个体的重要生存能力，是一种发掘情感潜能、运用情感能力影响生活各个层面和人生未来的关键品质因素。他甚至认为，在人的成功要素中，智力因素是重要的，但更为重要的是情感因素。

因此，在学校管理中，校长要注意提升自己的情商，尽量不要让自己的负面情绪影响或传染给下属，以免产生更多的副作用，打击下属的工作积极性。

（二）情绪控制一点点，人际关系就会和谐许多

有一次，某中学召开全体教职工大会。

会议一开始，李副校长首先强调办公纪律："学校三令五申，办公室的电脑是用来办公的，不准做与教育教学无关的事。可是，一些同志却无视校规，竟然接连玩了两节课的游戏。是谁，谁心里最清楚……"

一想到教师浪费公共资源，李校长就很生气，所以在语气上不免强硬了一些。

谁知，话音未落，一阵刺耳的手机铃声就响了起来，立刻打破了会议室的宁静。

李副校长只好被迫中断讲话，生气地寻找声源。

教师们也纷纷循声望去，很快，大家的目光齐刷刷地落在最后一排的一位男教师身上。

这位教师表现一向懒散，经常和领导顶撞。领导们多次找他谈话都没有明显改变。大家都以为，李副校长这么生气，他应该会直接挂断电话。然而，出乎意料的是，他居然旁若无人地接起了电话，而且声音还不小。

顿时，大家的心都提了起来，不由得偷偷瞄李副校长。果然，李副校长的脸色变得铁青，死死地盯着接电话的男教师，眼睛像要喷出火似的。

此时的气氛格外凝重，大家都不敢大声出气。两分钟后，男教师接完了电话，又重新坐好。大家这才松了一口气，准备继续开会。

李校长没有说话，依然铁青着脸，大声地干咳了一下，继续讲话："请大家在开会时关闭手机，这是一个最起码的……"话还没说完，那让人胆战心惊的手机铃声又一次响了起来。

天哪！他这不是找骂吗？大家的心又在瞬间提到了嗓子眼儿。这位教师又成了被关注的焦点。

此时，一些教师露出了厌恶的表情，一些教师一脸担心，还有些教师预感到会有暴风雨，吓得把头悄悄埋了下去……

就在大家都等待暴风雨爆发时，那位教师竟然还是无所顾忌地接起了电话，甚至嗓门更高了。

"你……"李副校长实在忍无可忍了，往前走了两步，要冲过去教训那位男教师。这时，坐在他身边的赵校长急忙拉住了他，摇了摇头，示意他忍住怒火，不要冲动。

深呼吸了好几下，李副校长才极不情愿地把话咽了回去，但依然眼睛喷火，看着那位教师。

事实上，赵校长此时同样是满腔怒火，眼睛像利剑一样刺向接电话的男教师。但即便如此，他还是选择了忍耐、宽容。压住了李副校长的怒火后，他向大家摆了摆手，示意大家安静，继续看材料。

终于，那漫长的让人煎熬的通话结束了。大家如释重负，但也为男教师偷偷地捏了一把汗，不知道校长们会怎么处理他。

李副校长也无心再讲话了，简单地说了两句，就解散了会议。

赵校长拖着沉重的步子回办公室。他觉得憋得慌，心想：这不是故意让我下不来台吗？明明知道我在场，还那么放肆地接电话。这让我以后怎么面对其他教师啊？我一定得想个办法解决这件事……

正想着，门外有人轻轻地在敲门。

“这时怎么会有人来呢？不是都知道我心情不好吗？我得让自己放松一点，不能对来的人乱发脾气，否则今天一天的工作都顺不了。”

赵校长稳了稳情绪，平静地说：“请进！”门应声而开。

怎么是他？赵校长很惊讶。

原来是刚才在会上接电话的男教师。

“校长，我是来赔礼道歉的。我知道李校长今天会上讲的人是我，确实是我不对。我中午喝了点酒，实在控制不住自己，做得太过分了，让你下不来台。请你原谅，我甘愿接受处罚。”男教师诚恳地说。

原来他是来道歉的。

本来很郁闷的赵校长听了这些，怨气顿时烟消云散。他很庆幸自己当时选择了容忍、宽容，没向这位教师发火，否则他酒劲儿上来，后果不堪设想。

“知道错了就好！李校长那样做，是为了给大家一个说法。不然，大家就没法儿工作了。不过，下次会议上，我还是要稍微提一下这事。不完全是针对你，而是希望大家都重视这件事，是为了大家更好地工作。这，你能理解吧？”

“我明白！这是应该的！以后我再也不这样了。谢谢您的宽容。”

下一次全体教职工大会上，赵校长委婉地对这位男教师进行了通报批评。

这位男教师被批评后，不仅没有发脾气捣乱，反而工作起来特别积极热情，在各方面都表现得非常好。

情绪是客观事物作用于人的感官而引起的一种心理体验，有好情绪和坏情绪之分。所以造成情绪感染的效果也就有正面和负面两种，同时就会产生积极的和消极的两种心态。

良好的情绪会让人有一种健康向上的心态，因此也就会形成一种轻松愉悦的气氛，让身边的每一个人都受到感染，拥有愉快的心情。而厌烦、压抑、忧伤、愤怒、抱怨的消极情绪则会造成紧张、烦恼甚至是充满敌意的气氛。而这样的坏情绪，会直接影响和波及身边的人，甚至造成一系列负面的连锁反应。负面情绪就像扔进平静湖面的小石头，涟漪一波一波地扩散，让更多人受到消极影响。

和所有人一样，校长也是社会人，也不可避免地会产生种种情绪，尤其是负面情绪。卓越的校长善于利用正面情绪对工作的正面效果，而将负面影响降到最低。

占用公共资源肆意地玩游戏，无论被哪个学校领导看到都会生气，都会想批评教育当事者。所以李校长以儆效尤，很生气地在全校职工大会上批评了当事教师。结果这位教师不仅不接受批评，还跟李校长对着干，两次置会议和其他教师于不顾，旁若无人地接电话。

如果此时李校长真的把火气发出来，跟那位男教师硬碰硬的话，这位中午喝过酒的教师说不定会和李校长大打出手。到那时，不仅会议开不下去，那位教师还会跟李校长结下怨结，在以后的工作中故意不配合。而其他教师也会变得心情郁闷，甚至会将这种消极情绪传染给学生，让一天的课都上不好。

生活中，经常能看到有人因为发了脾气把事情搞得一团糟，其中的原因不是这个人能力不够，更不是他缺乏沟通的能力，而是因为他这1%的坏心情导致了最后100%的失败。

在管理工作中，校长要学会调控自己的情绪，培养自己积极的心态，避免让身边的人成为“踢猫效应”中的“猫”。

（三）用积极情绪推动学校发展

一个人脾气好不好，不仅受性格特征影响，还与他是否具有情感、智慧，是否具备高超的情绪管理能力有关。良好的情感智慧是使校长保持良好心理品质的动力和保证，是推动学校工作向前发展的重要力量。

校长应如何控制自己的情绪，使其成为学校发展的助推器呢?

1. 学会自我控制

自我控制就是适应性地调节、引导、控制和改善自己的情绪，使自己摆脱强烈的焦虑、忧郁、消沉或愤怒，积极应对危机，并能加强实现目标的情绪力量。

当教师做了一件违背自己意愿的事，作为校长，能不能宽容他? 对一个有能力、有个性的教师，能不能宽容他? 此时，校长的一切言行举动，都能体现出其情商的高低。

身处逆境或正值心情低潮时，校长要“抑制”但不“压抑”情绪，首先做到体察自己的情绪，时时问自己：“我现在的情绪是什么? 会不会给他人带来压力?”学会体察自己的情绪，是情绪管理的第一步。

其次，校长要学会适当地表达、释放不良情绪，用适宜的方式舒缓消极情绪，如通过琴棋书画等艺术形式陶冶性情，或进行身体锻炼来振奋精神，以及借助日记来理清自己的工作思绪等。

当校长学会控制自己的情绪时，就不会将负面情绪传染给周围的人了。

2. 营造良好健康的人际关系氛围

首先，校长要理性认识自己，正确评价自己。只有做到自我评价切合实际，校长才能找准定位，在人际交往中才能顺利地处理各种关系。

其次，校长要多用换位思考的方法去了解他人，设身处地为他人着想。这样，校长就会具有更多的同情心和宽容心，更理智地思考问题，自觉地开展批评与自我批评，进而形成具有凝聚力、影响力和鲜明个性特色的健康心理品质。

再次，校长要与教师、学生构建一种平等、民主、和谐、愉悦的人际关系。这就要求校长在工作中不应处处以领导者自居，要淡化权力因素，尽可能用人格魅力和学术能力去影响他人。

3. 积极培养健康的心理品质

为了不让负面情绪影响下属，校长应尽量减少或及时消除自身的负面情绪。首先，这需要校长有一个健康的心态，要想办法扫清自身心理上的障碍。校长可以通过学习心理学理论知识，参加心理学培训等途径，培养自己的自信心，克服自卑心理。同时，校长还应勤奋思考，克服惰性心理；要敢于承担风险，不计较个人得失，克服畏惧心理。

其次，校长要营造一个宽松的环境。这需要校长主动发扬民主作风，增强合作意识，充分利用社会环境的有利因素，克服工作中遇到的阻力；在挫折面前不悲观，在误解面前不烦恼，坚韧不拔，不懈奋斗。

4. 有效沟通

企业管理学专家通过对100位管理者与员工的调查研究发现：他们出现工作冲突和工作危机的主要原因是领导者沟通能力欠缺，从而导致不恰当的让人不服的批评。

学校管理最重要的就是与人相处。有效的学校管理要求校长具备与他人交流、激励他人、解决冲突、组建团队等技能。因此，校长需要提高自己与学校教职员工有效沟通的能力。

然而，如今学校变革无处不在，校长经常需要作出各种各样的关系到学校发展和教职工利益的决策。这样一来，就难免会与教师发生冲突。譬如，工作上的安排、工作失误时的批评、评优晋级的偏差等，都可能导致部分教师与校长产生心理隔阂。

这种隔阂的存在，势必会影响学校工作的正常开展。因此，校长应树立积极的沟通观念，要肯花时间与教师沟通，认真倾听教师心声，消除隔阂，传达信任与期待的情感……

5. 退一步海阔天空

宽容和忍耐是解决矛盾的良药。生活和工作中常常会发生意想不到的事情，让人生气、沮丧、失落、自卑，甚至丧失理智。这时，校长要暗示自己“退一步海阔天空”，等情绪稳定了，再去处理。要相信总有化解矛盾的办法，而且也不会将坏情绪传染给他人了。

6. 自我激励

在引领学校向前发展的进程中，校长难免会遇到各种困难和阻力，遭遇各种失败和挫折。此时，校长应善于自我激励。因为校长的个人心态将直接影响学校的整体士气。如果校长积极进取，有强烈的成功欲望，其所带领的整个学校教职员工团队也必然蓬勃向上，充满生机和活力；反之，则必然士气低落，缺乏战斗力。

所以，校长要时刻保持一种旺盛的进取精神，用自己乐观向上的态度去感染学校的每一位员工。

一位哲人曾说过："心若改变，你的态度跟着改变；态度改变，你的习惯跟着改变；习惯改变，你的性格跟着改变；性格改变，你的人生跟着改变。"

人生就像起伏不定的大海，人就是那航海的船，而情绪则是那船上的帆。只有适时调整帆的方向，学会控制自己的不良情绪，才能避免由此带来的一系列不良后果。

现代管理实践也表明：一个聪明的管理者应该学会科学地运用情绪管理来激发员工的潜能，提高绩效。一个有"情绪"、有激情的校长要让自己的学校也充满"情绪"和激情，就要避免在工作中出现"踢猫效应"，要懂得用好情绪激发广大教职员工的积极性，要尽量将自己的不良情绪消灭掉。

垃圾桶效应

——让管理走向人性化

（一）垃圾桶效应启示

荷兰有一个城市为解决垃圾问题购置了垃圾桶，但因人们不愿使用垃圾桶，乱丢垃圾的现象仍然很严重。该市为此提出了许多解决办法，先是把乱扔垃圾的罚金从 25 欧元提高到 50 欧元，实施后依然收效甚微，随后又增加了街道巡逻员，效果也不明显。

后来，有人在垃圾桶上动脑筋，设计了一个电动垃圾桶，在桶上装有感应器。每当垃圾丢进桶内，感应器就会启动录音机，播出一则故事或笑话，内容还每两周换一次。

没想到，这个别出心裁的设计大受欢迎。越来越多的人愿意把垃圾丢进垃圾桶，城市也因此变得清洁起来。

这就是著名的“垃圾桶效应”。

在垃圾桶上安装感应式录音机，丢垃圾进去就播出一则故事或笑话，效果远比那些惩罚手段好得多，既省钱，又不会让人们感到厌恶，其中人性化管理的效果非常明显。

当今，在管理者不断探讨“对员工采用何种管理方式才最为有效”的话题时，“人性化管理”一词被提及的频率也越来越高。那么，究竟什么才是人性化管理呢？

人性化管理，就是一种在整个企业管理过程中充分注意人性要素，以充分开掘人的潜能为己任的管理模式，其具体内容包含对人的尊重、充分的物质激励和精神激励、给人提供各种成长与发展机会、注重企业与个人的双赢战略、制订员工的生涯规划等要素。

人性化管理是将人性学理论应用于管理，按照人性基本属性进行管理的管理哲学。因此，实行人性化管理必须对人性有所了解。古语云："得人心者得天下。"在企业管理中，多点人情味，有助于赢得员工对企业的认同感和忠诚度。只有真正俘获员工心灵的企业，才能在竞争中无往不胜。

现代管理理论认为，管理是一种激活，是一种整合，是一种协调，即追求对人的能力的最大激活，对物质资源的最有效的整合，对人与物关系的理想协调。在管理中，人的因素是第一位的，也是最重要的、最活跃的，因而强调应以人为中心进行管理，做好对人的管理是做好管理的核心。

全球三大旅游公司之一罗森帕斯公司，以重视员工的人性化管理而著称，其出版的畅销书《顾客第二》，大胆地修正了半个世纪以来一直被奉为金科玉律的"顾客是上帝"的经营理念，提出了"员工第一，顾客第二"的新管理理念。

该公司认为，对员工影响最大的莫过于公司，因为公司既可以给员工带来快乐，也可以给员工带来沮丧甚至恐惧，而员工的情绪直接影响公司的效益。因此，与其把顾客当上帝，不如把员工当上帝，即员工第一。只有公司把员工当上帝，员工才能把顾客当上帝。

罗森帕斯公司这种重视员工、重视管理中非理性因素的做法，正体现了未来全球企业管理模式的柔性管理价值取向。

学校管理和企业管理一样，都需要以尊重人的人格独立与个人尊严为前提，以提高人的向心力、凝聚力与归属感为出发点，从而施行以人为中心的柔性管理。校长也应多研读一下"垃圾桶理论"，借鉴罗森帕斯公司的经营理念，在某种程度上，将教师作为上帝来看待，以教师为中心进行人性化管理，从而激发教师为学校、为学生工作的活力与热情。

（二）让管理充满爱

小学一般女教师比较多，由此是非也比较多。在是非较多的复杂的人际环境下，教师很难把精力都放到教学工作中。

那么，学校管理者该如何解决这个问题呢？山东省济南市七里山小学的烟文英校长给了我们很好的启示。

通过给教师写寄语的方法，烟校长首先打开了她与教师之间交流的闸门。她向教师们敞开心扉，谈教师学习、师德构建、学生发展、文化建设……教师们因此从校长那里感受到了真诚，对校长更加信任、更加尊敬。于是，教师们开始主动给校长写寄语，其中有表扬，也有批评和建议。

烟校长说："读着老师们这些至真的文字，我常常被感动得泪沾衣襟。没有老师们的直言不讳，我就不可能'择其善者而从之'。来自老师们的信任与感激，足以令我这个做校长的欣慰一生。"

在搭建校长与教师交流平台初见成效之后，烟校长又搭建了教师之间多向交流的平台，要求每位教师分别给全校50多位教师写评价。这样，每一个教师可以同时收到来自其他教师对自己的评价，所以责任心也增强了，他们评价得格外认真、客观。通过这样的交流，教师们不仅找出了自己的问题，看清了自己的优点，还明确了自己的方向；同时，因为这些评价来自全校所有教师，就更显得公正、全面、真实了，所以每一位教师格外重视。

这样，学校通过搭建沟通的平台，使教师们有了向校长和同事诉说心里话的地方，私下的议论也就成了多余，注意力很自然地转移到了工作上。由此，教师们琢磨事的多了，琢磨人的少了；"求诸己"的多了，"求诸人"的少了；赞美话多了，非议声少了；相互关心的多了，闹矛盾的少了。于是，学校里和谐的人际关系就慢慢形成了。

由于校长与教师之间感情交流畅达，校长与教师就有了共同的阳光心态。烟校长认为，学校管理应该做到"柔一点，多一些春风化雨；文一点，多一些生命关注；粗一点，多一些个性张扬；活一点，多一些宽容理解"。正是四个"一点一多"，让学校人与人之间有了良好的沟通基础，学校才充满和谐，从而激励着每一位教师愉快地工作和生活。

和烟校长一样，还有很多学校采取了"校长寄语"这种人性化的沟通方式，如山东省胶南市大珠山镇中心小学。

"想起上次批评你太过分，真想向你当面道歉，却又没勇气，其实你也是好意，要注意工作方法。"

"学校本学期工作不顺，中间调走一人，又病倒一人，正在学校为缺人手而焦急时，你主动提出放弃两个月的产假，提前来上课，解了学校燃眉之急，真应感谢你，千万要照顾好孩子。"

"这次考试班级成绩不太理想，主要责任不在你，对你的指导帮助太少了，其实一个新教师能摸索着教出这个成绩也算不错了，不要背上包袱，下学期我们共同努力，相信一定能有很大进步。"

这些都是胶南市大珠山镇中心小学校长写给教师的寄语。

自从采取校长给教师写寄语的措施后，校长与教师之间的关系非常好。教师们做事也更加卖力。每次寄语发下来，教师们都会认真地阅读，从中获得了肯定、鼓励、赞赏和指导。大家都由衷地说："校长这样理解我们，累死了也值得。"校园里充满一片和谐的气氛，每个教职员工的工作热情都很高。

1996年，国际21世纪教育委员会提出一份名为《教育——财富蕴藏其中》的报告，强调把人作为发展中心，"人既是发展的第一主角，又是发展的终极目标"。这种教育新观念提倡"应该使每个人都能发展、发挥和加强自己的创造潜力，也应有助于挖掘出隐藏在我们每个人身上的财富"。

学校管理中，最重要的管理理念应是"以人为本"。因为在科技高速发展的今天，人们更加关注自由、情感、存在与价值，尊重、理解、沟通、信任等成为人们的需要。被管理者的主体意识不断觉醒、增强，因此校长应从研究学校文化等涉及人的价值观的管理问题出发，发掘一种新的以人为重点的带有感情色彩的管理模式，来取代传统的以理性代替人性的纯科学管理模式。在管理手段和方法上，校长应更加重视对情感、信念、价值标准、行为标准等"人性化"因素的长期培育，从而提高学校的凝聚力和竞争力。

因此，树立"以教师为本"的管理思想，应成为校长人性化管理中最重要也是最基本的观念。人性化管理应成为校长进行学校管理的新价值取向。

针对教师们爱谈论是非的问题，如果烟校长采取怒喝、责骂的方式，教师们肯定不服气，或者心存芥蒂。情况严重的，有的还会不服从校长的管理，对校长安排的工作不尽心尽力。而当烟校长通过寄语的形式把教师的问题一一指明时，教师们就感受到了来自校长的尊重与信任。这比劈头盖脸的训斥和当众批评要管用得多。

让教师互评更显示出烟校长对教师发展的良苦用心。这样的评价真诚、客观，能让教师真正知道自己的长处与不足，能帮助教师进步。这样贴心的校长，教师们怎么可能不喜欢、不尊重她，不愿意接受她的领导和建议？

著名学者马尔库赛认为："观念和文化的东西是不能改变世界的，但它可以改变人，而人是可以改变世界的。"

校长要努力让学校充满尊重、理解、沟通、信任，营造团结、和谐、奉献、进取的工作氛围，建立起宽松、高洁、清新、有人情味的校园文化，让教师时时能嗅到被尊重、被信任的气息，并以此为动力不断督促自己进取，为学校发展心甘情愿地竭尽全力。

（三）人性化管理的策略

管人要管心，管心要知心，知心要关心，关心要真心。从教师的“心”出发的激励，是校长进行人性化管理、充分发挥人性化管理作用的主旨所在。

在以权力与服从为主要管理方式的学校管理中，教师感情上得不到滋润，精神上得不到尊重，工作中只能是被动服从，难以发挥主人翁的作用，也不可能真正发挥出创造性。

校长应在学校管理中多关注非理性因素对人行为的影响，并在以对学校发展的共识和情感的基础上，为广大教职工营造一个平等、团结、尊重的组织氛围。这对于主体意识突出的教师们，将具有极大的感召力。

校长可以从以下几方面做起：

1. 淡化领导观念

人本主义管理理念认为，学校管理者与被管理者只是岗位分工的不同，在人格上是平等的。这就要求校长尊重每一位教职工的人格，与其建立一种平等、亲密的友善关系。

要建立这种关系，校长就应连同学校领导班子的其他成员，淡化领导观念，以人格服人，认真学习业务，努力实践，不断提升自身的人格修养；努力做到胸襟坦荡、言行一致、廉洁奉公、爱岗敬业、脚踏实地，主动关心教职工的生活、学习和工作，了解他们的思想、心情，体谅他们的困难，多站在他们的角度进行换位思考，严于律己、宽以待人，全心全意为教职员工做好服务。

2. 在制度上留空间

在严格执行原则性规章制度的前提下，校长应结合实际，为教师提供一个自由、自主、宽松的制度环境。

（1）减轻教师工作负担

为了减轻教师沉重的工作压力，校长可以从整体上调低教师的周平均工作时数，对超负荷工作的教师加大课时津贴补助，而对原工作量不足或较少的教师，则可以适当地增加一些工作量；在备课、讲课、作业等教学环节上，对不同资历、不同水平的教师作出不同要求，如符合条件的教师可以写简单的教案，或成为免检教师。

(2) 设置人性化的考勤制度

学校可以规定比较宽松的考勤制度。比如，凡是没有课的教师，都可以在上午第二节课和下午第二节课到班；遇紧急情况，可以事后请假。

考勤制度应以奖励为主、惩罚为辅，缺勤累计到一定数量后再予以适当罚款；对于不同岗位，可以留有一定的考勤和岗位工作失误余地，让教师在轻松、愉快的氛围中工作。

(3) 制订灵活的评价机制

校长不能单纯地以考试成绩作为评价教师的唯一标准，要将教师从片面追求升学率的枷锁中解放出来。比如，对教师的学科教学成绩，可以采用模糊评价方法，只排等级，不排名次，以减少教师间的恶性竞争，减轻教师的心理压力，增加教师间的合作与协调。

与此同时，对教师的期末考核，校长也可以从多角度、多方面进行，如将教学能力、教学成绩、师德师表、教研能力、合作意识、组织管理等作为评价内容。这就让每一位教师都能从不同角度得到肯定，从而在内心产生积极、自信的良好心态。

3. 尊重教师需要

效率的最大化不是管理的全部内容和唯一目标，人的情感需要、发展需要也是管理目标中不可缺少的重要内容。因此在学校管理中，校长要努力为教师创造一个适宜人性张扬的良好环境，尊重和关心每一位教师的切实需要。

(1) 尊重教师的劳动成果

校长要在全体教职工和全校学生中着力营造“尊师重教”的氛围，让学生与教师、教师与学校不同层级的领导之间形成一种感情上和谐、亲密的人际关系，形成健康、积极的情感氛围，让每一个教师的劳动都获得尊重，让每一个教师的创造都得到认可，从而使教师在劳动的成就感中迸发出自己的潜在智慧。

(2) 满足教师的公平需要

执行学校规章制度时，校长要尽可能地公平考核、公正评价，注意物质分配公平、奖励处罚公平、发展机会公平，给教师们营造一个公平竞争的氛围，满足教师心理层次上的公平需要。

（3）关心教师的发展需要

在学校管理中，校长要努力强化领导干部“依赖教师、满足教师、发展教师”的意识。在职业发展上，学校要辅助教师进行职业生涯设计，培植有利于教师发展的环境，使教师不断地充实自我、完善自我；在工作上，要充分授权，大胆启用，依靠并支持他们，让每一个教师都觉得自己在“挑大梁”，从而让他们乐于充分发挥个人潜能，展示个人特长；在学习上，要鼓励每一位教师自主学习，给他们充分的再学习、再提高的机会；在生活上，要帮助他们改善住房条件，提高薪资待遇，满足子女入学要求，解决他们的后顾之忧。

4. 切实保障教师学术权利

教师是具有创造型人格的个体，而创造型人格的发展和形成需要民主自由的环境和氛围。因此，保障教师民主、自由的学术权利是校长进行人性化管理的重要内容之一。

要保障每一位教师民主、自由的学术权利，校长就必须给予他们更多的宽容和自由。这要求校长尽量减少对教师各种教育教学研究活动和创造性活动的干预，不要用简单划一的规章制度去约束教师千差万别的学术实践，要尽量少对教师进行一些强制性和监督性的管理，而只需为教师提供方向性、指导性的意见和建议，为教师发展提供强有力的舆论支持和环境支持，敢于为教师创造性活动的失败承担风险和压力。在这样宽松、民主、自由的学术研究环境中，学校的学术活动才能“百花齐放”。

5. 构建通畅的沟通渠道

在学校管理中，构建良好、顺畅的沟通渠道，有助于全体教职工统一思想，实现信息共享；有助于减少心理隔阂，缩短心理距离，减少因角色冲突而造成的心理压力，使管理达到更好的效果。

对此，校长应努力做到：

（1）倾听实情

校长要像小学生那样，虚心地听；要不带偏见、全面地听；要不惜花费时间和精力，耐心地听。只有切实全面地倾听实情，校长才能真正把握教师的思想脉搏，洞察到教师的内心世界，从而进行有针对性的管理。

（2）融入真情

在与教职工沟通时，校长要诚恳、及时，努力用真情去感化、打动他们，与他们产生同志情、手足情，从而产生心心相印的沟通效果。

（3）投入爱心

校长要努力爱护、关心每一位教师，在制度允许的范围内，竭尽全力为教师办实事、办好事。当教师权益受到侵害或教师被误解时，校长要敢于直言；当教师遇到困难时，校长要全力为其提供帮助。

只有校长具有这样殷殷的爱师之心，教师才会以一颗真诚之心紧密地团结在校长周围，才能在情感上与校长产生共鸣。

6. 构建宽容的校园文化

学校的生存和发展离不开校园文化。校园文化是学校成员共同创造的产物，是联系学校所有成员的纽带。良好的校园文化是教师成长和发展的土壤，对增强学校的凝聚力、向心力和持久力，保证学校行为的合理性，推动学校的发展具有重要作用。因此，构建良好的校园文化是校长进行人性化管理的高层次目标。

校长要千方百计地向教职工宣传学校业已形成的价值观，使他们尽早理解、接受、认同它，并自觉地将其内化为自己的价值追求，为实现共同的价值目标而竭尽全力。

此外，一所学校的教师来自四面八方，具有不同的价值观念和文化特征，校长应对这种多样性、差异性持宽容、理解的态度。只有这样，校长才能将教师个体的价值选择与学校的目标追求结合起来，帮助教师意识到实现学校的组织价值就意味着肯定、尊重个体价值，意味着个人成功，从而使具有学校共性的价值目标对教师产生无限的吸引力。

美国管理学家戴尔指出："如果管理人员只限于继续做那些过去已经做过的事情，那么，即使外部条件和各种资源都得到充分的利用，他的组织充其量也不过是一个墨守成规的组织。这样下去，很可能会造成衰退，而不仅仅是停滞不前的问题，在竞争的情况下，尤其是这样。"

面对新的教育形势、新的教育发展要求，校长管理学校也应积极改变，推陈出新，做一些与其他校长不一样的事，从而让本校更具优势、更具竞争力。

垃圾桶效应告诉校长们，温柔的、从人心出发的管理措施要比强制的、惩罚性措施，更容易让人接受。

要激活每一位教职工的潜在能力，要让他们真正以学校发展、学生发展为己任，校长有必要站在教师的角度考虑问题，对其实行更深入人心的人性化管理。

古迪逊效应

——轻松高效做校长

（一）古迪逊效应启示

在纽约，美国著名管理学家哈默有这样一个客户：当他在自己的办公室时，除了要与客户电话联络外，还要处理公司大大小小的事情。桌子上一大堆的公文等着他去处理，他每天都忙得不可开交。每次到加州出差，哈默都约他早上 6 点 30 分见面，而他肯定会提前 3 个小时起床，先处理完公司转来的传真，再将传真回送给他的公司，才去见哈默。

哈默告诉他，他做得太多，而员工只做简单的工作，甚至不必动脑筋去思考、去回答他的客户，也不必负担任何的责任与风险。像他这种做法，好的人才不可能留下。

可这位客户却说，员工没有办法做得像他一样好。对此，哈默向他说明两点："第一，如果你的员工像你这么聪明，做得和你一样好的话，那他们就不会当你的员工，而是早去当老板了。第二，你从不给他们机会去尝试，怎么知道他们做得不好呢？"

哈默进而又说："身为领导者，就必须明白：请别人为你做事，你才可能从他们中发现有才能的人。应该给他们机会，为你完成更多的工作，也可以说是训练他们承担额外的工作。所以，作为管理者，不能什么事都自己做，必须有心栽培值得你信赖的有潜力的员工，耐心地教导他们。刚开始的学习阶段，难免发生错误，致使公司蒙受损失，但只要不是太大，不会动摇公司的根本，就把它当做训练费用。你一定要脱身去处理首要的事情，因为它可能关乎整个企业的前途。适时放手让你身边的人承担责任，并考核他们的表现。当他们妥善地完成工作时，就要让他们知道自己做得不错。这样，你的工作不仅做得轻松，还有效率。”

在哈默的劝说下，这位客户改变了自己的工作方法，学会了放权让有能力的员工去处理事情，最终他的公司取得了很好的业绩。

英国证券交易所前主管 N. 古迪逊说：“一个累坏了的管理者，是一个最差劲的管理者。”古迪逊的这个说法，后来在经济界被引申为“古迪逊效应”。不难看出，案例中哈默的客户最开始就是典型的“最差劲的管理者”。

企业的发展壮大不可能光靠一个或几个管理者，必须依靠广大员工的积极努力，借助他们的才能和智慧，群策群力才能逐步把企业推向前方。再能干的领导，也要借助他人的智慧和能力，这是一个企业发展的最佳道路。

和企业一样，学校也是一个最基层的管理单位。“麻雀虽小，五脏俱全。”作为这个“小而全”的基层单位的管理者，校长管理的事务繁杂琐碎自不待言，这种管理甚至被戏称为“上管大政方针，下管电灯不亮，中间管教研和质量”。

面对如此纷繁复杂的事情，校长应如何做好管理？这既考验校长的智慧，也考验校长的胸襟，更考验校长的境界。

智慧的校长会像古迪逊和哈默一样懂得“授权”，通过“授权”给专业机构或有能之士来弥补自己的“短板”，以确保决策的正确和执行的到位，也为自己“松绑”，以便集中精力做好大事、要事。智慧的校长懂得留下管理的“缺口”，让下属在填补“缺口”的过程中充分发挥主观能动性，在“做事”中锻炼队伍，增强大家对事业的认同感。

学校管理是一门高深的艺术，需要校长们穷尽毕生的精力与智慧去研究、探索。期间，校长们也需要运用古迪逊效应给我们传达出来的管理智慧，做个甩手但却出成绩的轻松、高效的校长。

（二）授权——变学校的事为“我”的事

在北京第二实验小学，一旦有学生在活动中碰伤、磕着，组长就会带着班主任晚上到学生家去看望，这让家长十分感动。“家长会”上，这些组长会为本组的青年教师承担责任，亲自到这个教师班上对所有家长讲：“这是我们组的青年教师，如果她处理一些问题不当，我是组长，我来负责！大家有什么意见，请直接找我这个组长，我负全责。如果我解决得不到位，请您再向我们校长反映。”

在北京第二实验小学，活跃着这样一个群体：他们不是校长，却胜似校长；不是书记，却胜似书记，他们为实验二小的发展立下了汗马功劳，作出了不可磨灭的贡献，是推动学校不断前进的中坚力量。他们就是学校的“年级组长”和“党小组长”。

校长李烈亲切地称他们为“小校长”“小书记”，并授予他们足够的权力。除了学校经费与外事联系外，校长权限范围内的其他事宜，“小校长”们都可以全权做主，也要全权负责。

当然，“全权做主”“全权负责”是需要有个过程的。李校长认为，在“修行在个人”之前，依然需要“师傅领进门”。当这些“小校长”“小书记”在工作中出现问题、遇到困难时，她从来都不是简单地告诉他们具体的处理方法，而是将其当成一次交流、研讨的机会，在分析中引领他们学会如何看待问题、思考问题、解决问题，引领他们学会思考。只要他们的想法可取，她就全力支持，放手让他们去做，而且为避免他们自己放不开，还经常为他们打气、撑腰。

出现问题时，李校长会具体问题具体分析。如果“小校长”们是一心为学校考虑，即便出现了问题，她也绝对不会批评他们，反而会加以安慰：“没有关系，问题不在你，如果是我，也会这样的。”但如果通过问题暴露了“私心”，或者有其他不恰当的思想、情绪在里面，李校长就像换了个人似的，“六亲不认”，绝不会留情面，会非常严厉地批评。

李校长认为，每个人都渴望被认同、被赏识。赏识和激励可以激发教师追求卓越的热情，可以激发教师承担责任的勇气，激发教师大胆创新的信心。教师非常在意领导的认同，如果是思想方面的认同，那他们更认为是对其个人价值的最大肯定，由此爆发出来的动力是无穷无尽的。于是，对于“小校长”“小书记”在每次协商、对话中提出的好提议、好创意，她都会给予肯定，并在各种场合中反复称赞，表示出极大的赞赏。

“士为知己者死”，“小校长”“小书记”在被授权的同时，也得到了一份尊重、一份信任。通过授权，“小校长”们的潜能得到了极大的开发，这不但保证了学校各项工作的顺利开展，而且使这些工作充满创意、有声有色。

学校每三年一次的艺术节、体育节等大型活动，从设计、布置到组织安排，都是由“小校长”和各级领导一手操办的，结果不但工作开展得井井有条，而且年年有创新，年年有花样。这些“小校长”们组织了全年级 200 位学生家长同唱一首歌；组织设计、制作了几百套美仑美奂的“纸质时装”，成为学校每年联欢会的保留节目……

现在，每个“小校长”身上都发生了很大变化，他们不再像以往那样桀骜不驯了，而是对工作充满无限热情；也不像以前那样愤愤不平，爱发“牢骚”了，而是乐意不厌其烦地教导青年教师。以前那种“寸土不让”的计较，变成了无私奉献和秉礼谦让。他们中有的入了党，有的成了先进典型，在教师中都享有极高的威望和声誉。

而当这些“小校长”们都能独当一面，接受所有工作，并把工作做得有模有样时，李校长的工作就轻松多了，就有更多的时间做更重要的事情了。

正如“教是为了不教一样”，管也是为了不管。“无为而治”是管理的最高境界，但“无为而治”并不是真的不治，而是要通过激发被管理者内在的自觉性来实现管理的目的。

如何激发和调动教职工的积极性和工作潜能，让校长工作既轻松又高效呢？李校长任用“小校长”“小书记”的管理行为表明，让自己的工作轻松高效的最佳方式就是“授权”。因为每个教师在获得“授权”的同时，会同时增强自主性、增强责任心。随着自主性与责任心的增强，教师们对组织的归属感就会逐步增强，就会变“他人的事情”为“我自己的事情”，就容易将自己的人生愿景与学校的愿景统一起来。当学校的事情都变成教师自己的事情时，校长的管理工作就大大减少了，而效率却会得到大幅度的提高。

授权并不意味着放纵，授权之前需要对被授权者有一个培养过程，授权者需要完成从事务型管理、制度管理向思想领导的转变。值得注意的是，授权后，授权者不能对被授权者执行管理时的具体方法和策略提出细致要求，因为世界上没有两片完全相同的树叶，人与人之间的差异是客观存在的，所以，在追求思想和认识上的一致性的基础上，要尊重彼此间的差异。

李校长在“小校长”“小书记”们出现问题时，不是简单地指责、追究责任，而是帮助其分析问题之所在，让其感受到校长的支持与信任。这样，他们在以后的工作中不仅会更加专注，还会充满信心，而不是做什么都缩手缩脚，担心自己会好心办坏事。

李校长的管理实践表明，校长只有懂得授权，才可能培养和造就一批强有力的学校中层管理者，使之成为学校发展的中坚力量，成为校长管理工作的左膀右臂。所以，卓越的校长不仅仅是管理者，更是领导者。

实现"管理者"角色向"领导者"角色的迈进，可以说是李校长办学成功、带领北京实验二小走向品牌学校的重要因素。

（三）给予信任，大胆授权

《孙子兵法·谋攻篇》中说："将能而君不御有胜。"意思是，将领如果是有才能的，国君不要干预他们的行动，保证其才能得到充分发挥，这样才能求得战争的胜利。

将学校发展得好的校长，往往把主要精力放在制订学校工作目标上，在此基础上再做好任务的分解工作，将具体的工作落实到每个人，自己只是抽出一定的时间做好外联工作。

相反，事必躬亲的校长，就算天天忙、月月忙、年年忙，也未必能抓出成效来，只会手中持权、唯我独尊、只懂发号施令，结果不仅脱离了群众，更使得工作无法开展。

校长必须学会将权力交给信任并有能力的下属，要敢于放权，并且懂得授权，通过下属来完成工作目标，懂得通过授予下属适当的权力，同时给予下属一定的支持来开展工作。

1. 构建分权管理模式

分权管理是学校有效管理的前提。学校任务繁杂，应进行高度分权。分权管理使领导集体内部分工明确、职责明晰、各有所司，使领导集体具有更高的效率。现代校长必须谙熟分权管理的艺术。

分权管理不仅是对任务的划分，也是对组织成员的一种激励。马斯洛在"需要层次理论"中将"自我实现的需要"放在最高层次，这说明每个人在满足了"生理需要、安全需要、爱的需要"和"尊重的需要"后都有一种"自我实现"的渴望。校长的分权管理就能满足下属"尊重的需要"，激发下属"自我实现"的欲望，能使下属以满腔热情全身心地投入工作，创造更大的效益，同时使领导集体这个协作系统更完善。

分权时，校长可以将自己无法胜任的决策权授予他人或组织。比如，对于某学科的管理，校长可以授权该学科的带头人，使他享有本学科管理的自主权，有关这一学科的建设和发展决策，可以由他来作出决定。而对于一些热点、难点或重大决策，校长可以充分发挥民主决策的作用，通过教代会、家长委员会等来进行。

2. 建立相互信任的关系

相互信任是建立强有力的领导集体的基础。首先是校长对下属的信任。中国自古以来就有“用人不疑”的说法，在对下属各方面充分考察的基础上对其委以重任，可以起到激励作用，能激发下属的主人翁意识，使下属主动将自己的前途与学校的发展紧密联系在一起，甚至会在关键时刻将学校利益放在首位。

校长授权后应对下属给予充分信任，这相当于给了他们一个平台、一种机会，给了他们尊重，让其有一个广阔的施展抱负的空间，而校长自己也能拥有充裕的时间去思考重大决策问题。所以，校长要用“贴心人”，选择那些愿意为学校、为校长出力的教师或行政人员进入“领导层”，帮助自己分忧解难。

其次是下属对校长的信任。这是组织形成凝聚力的源泉，是形成高昂士气的重要保证。要培养下属对校长的信任，校长不能仅仅靠职位权威，而应把职权、才能、知识水平和威信结合起来，让下属看到校长的领导能力和个人魅力。同时，下属对校长的信任还建立在校长对工作和人的关心程度的基础上。一个只关心工作而不关心人的校长是不会赢得下属信任的。这就要求校长在平时的工作中要多关心下属，多给予他们支持，出现问题时不能只追究责任，还应引导他们找出原因，并相应地承担一些责任，让他们觉得校长是靠得住的人。

3. 做好监督与控制

授权后，校长要做好监督和控制。没有制约的权力是洪水猛兽。校长仅授权而不实施监督和控制，会给学校管理工作带来更多麻烦，因为难免会有一些心存“私心”的下属滥用他获得的权限。因此，校长有必要建立一套明确的权力控制机制，并通过定期督察、座谈交流等形式来随时了解下属的工作情况，做好上下级之间的沟通，定期进行业绩评价，以目标为准绳，做好分期计划的验收工作，进行有效调控。

但校长还要注意度的把握，如果控制过度，则等于剥夺了下属的权力，授权所带来的许多激励作用就会丧失。当然，这个“度”的掌握要由校长自己来衡量。

4. 授权不授责

很多领导认为授权就是将责任和权力一起交给下属，当下属无法完成指派的任务时，自己就可以顺势将失败的责任完全推给下属。其实，这是一种错误的认识。因为无论授权到何种程度，有一种东西你都无法下放，那就是责任。如果一个校长把责任都完全放下，就只能说他是在让位而不是在授权。

明智的校长会懂得，授权只意味着责任的加大，因为这样做，不仅对自己，更要对下属负责。作为学校领导者，校长不仅应该让学校其他管理者分享成功的果实，还应主动分担下属的责任，即使失败的原因全都是下属的过错。因此，在授权时，校长就要做好出现错误由自己承担责任的思想准备，主动为下属排忧解难，即便他们的错误已经影响到了组织的效能，也要给予理解和信任，让下属感受到来自校长的支持和理解，从而在以后的工作中“有则改之，无则加勉”。

如今，诸多学校都实行“校长负责制”，校长是法人代表，一些重大决策得由校长“拍板”，由校长“说了算”。但校长的管理不应也不能是事无巨细，样样都管。校长管理要“抓大放小”，管大政要政，对于学校一些鸡毛蒜皮的琐事完全可以不予考虑，让其他人去操办。

校长管理要学会用人，舍得放权，有的事情要放手发动中层干部或全校教职工，让他们创造性地去开展工作，而不应包办代替、事事干预，否则会扼杀干部和教师们的创造性，打击他们的积极性和主动性，使他们成为校长的傀儡。这样，不仅干部和教师的管理能力得不到培养和提高，形象和威信也会不断削弱和降低，而校长也是在作茧自缚，最终苦的、累的、烦的事情，只能自己承担。

校长管理要分清主次，理顺关系，明白哪些事情可由自己做，哪些事情可由下属办。只要不是原则性的事，只要不是关系学校生存与发展的大事，校长完全可以学习古迪逊的做法和他的“古迪逊效应”，适当地放权，让干部和教师们大胆地去闯、果断地去干，甚至不妨让他们“说了算”，自己只需在背后给他们鼓劲加油。

杰亨利效应

——真诚沟通，促进理解与支持

（一）杰亨利效应启示

英国的著名企业维京集团是一家年营业收入高达数十亿美元的大企业。企业创始人兼董事长理查德·布兰森建立起一种“把你的点子大声说出来”的创意机制。这种机制包括：该公司所有员工都知道布兰森的电话，员工一有好的构想，就能通过各种渠道让他知晓。集团每年举办一次“家宴”，为那些想要贡献创业点子、平时较不易碰到布兰森的员工制造了毛遂自荐的机会，“家宴”为期一周，参加人数多达3500人。

集团旗下的每一个企业都有一套可以使员工的建议、点子上达的“渠道”，如财务服务机构，常务董事在当地一家餐厅常年预留8个空位子，任何员工认为自己的新点子够好，都可以申请和常务董事共进午餐，在用餐时商讨经营大计。

另外，维京集团还有一个性质接近总部办公室的机构——“维京管理团队”，协助新事业的实际开发作业。在这一“创意机制”的激励下，维京员工的创造性和积极性得到了极大的调动，各类点子层出不穷，如维京新娘公司、维京日益壮大的国际互联网事业，都是员工向布兰森提出的建议。维京集团鼓励开放的氛围，鼓励相互之间自由地进行揭示、交流，这使企业受益匪浅。

这就是“杰亨利效应”，也称“杰亨利法则”，是以发明人杰瑟夫·卢夫特和亨利·英格拉姆的名字命名的。它的核心是坚信相互理解能够提高知觉的精确性并促进沟通的效果。它从两个纬度上划分了促进或阻碍人际沟通的个体倾向性：揭示和反馈。揭示是指个体在沟通中坦率公开自己的情感、经历和信息的程度；反馈指的是个体成功地从别人那里了解自己的程度。

根据这两个纬度可以划分出四个“窗口”——开放区、盲目区、隐藏区和未知区。“开放”窗口包括了你自己和别人都知道的信息；“盲目”窗口包括那些别人很清楚而你自己却不知道的事情，这种情况是由于别人没有告诉你，或由于你的自我防卫机制拒绝接受这些信息造成的；“隐藏”窗口中的信息是你自己知道，别人不知道的；“未知”窗口是那些自己和别人都不知道的情感、经验和信息。

杰亨利法则基于这样的假设：当开放区的信息量增加时，人们之间会更好地相互理解，因此他们建议运用坦率真诚的沟通方式。要通过揭示和反馈来增加开放区的信息量，即通过提高自我揭示的水平和倾听来自他人的反馈这两种方式扩大开放区的面积，从中获益。

约翰·奈斯比特指出：“未来竞争将是管理的竞争，竞争的焦点在于每个社会组织内部成员之间及其与外部组织的有效沟通之上。”更有一种说法已经被许多人认同：一个人事业上的成功，只有15％是由于他的专业技术，另外的85％却取决于他的人际交往技巧。可见，了解与掌握有关人际关系心理的原理和规律等心理学知识，提高自身的心理素质，已经成了现代人的急迫需求。

在学校里，人际沟通是不可避免的，沟通问题也同样不可避免，开放、真诚、坦率是人际关系中的重要元素，是促进沟通渠道畅通的有效保证。对于校长来说，人际沟通更是迈向成功的必修课。

（二）搞好沟通，让教师更积极地工作

1. 送给校长的礼物

某学校新来了一位女老师，人挺聪明，讲课有自己独特的方法，和同事们团结，对学生也非常负责，从来没有出现过迟到早退的现象，好好表现下去，应该会有一个不错的前途。可是这位女老师平时一没事就到校长办公室找校长谈话，汇报思想。

刚开始的时候，校长还认为这是因为她工作认真，可是逐渐她就让校长感觉不自在了。有一天，她来到校长办公室给校长送了一支钢笔。校长当时也没在意，参加老同学聚会时，他被同学提醒才知道那支钢笔是国际名牌，要上千元，这下校长感觉到事情的严重性，给人家退回去已经不可能了。校

长已经用了小半年了，无奈之下，就让爱人买了一个漂亮的女士包送给了她，花了 860 元。

校长本以为这件事就算过去了，可是没几天，那个女老师又给校长的爸妈送了鹿茸和人参，校长又咬着牙回赠她一件羊绒衫。

连续回赠了两样礼物，校长觉得有些吃不消了，认为该和那位女老师谈谈了。

在办公室里，校长直截了当地告诉她，这样送下去两家的经济都负担不起，而且还明确地告诉这位女老师，学校的评优选贤、提拔干部，从来不论资排辈，也不讲关系，就是凭工作能力、教学成绩，如果好好地工作，群众的眼睛是雪亮的，自然会获得相应的奖励。

校长的真诚打动了那位女老师，从此她再也不给校长送礼了。

2. 怎样对待教职员工发牢骚

一天，某校长路过语文教研组的时候，听见办公室里正在热热闹闹地谈论着什么，校长好奇地凑近一听，某老师正发牢骚说："现在的老师真是当不成了，每天起得比鸡早，吃的比猪差，干得比牛多，精神上还要受到折磨，各种评比考核就没让人消停过，当个班主任更是苦不堪言了，学生的大事小情、吃喝拉撒都得管，一个学期才给 400 元的班主任补贴，辛辛苦苦地把班级的成绩提高了，全校第一才发 600 元，学校真是太抠门了，为挣那么一点钱我都得折好几年的寿。"

这时候办公室里面更热闹了，老师们七嘴八舌，纷纷发表意见。

"就是，你看我今年才 28 岁刚过，让不认识的人一猜，人家会说话的就说我 32、33，碰见冒失的还猜过 35、36 呢。"

"痛苦呀，没出路呀。"

"学校领导没人性呀。"

"房子也没着落。"

……

顿时整个办公室好像在开一场忆苦大会，学校领导好像成了被控诉的主要对象。该校长听了顿时火冒三丈，狠狠地推开门说："吵什么，吵什么，还有没有一点为人师表的样子，你们的声音大得连楼道对面都能听见了，谁不想干了，给我打招呼，我绝不挽留，有的是等着分配的大学生抢着当老师呢，给你们的待遇已经不低了，怎么那么不知足！"

校长在管理学校的过程中，特别是在提拔干部、评优选先时都会起到决定性的作用。因此经常会出现老师们托关系、说好话、过年过节送礼的现象。有些校长疲于应付接连而来的“糖衣炮弹”。校长如果收了老师的礼物，往往就不好意思不给老师们办事，因此有些时候使得自己的决策主张无法得到有效的落实，忽略了一些真正对学校发展有利的人才，甚至作出一些不合理的决定，最终的结果就是给自己的形象造成负面影响，阻碍学校的发展。

要解决这些问题，校长就要对自己的行为严格要求，不随便接受老师们的礼物。这样，校长才有可能赢得大多数老师的尊敬和支持，才能在没有任何阻碍的情况下领导、管理好一所学校。对于想成就一番事业的好校长而言，老师踏实肯干，有了工作业绩，才是送给领导的最好礼物。

在学校管理中校长肯定会遇见老师发牢骚之类的事，第二个案例中校长的做法就是坦诚沟通的反面案例。现在，教师待遇低、工作压力大是一种社会现象，不是某个校长能够解决的，教师在内心深处其实也明白这个道理，校长需要做的就是用真诚的态度对待教师，主动地对教师嘘寒问暖，了解他们真实的想法，倾听他们的心声，然后有针对性地改进。这样处理，校长不仅不会失去人心，更会得到教师工作上的支持，长此以往一定会促进学校各方面的发展，更有助于建设和谐校园。

校长与教职员工的沟通要因人而异，采取不同的沟通方式：

1. 与中层领导的沟通

中层领导是学校的核心力量，他们的一言一行直接影响到学校工作的贯彻执行，影响着教师的工作情绪好坏，影响到学校工作的成败，因此做好学校班子成员的思想沟通工作很重要。校长既要真心实意地关心和尊重他们，又要严格要求他们，要求他们做好表率、顾全大局、维护团结。

2. 与有误会的教师的沟通

校长与教师之间产生一些误会是不可避免的，误会是影响工作、影响团结的最可怕的东西，一旦有了误会，工作往往很难开展，甚至引起敌意。要解决这一问题，校长应首先弄清误会在什么地方，再根据具体情况，选择适当场合和时机心平气和地找对方沟通。其次，校长可以请和对方关系较好的人在适当的时机解释误会，消除隔阂。

3. 与年轻教师的沟通

年轻教师绝大多数都会积极向上、努力工作，但他们往往内心也有一些痛苦，如教学竞争的压力、工学矛盾的存在、教学实绩不能如愿、看到同龄人提拔而自己得不到重用等。他们急切地想得到校长的肯定和鼓励。与年轻教师沟通，校长首先要肯定他们的成绩，肯定他们在学校各方面工作中的重要作用，真诚地点拨他们在哪些方面如何去做会更好，同时帮助他们解决一些实际困难，为他们提供平等竞争的机会，并愿意做他们的后盾和知心朋友。这样，年轻教师就会信心百倍，轻松愉快地投入工作。

4. 与老年教师的沟通

老年教师都是从教育一线走过来的，有的还曾经担任过学校领导，他们大多有过辉煌的昨天，今天虽然力不从心，但他们仍然是学校的宝贵财富，是学校稳定的镇山石，他们最需要的是校长对他们的尊重。校长必须对他们倍加珍惜、保护、重用，要经常与他们谈心，重大事情先听取他们的意见，请他们出主意，有什么难事请他们出面做做工作。这样既能发挥他们的作用，又能让他们感受到学校对他们的尊重。

（三）做好真诚沟通的策略

沟通是尊重人格、消除隔阂、增进友谊、达成共识的一剂良方。校长在长期的学校管理中难免会与教师发生一些冲突，例如，工作任务的安排、无意中言语的伤害、工作失误时的批评、评优晋级的偏差，以及一些小小的误解，这些都可能导致部分教师与校长产生心理上的隔阂。这种隔阂如不及时沟通，会严重影响学校工作的顺利开展。作为校长，就应主动走近教师、学会沟通、善于沟通、消除隔阂、达成共识。

1. 放下架子

校长与教师沟通时要从领导的角色中摆脱出来。首先，要放下架子，与教师平等相待、倾心相交。在鼓励教师讲实话、真话、心里话的同时，自己也不能摆架子，不能讲套话，要与对方在相互信任的基础上做到知无不言、言无不尽。其次，允许分歧，求同存异。校长必须注意倾听教师中各种不同的声音，因为这些不同的声音中不乏金玉良言、真知灼见，当然，不同的声音中也有错误和偏激的。这时，校长要有气度、有雅量，辩证地看待，不能因与自己意见不合而怀有成见，借机给人“穿小鞋”。校长多与教师沟通既能在情感上拉近双方距离，又能在许多问题上达成共识，以便今后更好地开展工作、达到目标，还能借机树立良好的领导形象。

2. 学会倾听

心理学研究发现，在沟通过程中，人们往往花更多的时间用于表达，而忽视了倾听的重要意义，校长与教师的沟通也是如此。相对于表达而言，校长要更加关注倾听的重要性。

倾听有助于校长获取信息，了解教师的状况。正如教师在上课前要“备学生”一样，校长在管理时也要“备教师”，这是管理的基础。

倾听有助于校长了解教师的所思所想，了解教师的教学水平现状，了解教师的关注点和对学校发展的期待等。如果校长不注意倾听，就难以充分了解教师的想法，校长针对教师的一些管理工作就可能偏离教师的现状，也就难以得到教师的理解和支持。校长与教师之间的冲突多数并不是因为双方意见不一致造成的，而往往是因为双方没有真正倾听并理解对方的意思造成的。

校长倾听教师的心声，是向教师传递信息和实施管理的基础。没有充分的倾听，就难有准确的理解。在很多情况下，教师找校长沟通的目的就是倾诉，只是一吐为快，并没有更多的要求。能给教师诉苦甚至抱怨的机会，才能形成真正和谐与民主的气氛。如果校长忽视倾听，一旦教师认为“反正校长不会听我说什么”，教师就很难再向校长反映问题或倾诉心声，校长与教师之间的沟通就可能变得消极被动。校长即使想倾听，也没有教师愿意诉说了。

3. 深入教师，主动沟通

校长要想和教师进行有效沟通，就不能整天待在办公室里，而要在繁忙的工作之中抽出时间深入广大教师，主动关心教师的工作和生活。要想实现有效沟通，校长就要走进教师的心灵世界，了解广大教师想什么、缺什么、准备做什么，以及为什么这么想、为什么这么做，以便促发他们的内需，增强他们的内驱力。

在开展各项工作时，校长最担心的莫过于有过失却没有人提醒，从而给学校造成不必要的损失。学校的发展壮大离不开师生员工的群策群力，校长只有深入教师，主动沟通，充分调动师生员工的主人翁精神，让广大师生员工都积极主动地为学校的各项工作献计献策，集思广益，才能促进学校各项工作的健康开展。只有急教师之所急、想教师之所想的校长，才能和广大教师心贴心，从而真正实现与广大教师“心心相印”，达到“和谐共赢”的理想境界。

4. 提高沟通能力

学校管理离不开校长和教师的有效沟通，有效沟通是传递信息、协调利益、统一思想、凝聚力量、激励行动的重要途径。要想达成有效沟通，校长就要加强理论学习，积累实践经验，掌握沟通技巧，提高沟通能力，努力做到能沟通、会沟通、善沟通。

能沟通是指校长要有较强的口头表达能力和书面表达能力，充分宣传学校的办学目标和发展方向，解释学校发展战略，要确保广大教师能够准确、全面地理解学校的发展计划和自身在战略执行中的角色。

会沟通是指校长要准确把握沟通时机。如果沟通时时机不当，比如自然环境和心理环境还不够成熟，那么教师就无法准确理解学校的战略决策，学校的发展策略也就无法顺利推行。会沟通还体现在校长要力图使广大教师都能够看到自己的利益是和学校一致的，这样才能有效增强广大教师的责任感。

善沟通是指校长要讲究沟通艺术和沟通策略，对于共性问题，应该在例会上沟通；对于个性问题，应该单独沟通；对于敏感问题，应该及时沟通；对于重大问题，应该反复沟通。有效沟通犹如春风吹拂，犹如清泉汩汩，它可以化干戈为玉帛，可以架情感之桥梁，可以燃希望之烈焰，可以助进取之动力。

5. 让沟通渠道多种并进

校长应努力促进学校内部的沟通，使各层管理者能理解校长的意图，使每一位教师能了解学校的工作目标，齐心协力，行动一致地去实现共同的教育教学目的。

在实践中，校长可以采用多种多样的沟通方式：建立教代会例会制度，坚持教务主任与教研组长、学年组长同时参加的教学管理工作例会制度，坚持每周一次的周前例会制度等。

另外，还可开设“校长接待日”“校长信箱”等多种有利于校长与教师沟通的渠道，并做到事事有回音、件件有落实，优化关爱教师的人文环境，使教师能够在宽松、和谐的氛围中展示自身的才华。

如今是信息网络的时代，校长还可以设立网上交流平台。校长不可能对每一位老师的思想、情感一清二楚。有时面对面交谈，他不一定喜欢听，但如果把观点、思想放到网上去，教师就可以主动或有选择地跟校长进行交流。在无压力的互动交流中得到教师们热情而诚恳的帮助，使双方都形成正确积极的思维，校长何乐而不为呢？

6. 排除障碍，促进沟通

校长与教师之间的沟通往往是相互传递信息与理解信息的过程。这种沟通过程有时候并不通畅，它的有效性往往受到某些障碍的影响。作为信息的发出者和沟通的引导者，校长更需要充分了解和排除这些障碍，以积极实现与教师的有效沟通。

例如，消极评价。有的校长习惯于发现教师的不足或问题，而缺乏对教师积极表现的关注。校长发现教师问题的本意往往是希望教师更好地成长，但是对教师的消极评价往往会造成沟通的障碍，使得结果事与愿违。在与教师的沟通过程中，校长应更多地采用积极评价，这样罗森塔尔效应也就会发生在教师身上。

再如，缺乏反馈。有些教师非常积极地向校长提出建议，但是却迟迟不见回音。这样无形中就为校长与教师的沟通制造了障碍。教师有时可能无法关注到学校管理者所关心的问题，而校长却要关注到教师所关心的问题，并应该给教师一个积极的反馈。

7. 换位思考，理解沟通

换位思考说起来容易，做起来难。生活和管理中许多案例都说明了这一点。但生活和管理，恰恰需要人们切实进行换位思考。

在管理中通过换位思考，可以让校长和教师突破固有的思维模式，学会变通，解决常规性思维下难以解决的事情。通过换位思考，校长可以了解教师的心理需求，感受到教师的情绪，同理，教师也如此。大家彼此换位思考，才能真正将沟通进行到底。通过换位思考，校长可以欣赏到教师的优点，并给予对方真诚的鼓励，使团队和谐高效。通过换位思考，校长可以很好地进行服务定位，为家长和学生提供优质教育和优质服务。通过换位思考，校长才可能真正走进教师的心灵，得到其拥护……所以，换位思考虽属“坚冰”，但如果攻破，则是沟通的一种有效途径。

作为一个优秀的管理者，一个优秀的校长应该保持与教师进行广泛的沟通和接触，与教师保持密切的联系，在沟通中消除隔阂、达成共识、增进友谊，倾听他们的心声，解决他们的实际问题，融洽双方的感情，传达友好信息。这是校长的为人之道、治校之策。

鲶鱼效应

——适当刺激，让教师队伍活起来

（一）鲶鱼效应启示

挪威人喜欢吃沙丁鱼，尤其是活鱼。市场上活沙丁鱼的价格要比死鱼高许多。所以渔民总是千方百计地想办法让沙丁鱼活着回到渔港。可是虽然经过种种努力，绝大部分沙丁鱼还是在中途因窒息而死亡。但却有一条渔船总能让大部分沙丁鱼活着回到渔港。船长严格保守着这个秘密。直到船长去世，谜底才揭开。

原来船长总是在装满沙丁鱼的鱼槽里放进一条以鱼为主要食物的鲶鱼。鲶鱼进入鱼槽后，由于环境陌生，便四处游动。沙丁鱼见了鲶鱼十分紧张，左冲右突，四处躲避，加速游动。这样沙丁鱼缺氧的问题便迎刃而解，一条条沙丁鱼欢蹦乱跳地回到了渔港。这便是著名的“鲶鱼效应”。

当一个组织的工作达到较稳定的状态时，常常意味着成员工作积极性的降低，“一团和气”的集体不一定是一个高效率的集体，这时候鲶鱼效应将起到很好的“医疗”作用。一个组织中，如果始终有一位“鲶鱼式”的人物，无疑会激活队伍，提高工作业绩。

鲶鱼效应也是校长激发教师活力的有效措施之一。它表现在两方面：一是学校要不断补充新鲜血液，把那些富有朝气、思维敏捷的年轻生力军引入职工队伍中，给那些“故步自封”“因循守旧”的教师带来竞争压力，唤起“沙丁鱼”们的生存意识和竞争求胜之心；二是要不断地引进新教法及新管理观念，以增强学校的生存能力和适应能力。

鲶鱼效应对于渔夫来说，在于激励手段的应用。渔夫采用鲶鱼来作为激励手段，促使沙丁鱼不断游动，以保证沙丁鱼活着，以此来获得最大利益。

在学校管理中，校长要实现管理目标，同样需要引入鲶鱼型人才，以此来改变教师的状况。

鲶鱼效应对于“鲶鱼”来说，在于自我实现。鲶鱼型人才是学校管理必需的。鲶鱼型人才是出于获得生存空间的需要出现的，而并非是一开始就有如此的良好动机。对于鲶鱼型人才来说，自我实现始终是最根本的。在学校管理中，校长应加强对这类人才的挖掘。

沙丁鱼型人才的忧患意识太少，一味想追求稳定，但现实的生存状况是不允许沙丁鱼有片刻的懈怠的。“沙丁鱼”如果不想窒息而亡，就必须活跃起来，积极寻找新的出路。

鲶鱼效应的根本就是一个管理方法的问题，而应用鲶鱼效应的关键在于如何应用好鲶鱼型人才，如何对鲶鱼型人才进行有效的利用和管理。这是校长应该深入探讨的问题。由于鲶鱼型人才的特殊性，校长不可能用陈旧的方式来管理鲶鱼型人才，已有的管理方式可能有相当部分已经过时。因此，鲶鱼效应对校长提出了新的要求，即校长不仅要掌握管理常识，而且还要在自身素质和修养方面有一番作为，这样才能让鲶鱼型人才心服口服，才能保证校长及学校的目标得以实现。

（二）巧用鲶鱼效应，增强集体活力

某校长在对学校教学人员进行调整的过程中，深刻体会到了集体心理的变化与管理效应之间的关系。

2006 年，校长决定对本届高三年级部分学科的任课教师进行调整，调入一些年富力强的教师，其中包括学校的两位中层干部。校长原以为此举仅会调动那些调整学科的教师的积极性，但没想到，它却产生了奇妙的鲶鱼效应，对整个年级的教学工作都产生了积极的影响。

表面上仅涉及两三个人的调整是如何产生了奇妙的鲶鱼效应，从而有效地实现了对教师的有效激励的呢？

一是鲶鱼的活力作用。鲶鱼充满活力，能使周围的水不断翻动，使沙丁鱼及时补充足够的氧气，不致因窒息而死亡。

调整进高三年级的教师中有两位是学校的中层干部（他们每人只担任一个班的教学任务），在教学中他们身先士卒，率先利用休息时间给学习有困难的学生进行辅导、答疑。他们的行动打破了年级组原有的平衡，给年级组

平淡的教学工作带来了活力和推动力。显然，他们在客观上成了年级组中的“鲶鱼”。在他们的带动下，狠抓教学的风气在整个高三年级越来越浓。

二是鲶鱼的威胁作用。鲶鱼对于沙丁鱼来说无异于一个外来异己，这给了沙丁鱼一种恐惧感，使它们紧张不已、加速游动，于是，整个鱼槽里的鱼都因为动了起来而获得了勃勃生机。

同样，那两位在教学一线的中层干部对于高三年级组的教师来说也是外来异己。他们与其他教师职位不一样，教学行为也不一样，他们更投入、更执著。这就给其他教师，特别是年轻教师带来了压力。年轻教师在原有的教学秩序下即使想在教学上有所创新，也最终因缺乏“为他人先”的勇气而成了“旁观者效应”的殃及者。而在“鲶鱼”的威胁下，他们就会紧张起来，调动自己的潜能，释放自己的活力。可见，如果没有这样外来的异己和竞争者，集体就可能缺乏危机感，就可能死于安逸之中。

三是鲶鱼的摩擦作用。一般来说，摩擦是消极的，只会产生内讧、消耗实力。但对于惰性十足的群体而言，适当的摩擦不仅需要，而且大有好处，它能增强整个群体的活力。鲶鱼之所以能使沙丁鱼不死，就在于它不停地游动，到处挑起摩擦，使沙丁鱼不得不开动脑筋与鲶鱼竞争。

年级组里的那两条“鲶鱼”何尝不是如此。他们在客观上使他人陷入一个竞争不断的摩擦环境中。其他教师不得不正视这股力量，并通过改变自我而与之保持平衡、展开竞争。这样，整个年级组就充满了活力。

管理学研究表明：一个人的潜力在正常状态下只发挥50%左右，而有效的激励则可使之提高30%左右。可见，实施有效的激励是十分重要的。个体的心理会随集体心理的变化而变化，同样，集体的心理亦随个体心理的变化而变化。所以，案例中的校长在学校管理中积极研究集体心理所蕴藏的种种奥秘，以提高管理功效。

学校管理者经常会遇到这样的问题：一个集体发展到一定的程度，就会在某个层面上达到一种平衡，这时，集体的潜能可能只发挥了50%，而要求整个集体做出改变往往很难。在这种情况下，校长们不妨改变一下管理策略，在集体中放入几条“鲶鱼”，通过“鲶鱼”所带来的“新鲜的氧气”打破原有的平衡，推动集体在矛盾的解决中产生新的动力。这样，“缺氧”的集体就会因“获氧”而重新焕发活力。

(三) 应用鲶鱼效应的策略

目前，鲶鱼效应已在人力资源管理中被广泛地应用，具体包括竞争机制的建立、能人的启用、领导风格的变革等。但鲶鱼效应的应用远不止这些，思考问题的视角不同，发现问题、解决问题的方法就不同。

1. 如果“鲶鱼”代表校领导者

校领导者即影响他人完成任务的个体或者集体，在死气沉沉的沙丁鱼箱内，沙丁鱼就象征着一批同质性极强的群体，他们技能水平相似，缺乏创新和主动性，人浮于事，效率低下，整个机构是一种臃肿不堪的状态。如果“鲶鱼”领导者到来（或者内部“沙丁鱼”进化成“鲶鱼”），就会新官上任三把火，整顿纪律，规范制度，改造流程，合理配置岗位和人、财、物，逐渐让组织重新焕发活力，呈现欣欣向荣的景象。在“鲶鱼”领导者的带领下，整个教学组织的活力都被调动起来，从而使集体的力量更加强大。从这个角度看，“鲶鱼”领导者应具备以下特质：

（1）办事果断

校领导应迅速发现组织停滞不前的病症所在，并能够快刀斩乱麻，迅速而有效地解决问题。

（2）科学决策

校领导要科学决策，并能监督决策的执行，及时评估政策的有效性。

（3）倡导创新

校领导应提倡创新，营造鼓励创新的氛围，从多个方面体现创新思想。

（4）有预见性

校领导要有发展规划和目标，能够预见组织发展的方向，以及现存人力资源与未来的差距，能够有效地辨别未来人才。

（5）敢于变革

校领导要从系统内外观察组织系统结构的变化和功能，既要把自己当做组织的一部分，又要把自己看成一个小系统中的领导者，这样才能设法带动教师队伍打开局面、打破常规，取得良好效益。

对于在领导者领导下为了共同目标而奋斗的教师群体而言，如果领导者有鲶鱼特性，那么要生存下去的方法就是运动起来，激发自己的能量，至少要和鲶鱼同步，并且要保证同一方向，这样才不至于被鲶鱼吃掉，或者被其他沙丁鱼挤到最后憋死。

2. 如果“鲶鱼”代表教师团队中一员

如果“鲶鱼”代表教师团队中的一员，那么它就意味着新、奇、异，包括观点的不一样、行为的不同、习惯的迥异。正因为不同，才会激发智慧。一个教师团队需要不同性格、不同技能、不同工作经历的人加盟，如果都是一样的，那么这个团队产生奇思妙想、产生高绩效的可能性就会微乎其微。

在注重团队建设和沟通的今天，校长应适当地吸引一些“鲶鱼”加入教师团队，这会给整个团队带来活泼的工作气氛，带来创新，从而实现多赢。但是“鲶鱼”的数量应当加以控制，全是鲶鱼的话，整个团队就会出现“个个是英雄、整体是狗熊”的现象，因为每个鲶鱼都想坚持自己的观点，合作和沟通就不存在了，整个团队就乌烟瘴气了。从这个角度看，校长还应关注团队中的“鲶鱼”分子，让他们注重良性沟通和影响力的塑造，而促使其他教师加强与“鲶鱼”的合作。

陶行知说：“校长是学校的灵魂。”从一定意义上说，一位好校长就是一所好学校。学校之间的差距，往往反映出校长之间的差距。校长不仅是学校的组织者和管理者，还是学校的决策者和领导者，从这个意义上来说，校长更应充分发挥管理才干，让鲶鱼效应表现出应有的作用来。

马蝇效应

——有竞争，才会有发展

(一) 马蝇效应启示

“马蝇效应”来源于美国前总统林肯的一段有趣的经历。1860年大选结束后几个星期，有位叫巴恩的大银行家看见参议员萨蒙·蔡思从林肯的办公室走出来，就对林肯说：“你不要将此人选入你的内阁。”

林肯问：“你为什么这样说?”

巴恩答：“因为他认为他比你伟大得多。”

“哦!”林肯说，“你还知道有谁认为自己比我要伟大吗?”

“不知道了。”巴恩说，“不过，你为什么这样问?”

林肯回答：“因为我要把他们全都收入我的内阁。”

事实证明，这位银行家的话是有根据的，蔡思的确是个狂态十足的家伙。不过，蔡思也的确是个大能人，林肯十分器重他，任命他为财政部长，并尽力与他减少摩擦。蔡思狂热地追求最高领导权，而且嫉妒心极重。他本想入主白宫，却被林肯“挤”了，他不得已而求其次，想当国务卿。林肯却任命了西华德，他只好坐第三把交椅，因而怀恨在心，激愤难已。

后来，目睹蔡思种种形状并搜集了很多资料的《纽约时报》主编亨利·雷蒙特拜访林肯的时候，特地告诉他，蔡思正在狂热地上蹿下跳，谋求总统职位。

林肯以他那特有的幽默神情讲道：“雷蒙特，你不是在农村长大的吗?那么你一定知道什么是马蝇了。有一次我和我的兄弟在肯塔基老家的一个农场犁玉米地，我吆马，他扶犁。这匹马很懒，但有一段时间它却在地里跑得飞快，连我这双长腿都差点跟不上。到了地头，我发现有一只很大的马蝇叮在它身上，于是我就把马蝇打落了。我的兄弟问我为什么要打掉它。我回答说，我不忍心让这匹马被咬。我的兄弟说：‘哎呀，正是这家伙才使得马跑起来的嘛！’”然后，林肯意味深长地说：“如果现在有一只叫‘总统欲’的马蝇正叮着蔡思先生，那么只要它能使蔡思不停地跑，我就不想去打落它。”

没有马蝇叮咬，马就会慢慢腾腾，走走停停；有马蝇叮咬，马不敢怠慢，跑得飞快，这就是“马蝇效应”。这个小故事对管理者用人很有启发。越是有能力的员工越不好管理，因为他们有很强烈的占有欲。如果他们得不到想要的东西，他们要么会跳槽，要么会捣乱。要想让他们安心、卖力地工作，就一定要有能激励他的东西。

我国有句俗语“宁使龙，不使熊”，是说领导在选择下属时不选择那些对你俯首帖耳却没有任何工作能力的人。

平庸无能者通常表现为对领导俯首听命，但源于骨子里的那份平庸，很难对你的工作、事业有所裨益。相反的，他们也是因为那种无能，又常常生发出嫉妒心，凭借着领导的信任甚至是专宠，在背后搞小动作乃至于无中生有、搬弄是非，最终使得那些专注于事业，在工作中有能力、勇气、干劲的人无暇工作，以至于影响了工作的进程，阻碍了事业的发展。

至于“龙”，为了展示自己的人生价值，会不断追求、不断超越，在这不断追求和超越中完善自我。工作中，他们心无旁骛，与人交往也总是心不设防，因此一旦遭遇险恶，往往是毁灭性的。不过，他们也很容易成为草根们前行的旗帜和榜样，草根们会为他们的成功而喜悦，也会为他们的不公遭遇而群情激昂。

就学校工作而言，如果一名教师从最基本的教学和班级管理做起，在实际工作中逐渐展露才能，被任用为中层领导。由于其各方面能力出色，势必会让某些领导感到自己的位子受到了威胁，而这样的人往往又不懂得讨好上级。这种情况下，领导该如何与之相处，堪称一门学问。

校长在与其他教师沟通时，应注意方法策略，要巧妙运用马蝇效应，让每一个教师都能像马一样，不停地向前奔跑，打造一个积极向上的教师团队。

是否善待核心人才是校长能否领导一个优秀团队的重要前提。特别是对于那些想跳槽的核心人才，机会、权利与金钱往往是驱使他们作出抉择的“马蝇”。校长在这方面要具备以下特质：

1. 领导者的诚信度

校长不要为了留住某些人而轻易作出很难实现的承诺，有了承诺就一定要兑现，如果无法兑现也一定要给他们正面的说法，千万不要在教师面前扮演一个言而无信的领导者角色，那样只会为将来的动荡埋下隐患。

2. 领导者的情、理、义

校长应及时发现教师特别是那些核心骨干教师产生情绪波动的原因，一定要将安抚民心、鼓舞士气的工作做在前头。事先耐心倾听、适时沟通、充分交流、思想动员等情感投入方式可以避免一些不必要的人力资本损失，校长特别要把握对核心人才管理的“度”，不要让某些核心人才的跳槽变成有针对性、有目的性的挑衅，以免造成组织内的大面积情绪波动和跳槽。

3. 领导者的自我反省能力

随时检查组织的晋升、薪酬、绩效考核等人力资源管理制度是否合理，避免因制度性因素的原因造成教师非正常流动。

4. 领导者的“容才肚”

核心人才大都“才高八斗”。作为领导者，校长可以不懂专业技术，但必须要有容人的肚量。如果一看到比自己强的部属就恨得咬牙切齿，甚至不惜利用手中的权力对其进行打击和压制，那么你所压制和失去的不仅仅是一个人才，而是一个群体。

一个成功的领导者最大的成就，就在于构建并统帅一支具有强大战斗力与高度协作精神的团队。校长需要像林肯一样，运用自己的智慧，善用马蝇效应，将一些如蔡思那样很难管理而又十分关键的部属团结在一起，不仅能有效地减少组织内部的冲突，而且可以充分发挥其核心作用，不断为组织创造更高的管理绩效。

（二）实行聘任制，以竞争促进发展

为了增强教师的竞争意识，调动教师的工作积极性，促进教师队伍的优化和稳定，提高教育教学质量，江西省乐平中学校长借鉴先进学校的成功经验，巧妙运用马蝇效应，并结合本校实际，制订了如下聘任制方案。

一、聘任原则

1. 合理组合：根据德才标准，任人唯贤，用人所长，择优选聘，在知识结构、能力结构及年龄结构方面进行合理搭配。

2. 双向选择：校长根据本校教师各方面情况、教师应聘意向及教育教学工作的需要等，对教师可实行聘任（高聘、低聘）、缓聘、待聘、不聘，教师也可向学校作出应聘或解聘的选择。

二、聘任条件

1. 受聘人员必须坚持四项基本原则，忠诚党和人民的教育事业，有良好的师德。

2. 遵纪守法，有从事教育教学或学校内其他工作的能力，身体健康。

3. 履行职责，能胜任或基本胜任本职工作。

4. 严谨治学，努力进取，坚持在职研修，接受继续教育，不断学习新知识，吸取新的教学方法，运用新技术，努力提高教育教学质量。

5. 关心和爱护学生，不体罚学生，尊重学生人格，客观公正地评定学生的品行和学业成绩。

三、聘用范围

1. 本校在编的教师均属应聘对象，均具有同等竞争上岗的资格。

2. 新分配的毕业生由学校聘任工作领导小组统一安排工作。

3. 学校中层以上领导兼课情况由校长办公会决定。

4. 差缺专业教师或教辅人员，由学校通过一定的程序向社会选聘，聘任后由学校安排工作及确定待遇。

四、教师及教辅人员聘任工作领导小组

组长：分管教学工作的副校长

办公室主任：教导处主任

组员：政教处主任、教研室主任、教导处副主任及年级主任、教研组长。

五、定岗定员

定岗：根据教学各部门、各年级、各学科的实际需要进行定岗。

定员：根据工作实际需要设定各岗位人员数。

1. 任课教师系列（按课时满量标准定岗）

2. 教辅系列

(1) 电教员 2～3 名（含网管员及语音室管理员）

(2) 实验员

物理：2 名；化学：2 名；生物：1 名。

(3) 图书馆

馆长1名（可兼职）。

馆员5名：教工阅览室管理员1名，借书室及采编人员3名，学生阅览室管理员1名。

3. 技术职务岗位

(1) 高级岗位比例数：高级教师占教师总数的30%～35%。

(2) 中级岗位比例数：中级教师占教师总数的40%～45%。

六、聘任程序

1. 学校公布教学与教辅系列各岗位数及职责。

2. 符合条件的教职工填写《应聘意向书》，意向书设第一志愿和第二志愿及兼职岗位。

3. 应聘者应在意向书上认真填写所履行的职责和做好工作的措施与办法，意向书作为是否聘用和应聘后工作检查的依据之一。

4. 聘任

(1) 任课教师：结合教师志愿和教研组长推荐、年级主任和班主任提名，由聘任工作领导小组统一协调后，报校长办公会研究决定，聘任并公布。

(2) 备课组长：由教研组长征求教师本人意见并上报建议名单，由教导处确定并公布。

(3) 教辅人员：教师或职工申报岗位，教导处提出建议名单，经聘任工作领导小组协调后，报校长办公会研究决定，聘任并公布。

(4) 聘任人员待遇：聘任人员遵照乐平中学关于《教育教学工作量奖励方案》和《津贴（活工资）分配实施办法》执行。

5. 关于高聘、低聘、缓聘、待聘、不聘、拒聘、解聘

学校聘任工作领导小组在全面考核的基础上，根据各年级委员会提名情况，依据德、能、勤、绩等方面和身体条件等具体情况，作出下列认定：

(1) 关于高聘。学校根据教学需要，鼓励教师脱颖而出，特设置若干个高一级的技术职务岗位。对于具有创新能力，在教育教学上确有特色和艺术性的，工作态度好，教育教学成绩非常突出的中级或初级技术职务的教师，经民主推荐和学校聘任工作领导小组考核，报校长办公会研究决定，聘任其担任比现任技术职务高一级的职务，且其工资待遇也相应地提高。

(2) 关于低聘。对于第一次未被各基层单位聘任的人员，经聘任工作领导小组协调，若协调无效，由聘任工作领导小组安排到空缺岗位上，但被聘任者在其原技术职务的基础上低一级聘任，且其工资待遇也相应地降低。

(3) 关于缓聘。属于下列情况之一者为缓聘人员：

①因病不能工作，一学期不上岗达三分之一以上时间，或一学年累计达半年以上者。

②一学期事假累计达一个月以上者。

③男性满 55 岁、女性满 50 岁，因健康等正当原因无法坚持工作者。

④脱产学习半个学期以上者。

(4) 关于待聘。待聘人员指本人基本符合聘任条件，但因多种原因不被正式聘任的人员。

(5) 关于不聘。属下列情况之一者为不聘人员：

①不履行职责，工作极不负责，师德差，经教育两次仍不改者。

②连续旷工或无正当理由不上岗超过一周，或一年内累计旷工达一个月者。

③不能胜任本职工作，不完成教学任务，工作有较大失误者。

对于落聘的教师，由聘任工作领导小组提出缓聘、待聘、不聘的意见，最后由校长办公会研究决定，并通知其本人。

(6) 关于拒聘。凡不接受学校聘任，拒绝接受工作安排者视为拒聘，拒聘人员从拒聘之日起停发工资，只给必要的生活费（最低生活保障），且不享受学校所有的福利待遇。若拒聘人员在其他学校或单位兼职，则停发其生活费，视为离岗人员，把人事关系转入人才交流中心。

(7) 关于解聘。教师在聘任期间若严重违反学校规章制度，玩忽职守，给学校工作造成严重损失或违法犯罪，校长有权予以解聘。如因身体原因或工作调动，教职工也有权向校长提出解聘的申请。

七、未聘人员的管理和安置

1. 缓聘人员

缓聘人员在缓聘期间享受国发工资（不含奖金及学校补贴工资部分），其他福利待遇与退休人员相同。若缓聘人员在其他学校或单位兼职，则停发其工资，不享受福利待遇，视为离岗人员。

2. 不聘人员

不聘人员必须坚持听课和自修，加强学习，努力提高师德水平和教育教学水平，其待遇为只发给部分国发工资（活工资、奖金及学校补贴工资部分除外），不享受学校福利待遇。如到其他学校或单位兼职，则停发其工资，不享受学校福利待遇，视为离岗人员。

3. 待聘人员

待聘人员须集中坐班学习，每天听课不少于1节，否则以旷工论处。所有待聘人员有义务接受学校指派的临时性工作（含代课等），其待遇与缓聘人员相同，否则按不聘人员处理。

4. 未聘人员的安置

（1）校内转岗：经考核合格而未聘的教师，可参加学校空缺的其他非教学岗位和教辅岗位的竞聘。转岗后其工资待遇相应地进行调整。

（2）待岗进修：教师落聘如属教学水平问题，应主动自费进修提高，以达到教学要求。待岗进修人员在进修期间的待遇同不聘人员。

（3）校内退养：落聘人员凡男性年满55周岁、女性年满50周岁，且累计教龄达25年以上或工龄满30年的，经本人申请，学校研究同意，上报有关部门批准后，可以办理校内退养手续。退养期间，工龄照计，档案工资照发（奖金及学校补贴部分除外），福利待遇同退休人员。若校内退养人员在退养期间在外兼职兼课，则停发工资，不享受学校的福利待遇。

（4）辞职辞退：落聘人员可以申请辞职。连续三年未竞聘上岗者，给予辞退。凡出现不遵守学校规章制度、不能完成工作任务、违背教师职业道德规范、不履行教师职责、不依法从教等问题，按“乐办发〔2002〕18号”文件规定办理辞职、辞退手续。

八、病事假及旷工的处理

遵照乐平中学《关于教职工考勤的若干规定》执行。

九、附则

1. 本聘任制方案经教职工代表大会通过后，上报上级主管部门备案。教师若对本方案有不同意见，可按有关规定向上级申诉或反映，但不得无理取闹，不得滥用“双向选择”的权利（如因要求改聘未获批准而拒聘等）。对无正当理由拒聘并实际未上岗者，按旷工论处。凡落聘而无理取闹甚至进行恐吓威胁者，可视其情节轻重给予必要的处罚。

2. 聘期为一年。

3. 本方案解释权在学校人事制度改革工作领导小组。

4. 本方案自2002年8月1日起试行。

制度实施后，全体教职员工有了竞争意识，人人争先进，涌现出大批的优秀教师，学校师德师风有了很大改善，教学质量越来越好。

江西省乐平中学是省重点中学。为了增强教职员工的竞争意识，激励大家主动发挥自身的才智，校长进行了人事制度改革和分配制度改革，从而加强了教师间的竞争。与此同时，学校采取了一些辅助措施，如要求教师双向选择、竞争上岗，中层干部与班主任竞争上岗，严格教工上班考勤制度，大力开展评选优秀党员、先进工作者、教学能手、优秀班主任等。

教师聘任制的实行，对促进学校内部管理体制改革，做到人尽其才、事得其人，提高工作效率，起到了显著的效果。许多教师著书出版，在省级报刊上发表论文，有的教师的研究课题还成为中央教科所研究的重点课题。在执行制度时，校长坚持做到了公平、公正，让全体教职员工心服口服。

（三）促进教师间竞争的策略

马蝇效应应用到校长管理上，可以取得积极、显著的效果。在具体实践中，校长该如何高效利用马蝇效应呢？

1. 找到教师竞争意识缺失的深层原因

在教师群体中，有竞争意识的比较少。一些教师为了生计而立守“中庸之道”，一些教师由于个性原因而不喜欢显山露水，还有一些教师由于对某些所谓的“竞争”心存顾虑或“看破看透”而无意追求。

作为学校的管理者，要想让教职员工积极工作，必须关注教师竞争意识部分缺失的深层原因。原因多种多样，但其中有两点是共同的：一是对竞争的误解；二是缺乏职业认同和职业精神。要寻找教师竞争意识部分缺失的深层原因，校长就必须从他们的职业认同和职业精神入手，增强其职业认同感，提高其职业精神。

2. 用科学民主机制保障教师的竞争意识

如果学校的管理很民主，如果学校的运行机制很科学，那么教师的积极性就不会受挫。部分学校在评优、评先等事项上的规定和操作并没有产生积极的效果，反而成为一些领导手中权钱交易的工具。在这种环境下成长的教师，怎么能够时刻保持心理、生理的健康状态？试想，当学校管理实现了民主，教师在学校有主人翁的感受，他们能不热情投入工作吗？

3. 确立教师积极进取的关键点，并发扬光大

激发教师的竞争意识，应该以人为本，关心每一位教师。校长如果笼而统之从教师整体出发制订措施，而放弃或无暇去关心每一位教师的发展，那将无法真正实现有效的教育管理，同时也会导致一些学生无法得到有效的、科学的教育。要求教师爱学生，走进学生心里，对学生因材施教，校长首先要爱老师，走进教师心里，对教师“因人而管”，确立每一位教师积极进取的关键点，并发扬光大。

从宏观角度，校长可以帮助每一位教师做详细的职业规划，促其事业不断成功。从微观角度，校长可以根据教师个人的实际情况，找到他的兴趣点、投入点，给他物质和精神支持，不断用管理的手段将其推向前进。

学校质量的高低，尽管受多种因素的制约，但主要还是由教师品德素质、业务素质的高低决定的。校长通过马蝇效应进行内部管理和体制改革，围绕提高教师工作积极性和业务素质展开工作，实施教师竞争上岗，能有效地提高教师的工作积极性，激发其创造性。

南风效应
——宽容温和催生认同

（一）南风效应启示

南风和北风打赌，看谁能让人们脱掉身上的衣服。

北风首先出场。它一上来就使出浑身解数，北风呼啸，飞沙走石，它想这下人们肯定吃不消，会立即脱掉了衣服。

没想到人们的衣服反而越裹越紧，北风气喘吁吁，败下阵来。

这时南风来了。

只见它徐徐吹拂，气温随之回暖，奇迹出现了：人们慢慢地脱掉了衣服。

读了法国作家拉·封丹写的这则寓言故事后，我们可以感受到北风遇事焦躁，不假思索，用粗暴行为横加干涉，这种方法是不可取的，因为这样往往会激怒别人，结果一事无成。而南风遇事镇定，能够周密分析事情的利弊，充分考虑人的感情因素，顺其意而行之，把工作做细做好，自然就能马到成功了。

这就是“南风效应”。它阐述了一个道理：宽容温和的管理方法有时要比冷酷的惩戒更有效。在管理过程中，校长只有像春风化雨、润物无声，让全体师生在心灵深处产生共鸣，才能“精诚所至，金石为开”，收到良好的管理效果。

“南风效应”也叫做“温暖法则”，它要求管理者尊重和关心下属，时刻以下属为本，多点“人情味”，多注意解决下属日常生活中的实际困难，使下属真正感受到管理者给予的温暖。这样，下属出于感激，就会更加努力积极地工作，维护组织利益。

南风效应对校长的管理工作具有重大意义。

首先，南风效应能够满足教师和学生得到爱与尊重的需要。马斯洛的需要层次理论告诉我们，人类最高层次的需求就是得到爱与尊重，人人都希望得到他人的肯定与欣赏，得到社会的评价。通过南风效应正好能够满足教师和学生的情感需要，培养他们对学校的深厚感情。

其次，南风效应能够激发教师的工作热情和聪明才智。“人非草木，孰能无情?”如果校长运用南风效应，处处关心教师，事事尊重教师，教师就会在工作中备感舒适和温馨，就会“投之以桃，报之以李”，以饱满的工作热情、充沛的工作精力，充分发挥自己的聪明才智，为学校作出更大的贡献。

第三，南风效应能够增加教师对学校的忠诚度，可以让每个人的真正能力和工作表现得以充分展示。柔和的方式，真诚的态度，可以化解人与人之间的矛盾，为校长与教师间的沟通搭建桥梁。由此可见，南风效应为教师营造了一种和谐的工作氛围，让教师感受到了家的温馨，增进了学校内部的相互信任，增加了教师对学校的忠诚。

作为校长，需要尊重和关心全体师生，多一些人文关怀，注重“南风”的巨大作用，用自己的热情，心平气和地对待师生所犯的错误，以恰当的方法去引导他们、激励他们，发挥他们的主观能动性。

（二）以南风般的宽容帮助教师改正缺点

小刚老师由于待岗7年后重返校园，对学校的工作很不适应。因为家离学校较远，再加上多年在社会上松散惯了，小刚上班不久就多次迟到，甚至在上课第二周就因体罚学生造成家长到校上访。时隔半月，小刚又因为批评学生方法不当，与学生发生冲突，造成学生和家长的不满。对此，许玉秀校长很着急，但她也清楚，小刚老师虽然有错误，但也是真心实意为学生着想。

起初，许校长对小刚老师的教育教学行为进行了“冷”处理，没有马上对他进行批评教育，而是利用中午吃饭和休息的时间同他聊天，了解他的思想状态和生活情况。

在谈到教育教学的问题时，许校长对小刚老师说：“教育学生一定要有耐心，要讲方法，严格要求是对的，但绝不能体罚或变相体罚。前几天的事，一定要反思，不能好心办了错事啊！这道理你自己都懂。当然，我当校长的也有责任，没有及时提醒你，以后让我们一起注意吧。”

小刚老师本以为学校领导会严厉批评他，却发现校长这么宽容，他很感动，表示今后一定注意自己的行为。

随后，许校长发现小刚老师虽然不迟到了，对学生的态度也有所好转，却变得有点消极，工作热情不高，对工作也失去了信心。这种种迹象，更引起了许校长的关注。

经过多次观察，许校长发现小刚老师虽然对自己要求不严，但组织教学非常认真，示范动作也很规范，只是因为缺少教学经验和教学方法，课上得有些单一、枯燥。

发现了小刚老师的优点后，许校长马上对他说：“不愧是专业教师，动作做得很规范，课上得很认真。”

另外，许校长还针对“如何上好课”给了小刚老师一些建议。听了许校长的话，小刚老师很高兴。第二天，许校长发现小刚老师的课有了明显进步。

就这样，许校长善于抓住时机与小刚进行沟通交流，或给予鼓励，或给予赞美，或给予暗示，或给予批评，以南风式的温暖，使小刚老师逐渐克服了缺点，变得成熟起来。

南风效应给每一位校长指明了道路：要想让教师改正错误，主动地、创造性地工作，必须对之施以人文关怀，让教师感受到组织的温暖。

许玉秀校长在日常的管理工作中就注意到了下面几点：

首先，教育管理主要是对人的管理，对人的管理既要重视行为的规范性，又要尊重人的感情，即管理者在管理过程中必须“刚柔结合”。具体到小刚老师迟到和体罚学生的问题，许校长在处理时如果不考虑他是新教师，而采取简单的批评教育，很可能使小刚老师产生抵触情绪或破罐子破摔，反而不利于他今后的发展和工作的开展。当然，任何老师，迟到或体罚都应受到批评，对小刚老师也不例外。

其次，许校长的着眼点放在了充分发挥个人的长处上，而不是用挑毛病的办法来对待教师。

再次，许校长明白教师的行为是需要激励的。自己一个信任的微笑，一个激励的眼神，一句鼓励的话语，常常会产生意想不到的效果，驱散教师沉积在心底的自卑阴影，打碎凝结在教师心头的坚冰，使他们找回失落的自尊，唤醒尘封的潜能，树立更高的目标，迸发更强的活力。

作为学校领导，要以南风般的宽容对待每一位教师。在管理教师时，绝不能简单地压制他们或用权威逼迫他们。当他们初次犯错时，校长应宽容地对待他们的错误，认真听取他们的申述，想方设法化解他们的抵触情绪，把他们的错误化为有力的教育力量，这样才能有效地阻止他们犯同样的错误。苏霍姆林斯基指出："有时宽容引起的道德震撼比惩罚更强。"作为校长，只有以博大的胸怀包容师生，以平等的态度对待师生，尊重他们，才能建立起民主的干群关系，创造和谐的工作环境。

（三）应用南风效应的策略

校长应如何运用南风效应来调动全校师生的积极性和创造性，增强他们教与学的使命感、责任感和成就感，创设一个良好的校园环境呢？

1. 尊重教师

从某种意义上来说，人性最深刻的原则就是希望别人对自己加以赏识。威廉·詹姆士说过："人类本质中最殷切的需求是渴望被肯定。"汤姆·彼得斯和南希·奥斯汀认为，管理问题从根本上讲是人的问题，只有尊重每一位教师，尊重每一位教师的价值和贡献，才能充分发挥他们的积极性。

要想建立合作和信任关系，最重要的就是认识自己和尊重他人。校长运用南风效应，首先要尊重教师。具体说来，学校的工作安排、制度制订、环境布置要坚持以人为本，不仅要尊重教师的人格尊严，维护教师的面子，而且要尊重教师的合法权利，重视教师的劳动成果。

2. 关心教师

关心教师是校长利用南风效应，调动教师积极性的重要方法。优秀的校长不仅要关心教师的工作，而且要关心教师的生活；不仅要关心教师的现状，而且要关心教师的发展；既要在平时关心、理解教师，更要在关键时刻体贴、帮助教师；既要关心教师本人，还要关心教师家属。比如，当教师过生日、结婚、生小孩、搬新房时，校长可以通过各种方式代表学校表示祝贺；教师出差了，校长要考虑是否帮助其安排好家属子女的生活，必要的时候要派专人负责；教师或其家人生病了，校长要及时探望、批假或适当减轻其工作负荷；教师家庭遭遇不幸，校长要及时予以救济，以解燃眉之急，甚至还要发动大家给予帮助，解除教师的后顾之忧。

3. 信任教师

信任是凝聚组织共同价值观与共同愿景的纽带。一个缺乏信任的组织，其成员间必然心存芥蒂。所以，沃伦·本尼斯认为："产生信任是领导者的重要特质，领导者必须正确地传达他们所关心的事物，他们必须被认为是值得信任的人。"同样，高明的校长应当从内心深处信任教师和学校其他领导，给他们一个充分发挥自己才能的空间，鼓励他们按自己认为对的方式去做。

4. 体察民情

校长要真正做到尊重教师、信任教师和关心教师，首先就要了解情况，体察民情。校长要真正做到体察民情，最关键的是实行"走动式"管理。一个整天忙忙碌碌、足不出户的校长绝不是好校长，而事无巨细、事必躬亲的校长也不是好校长。校长只有从办公室中解放出来，经常深入教师中间，深入学生中间，才能了解教师的基本情况，倾听学生的真实心声，增强领导的亲和力，激发教师的积极性，提高学校的凝聚力。

5. 知人善任

清代学者魏源曾经说过："不知人之短，不知人之长，不知人长中之短，不知人短中之长，则不可以用人。"一位优秀的校长，首先要知道每位教师的长处和短处，并且识长中之短、短中之长，这样才能做到知人善任。

在任何组织中，人的行为都是互相影响、互相制约、互相补充和互相适应的，所以，校长在使用人才时，既要重视个体成员的素质水平，又要注重群体的素质结构。事实上，组织群体中的全才是极其罕见的，绝大多数人都是"偏才"，但是，如果校长将学校里的"偏才"组合得好，形成合理的群体素质结构，那么不仅能够使每个学校成员充分发挥潜能，构成真正的全才，而且能够减少组织内耗，产生规模效应。

6. 真诚鼓励

校长对学生要真诚鼓励，不要虚假地表扬。后进生在成长过程中，不是没有得到过表扬，而是他们觉得有时校长和教师对他们的表扬不真实。同样一件事，有时优秀生没有得到表扬，而后进生反而会受到一种夸张的表扬。这在后进生看来，是对他们的另一种歧视。其实这类学生最需要的是校长和教师把他们放在集体中，对他们一视同仁，而不是着意关照。因此，在教育过程中，校长对后进生要多给予鼓励，而不要动不动就给廉价的表扬。比如，后进生做了一些应该做的事情时，校长可用"你下次应该还可以做得更好”等语句，而不用“你做得真好”这种过分的表扬语言。

7. 人性化批评

优秀的校长要能容忍师生的缺点，有宽人之心，客观、理智、科学地处理教育教学和管理中出现的各种问题，这样才能充分调动师生的积极性。

具体说来，人性化的批评方式包括：

(1)“夹心面包”批评法

即将批评夹杂在肯定和赞扬之中，像夹心面包一样，先肯定和赞扬对方的优点和取得的成绩，待对方防卫心理松弛下来后再开始批评，最后还要友善地予以鼓励，这样的批评方式易于被人接受而不致引起反感。

(2)“雪球式”批评法

即先批评对方一些不痛不痒的枝节问题，使对方高度紧张的情绪慢慢松弛下来后，再循序渐进，逐步深入到问题的要害所在，就像滚雪球一样越滚越大。这是一种因势利导的渐进式批评法，适合对那些知道自己犯了错误但不准备承认错误的人进行批评和劝导。

(3) 延时批评法

现实中，有的人明明知道自己错了，可当他面对别人的批评时，嘴上就是不肯接受。对于这种死要面子、自尊心过强的人，大可不必非要让批评“立竿见影”。只要估计他自己心里已经明白或有所触动，就不妨给他一点面子，不把问题戳穿，给他一些自我反省的时间，让他有一个台阶下。不争论，不批评，甚至保持沉默，有时也是一种延时的批评。

(4) 间接指出过错

如果对方是一个比较敏感的人，那么，可间接地指出他的过错。这要比直截了当地批评来得委婉温和，易于被人接受。

新时期的优秀校长应该树立人性化的管理理念，尊重全校师生的人格和自尊心，相信每个人都有一颗向上、向善的心；应该在情感上尊重人、关心人，在行为上激励人，容忍别人的缺点。只有这样，才能客观、理智、科学地处理教育、教学、管理中出现的各种问题。

生活中需要“北风”，但人们往往更喜欢“南风”，因为感人心者莫过于情，说服往往胜于压服。

校长管理师生如果总是采用强硬的手段，往往达不到良好的效果，而采取温和的方法反而会使他们心悦诚服。因此，校长在管理师生的过程中，需把“尊重”“信任”放在第一位，创造优良的教学环境，提高教育效果，把他们看做发展中的人，和他们建立起一种平等互利的人际关系。

正如魏书生说的那样：“当学生犯错误时，应先避开问题的实质，把学生从犯错误的阴影中带出来，走到温暖的‘阳光’下，给学生一个愉快的心境，和风习习吹掉他们自我保护的‘盔甲’，然后耐心地进行说服教育，何愁学生不向你敞开心扉呢?”同样，校长在工作中如果能多一点人情味，面对师生的错误能心平气和地、通情达理地去倾听、分析，那么就会产生南风效应，又何愁师生不向自己敞开心扉呢?

古语有云：“教者，长善而救其失也。”面对犯错误的师生，校长对他们多一分宽容和尊重，试着用徐徐的南风去吹拂吧，它看似平淡无奇，却易触及师生的心灵；它听来缺乏力度，却如春风化雨，润物无声。

第四篇

崇尚合作，打造优质团队

华盛顿合作效应

——团队合作不是人力的简单相加

（一）华盛顿合作效应启示

相传，在古希腊时期的塞浦路斯，曾经有一座城堡里关着 7 个小矮人，他们住在一间潮湿的地下室里，找不到任何人帮助，没有粮食，没有水。这 7 个小矮人越来越绝望。

小矮人中，阿基米德是第一个受到守护神雅典娜托梦的。雅典娜告诉他，在这个城堡里，除了他们呆的那间房间外，其他的 25 个房间里，只有一个房间有蜂蜜和水，其余 24 个房间里有石头，其中有 240 块玫瑰红的灵石，收集到这 240 块灵石，并把它们排成一个圈的形状，可怕的咒语就会解除，他们就能逃离厄运，重归自己的家园。

阿基米德把这个梦告诉了其他 6 个伙伴，但只有爱丽丝和苏格拉底愿意和他一起努力。开始的几天里，爱丽丝想先去找些木材生火，苏格拉底想先去找那个有食物的房间，阿基米德想快点把 240 块灵石找齐，好快点让咒语解除。但 3 个人无法统一意见，于是决定各找各的，几天下来，3 个人都没有成果，反而累得筋疲力尽……

这就是“华盛顿合作效应”，也称“华盛顿合作规律”，说的是：一个人敷衍了事，两个人相互推诿，三个人则永无成事之日。如果认真观察过螃蟹，我们就会发现，篓子里面放上一群螃蟹，就不必盖上盖子，螃蟹是爬不出来的。因为只要有一只想往上爬，其他螃蟹便会把它拉下来，结果是最后没有一只能爬出去。

为什么在合作中会出现这种情况呢？因为人与人的合作并不是简单的数量相加，而会受到很多因素的干扰，关系非常复杂和微妙。在人与人的合作中，假定每个人的能力都为 1，那么 10 个人的合作结果有时比 10 大得多，有时甚至比 1 小。

华盛顿合作效应表明，合作是一个问题，怎样合作也是一个问题。好比一个单位、一个企业效益不好，不在其他方面找原因，而是简单地归罪于人员多了，于是开始减员、下岗。但人员减了却并没有增效，这是怎么回事呢？

在教师团队建设和管理中，校长应高度重视华盛顿合作效应，必须明确教师分工，落实教师责任，并积极采用激励机制，实行目标管理，以避免社会惰化作用，同时注重教师的素质结构，重视组织沟通，以减少组织内耗现象的发生。

1. 校长要了解教师团队的内涵和特点

教师团队，是指一种为了实现学校某一教育教学目标而由相互协作的教师所组成的正式群体。具体来说，教师团队是由一起工作的教研组成员或有共同兴趣爱好的教师组成的，他们彼此沟通、相互信任，通过合作、互补的方式，实现团队共同的教育目标。例如，将学校的重要教研人员组成“学术团队”，将优秀的学科教师组成“教学智囊团队”，将学校一帮一教师组成“青蓝团队”，将班主任老师组成“爱心团队”，将爱读书的老师组成“读书分享团队”，将爱写作的老师组成“随笔共写团队”等。

教师团队与其他团队相比有其自身的独特性：

(1) 团队作用的发挥具有较强的自主能动性和创造性。团队中的每位教师往往是掌握某一领域专门知识和技能的人，在团队工作中，强烈的事业心和责任感促使他们不断地发挥主观能动性和积极性，从而促进整个团队的创新与发展。

(2) 团队工作的长效性。教育是一项“长期而艰巨”的事业，教师团队工作的目的是为了促进学生的成长和学校的发展，团队工作成效可影响学生一生，因此教师团队的工作具有长效性。

(3) 教师团队教育价值的自我实现性。教师团队的工作对象是人，工作成果是学生最大限度的发展，这种教育价值的自我实现除了获得相应的物质报酬外，对工作对象的情感、精神的回报期待会更高。

2. 校长要清楚自己在教师团队管理中的角色地位

(1) 校长是团队精神的培养者。团队精神是教师团队建设最重要的内容，校长是团队的核心领导，更是团队精神的首要培养者。

(2) 校长是团队信息的沟通者。一个教师团队能否协同一致地向前发展，其前提和基础之一就是沟通，所以校长做好了教师团队的沟通也就做好了团队的管理。

(3) 校长是团队士气的激励者。团队目标实现过程中总会有困难与挫折，校长的意气风发、勇气十足、热情洋溢、幽默风趣都能感染与激励教师团队的成员。

(4) 校长是团队榜样的树立者。校长是团队建设中的模范，其价值观念、言行都是团队成员的效仿者。校长不但要树立自己在团队中的榜样地位，同时也要树立团队中其他优秀教师作为榜样。

(5) 校长是团队工作的服务者。校长在团队中是服务型领导者，要善于把团队中的各种人才安排在最恰当的位置上，能够倾听成员的困难与需要，为成员的教育教学活动提供切实的帮助和支持。

(二) 出色，在于打造高效团队

彭建来是广东省肇庆市鼎湖区逸夫小学的校长，在回顾自己多年从事教育的经历后，深深地体会到，一所学校管理能否成功，不仅与学校的办学理念有很大关系，更与学校能够让教师形成群体合力，激发教师凝聚力，有着不可分割的关系。

彭校长非常注重培养教师的团队精神，并借助团队精神增强教师的凝聚力，使其为学校不断发展贡献自己的力量。在培养教师团队精神方面，彭校长十分注重华盛顿合作效应的运用，具体如下：

1. 提高教师的认识

在学校管理实践中，教师会有个人主义倾向。比如，一些教师往往把精力集中于自己所教的科目和班级上，却很少花时间和其他年级的教师分享观点、共同研究教学内容；还有个别教师为了自己所教的学科取得好成绩，不惜牺牲其他学科，绞尽脑汁地让学生把时间用在他所教的学科上。这种教育教学，自然不利于学生身心的健康发展，也会阻碍学校的发展，而且从长远来看，也不利于教师个体发展。

对此，彭校长十分注重帮助教师树立团队精神的意识，注重提高教师们的团队合作意识。他认为，团队精神是一个集体必需的，它能够将团体中每个成员的心紧紧地联系在一起，形成一股强大的凝聚力。团队精神的核心是奉献，不计较个人得失。所以，彭校长要求领导要有奉献精神，以此引导教师具有奉献精神。

彭校长首先要求自己有强烈的责任感。逸夫小学有 20 多个班，1000 多名学生，60 多位教职工，但却只有一个校长。所以，他只有依靠一个团队，管理才能有效。彭校长经常用合作文化去熏陶每一位教职工，用合作精神去激励每一位教职工，用自身的榜样感召每一个人。

在彭校长的引领下，学校的行政成员和中层干部的团队意识不断增强，形成了一个凝聚力强的领导班子。

首先，彭校长帮助教师认识合作的重要性。

现代教育理论有“整体大于各部分之和”之说，即教师“1+1>2”的有机结合，其爆发出来的力量，要远大于教师的简单组合。比如，一个班级的教育教学质量不是几个任课教师的教学成绩的简单相加，而是要各个教师全力合作，发挥集体智慧才能获得。即便是一个科目的教学成绩，也不仅是该任课教师单方的功劳，因为如果没有班主任良好的班级管理，他的教学质量会大打折扣。

其次，彭校长还积极帮助教师建立“双赢”思维。在逸夫小学，如果有一个班的语文成绩不理想，彭校长便要求同年级的教师一起分析、找原因，并全力解决。当了解到某年级的英语成绩不理想，是由于一个教师要教好几个班而精力不足造成的，彭校长立即制订了让该年级教师都来担任英语教师的措施，发挥年级组的集体力量和智慧。在晨读课，彭校长让班主任或任课教师去班上辅导学生，要求英语好的教师指导学生朗读，而英语不太好的教师就监督学生读书。

再次，想办法让教师体会合作成功的幸福。团队获得的信息量往往是个人的数倍甚至十倍、百倍，而丰富的信息量对教师工作具有非同一般的意义。彭校长要求同年级教师或同班级的任课教师经常进行信息交流，集体备课，共同解决疑难问题。这样，在相互交流中，教师感受到了合作的必要与快乐。

最后，强化教师的全局观念。教师只有把所教课程摆在全局中，才能自觉地与其他教师合作。彭校长要求同科目的教师相互学习，扬长避短；要求同班级的教师相互沟通、齐抓共管，想方设法地动员教师相互协调、心往一处想、劲往一处使。

2. 积极调动团队协作，挖掘合作潜力

新课改特别强调合作精神，彭校长在管理中也非常注重调动团队协作，挖掘合作潜力。

教师团队的合作潜力能否挖掘出来，最根本的条件是有一个便于教师合作的机制。彭校长从以下几方面采取了措施：

在用人上，彭校长非常注意考察教师的合作精神，重用那些有才华且合作意识强的教师。比如，选拔年级组长和教研组长时，会选拔那些有奉献精神，善于合作、沟通，总是以大局为重的教师。

在管理上，彭校长积极在校内实行广泛的民主管理，让每个教师都有陈述自己意见、提出正当要求的机会。对于他人的意见与要求，大家都能充分尊重，并进行真诚而平等的协商。

在评价上，彭校长将合作意识与能力作为重要内容，纳入教师的考评范围，并努力确保评价结果的客观、公正。

在奖惩上，彭校长尽可能以团体而不是以个人为对象实施。例如，奖励毕业班的教育教学时，学校会以团体为单位进行奖励。

在学校工作中，要发挥团队合作的潜力，关键在于营造一个和谐、愉快的工作氛围。

首先，彭校长注重对教师进行思想教育。对待思想工作，彭校长是不分时间、地点的，只要对教师的教育有利，不管什么时间发现问题，他都会马上找相关教师谈心，及时进行处理。一些教师心理压力比较重，在谈心时，彭校长除了对其进行心理疏导外，还会采取表扬与指导相结合的方式，让教师们感受工作的快乐。

其次，善于沟通，营造民主宽松的工作氛围。沟通是合作的开始，优秀的团队一定是沟通良好、协调一致的。在工作中，彭校长十分重视加强教研组、学科组和年级组教师之间横向的、纵向的交流与协作，摒弃让教师感到威胁和困窘的气氛，努力营造出一种弥漫于群体与组织中的宽松气氛。

在逸夫小学，管理层与教职工之间，已经不仅仅是领导与被领导的关系，而是相互合作的、向着同一个目标努力的关系。教师之间心灵相通，工作起来步调一致，合作起来更为顺畅，大家都愿意为达到更好的合作而牺牲自己的小利益。

彭校长管理经验丰富，多年的学校管理经验让他意识到，学校要想成长，离不开教师的精诚合作。然而，每个教师的成长背景、个人性格都是不同的，要让他们把自己的力量聚集到一起，就需要花费一番力气。

彭校长首先想到的是，提高教师们对团队精神的认识。他建立了团队精神极强的领导班子；通过让教师互帮互助，感受合作的双赢，感受到团队合作的必要性与重要性，也享受到团队合作的快乐。为了便于教师进行团队合作，彭校长还制订了相应的机制，营造了较好的合作氛围。

了解了团队精神对学生成长、对自身以及对学校发展的重要意义，且拥有了进行团队合作的环境，教师便会很自然地与同事合作，而不再总是拘泥于个人得失。因为他们深知：团队进步，自己就进步；团队不发展，自己也不会发展。

校长加强教师团队管理的意义在于：

一方面，可以实现学校发展与个人成长的双赢。从学校来讲，高效的教师团队可以最大限度地发挥团队的独特优势，更加有效地激励教师个体，促进学校的发展；从个人来讲，个人的力量是有限的，依靠高效教师团队的支撑与帮助，选择与自己志同道合的伙伴，大家相互扶持、取长补短，能加快个人成长的步伐。

另一方面，教师团队管理是校园管理文化的一种新型表现形式。新的教师团队合作可以打破传统教师以年级组或学科组为单位进行教学与管理的局限，成员以个人意愿的方式参与工作，教师在工作和学习中学会与他人合作，彼此增进感情，体现出一种健康、团结、奋进的校园文化。教师团队中的成员互补长短、共同发展，给学校教育教学工作带来了生机和活力，同时也给学校文化带来新鲜的内容和形式。

（三）“1+1>2”的团队合作策略

华盛顿合作效应揭示了团队合作的重要性。团队的优势在于将有才能的人聚集起来，并对一些可能不常见的问题提出创新的解决方法。在打造优质团队上，校长应注重华盛顿合作效应，让“1+1>2”。

1. 确立共同愿景

创建创新型教师团队，必须确立远大的共同愿景，并以其为纽带，在成员中形成心心相印、相互反省、勇于挑战及突破陈规的氛围，使成员形成强烈的认同感和归属感。

学校的共同愿景涉及学校组织的个性化的教育理念、长期和近期办学目标两方面，它是学校全体教职员工乃至学生的共同理想。教师的个人愿景是教师在学校发展过程中能否达到个人目标、实现个人价值的愿望。学校共同愿景虽然不等同于教师个人愿景，却是由个人愿景汇集而成，建立在个人愿景之上的。这个愿景有着崇高而正确的核心价值、信念与使命，具有坚韧的生命力。学校共同愿景的实现过程也是教师个人愿景实现的过程。这样，工作已不再是教师单纯谋生的手段，而是一种自我实现的需要，其意义在于追求自己的内在价值。在工作中，教师经过不断学习、自我否定、自我创新，重新探求生命的真谛，真正实现超越平凡，追求卓越。

2. 建设人文管理制度

在当前这种特定的国情下，民主与法制尚处于发展阶段，人治的作用明显，所以具有人文特点的制度建设对一所学校的生存发展尤其重要。经济学家詹姆斯在他的《公正是最大的动力》一书中写道："公正是人类社会发展进步的保证和目标。合理的制度是在团队当中用来起到保护善良正义、鼓励公平竞争、保障进步与发展的一种具有约束力的行动准则。"学校的管理制度就是团队的黏合剂，它不仅规定了教师教育教学行为的基本义务，而且保障教师在教育教学行为中的权利，特别是处处体现着学校对教师的人文关怀与精心呵护。

校长想要充分调动教师团队的积极性和主动性，就应不断地创新团队管理制度，如组建机制、激励机制和评价机制等，让团队成员释放活力、共享成功。

3. 优化中层管理团队

在学校组织结构中，中层领导是关键。学校中层干部处于承上启下的位置，校长应让他们找准角色定位，让他们认真学习国家有关教育教学方面的政策法规，以法治教，不片面、不偏向、不走样，并将之具体落实在制订工作计划和工作方案中。校长还应让中层干部协调、理顺各方面关系，共同创设人与人、人与事、部门与部门之间的和谐环境。

4. 倡导团队合作，构建和谐文化

和谐文化是进行互动学习、合作学习、团队学习的重要基础。和谐的教师文化是发挥教师个体创造性、提高教师团队组织学习能力的沃土。教师文化代表着学校文化，是与学校文化相一致的。

在学校中倡导和谐的教师文化，形成勤于学习的文化氛围，是建设教师团队的关键，可以促进学习型学校的创建。在建设教师文化的过程中，校长不仅要充分发挥教师个体学习的积极性、主动性和创造性，更要发挥教师团队学习的整体优势，让教师能经常开展正式或非正式的讨论与研究，共享学习资源，在相互学习、相互理解和相互支持的交流过程中，学人所长，补己之短。

校长应鼓励教师建立开放的学习心态，敢于承认自己专业发展中的不足，寻求与同事的合作，得到同事的帮助。同时，校长要树立“以人为本”的思想，实行民主管理，培养教师的参与意识和创新意识，形成民主、平等、合作的文化氛围，为教师创设一个宽松、和谐的团队学习和工作环境。

非洲有一句格言：如果你想走得快，那么你就一个人走；如果你想走得远，那么就和团队一起走。这句话充分说明了团队的力量是巨大的，团队的力量是不可低估的，一个凝心聚力的团队，所发挥出来的能量是无法想象的。

在打造优质团队时，校长一定要明了团队合作并不是人力简单相加的结果，而广泛采取积极措施，合理有效地让团队发挥出应有的效用。

木桶效应

——注重提升团队中的薄弱环节

（一）木桶效应启示

不管多大的木桶，也不管它盛什么样的水，盛水量的多少，并不是由最长的木板决定的，而是由最短的那块板决定的。

“木桶效应”是由美国管理学家彼得提出来的，一个木桶能盛多少水取决于它最短的木板，在企业中，最差的员工扮演了木桶的短板。即使企业的其他部门或员工再好、再优秀，也会因一个部门的失误或员工的微小错误导致企业在竞争中功亏一篑。

木桶效应同样适用学校管理，那么木桶效应能给校长哪些启示呢？

1. 提升教师整体素质

木桶效应告诉校长：要想盛更多的水，就必须使短板变长。一所学校的实力，不只取决于某几个教师或校长的超强能力，而是取决于它的整体状况，取决于它没有一些突出的薄弱环节。因此，校长应努力寻找教师队伍中最短的“木板”，分析其“短”的形式和“短”的根源（是思想上的还是本身能力的缺陷），探索其增“长”的最佳措施（是培训学习还是互帮互助，抑或需要其自身加强锻炼，增强造血功能）。

校长还要善于站在全局和局部角度来找“短板”，从而提升自己准确判断的能力。比如，从学校整体看，A 老师是“短板”，如果从局部看，如从教研组看，也可能 B 老师是“短板”，这就需要校长运用不同的有效方式帮助他们增“长”。

不少学校花费巨资引进名师，固然可以增强本校的竞争力，但是更重要的是将学校现有的教师培养成“名师”，或让其“短”尽量变“长”，这才是校长的责任与使命所在。

2. 培养教师团结协作的能力

木桶效应告诉校长：如果木板一样长，但木板之间存在缝隙，其容量也只能为零。学校要和谐发展，除了要让所有“木板”尽可能长短一致外，还应让“木板”之间配合得“天衣无缝”。如果教师之间彼此有隔阂，步调紊乱，勾心斗角，甚至互相拆台，学校工作就难以做好。所以，校长应适时深入课堂，多到教师办公室坐坐，多与教师交往、交流，了解教师之间工作的配合情况，当好组织者、协调者，积极引导教师们调整心态，以多装“水”为目标，消除彼此间的“缝隙”。

3. 加强自身修炼

木桶效应告诉校长：木桶的板全是一样长，只能证明其有较强的储水潜力，但还需要有坚固的桶梁，这样才能将水提起，使桶的潜力发挥出来。“桶梁”即领导者。

所以，校长自身必须政治素质过硬、勇于开拓、具有魄力。这就需要校长不断自我修炼，提升自身素质。否则，“桶梁”不坚固，就无法提起学校这只需要不断发展更新的“桶”。

此外，校长是“桶梁”，还是“桶板”，他不仅要和教师紧密配合，更要不断锤炼自己，做一个学习者、教学者、研究者，用自己的人格魅力去影响教师。这样，校长才能真正将学校这桶水稳稳地提起、盘活，使学校和谐地走在发展的路上。

4. 增强学校的凝聚力

木桶效应还告诉校长：即使有了桶板和桶底，如果没有桶箍，那也只不过是一堆木板，容量同样为零。这“桶箍”就是学校凝聚力。如果没有凝聚力，学校就是一盘散沙，学校领导和教师就会各行其是，从而大大削弱学校的发展力。所以，校长首先应建立一个共同愿景，让教师对学校的未来充满信心。同时，校长也要融入教师中，成为他们事业的合作伙伴，这就需要校长信任教师，充分授权，不横加干预教师的工作，给他们留足充分施展自己才能的空间，最大限度地体现自身的人生价值。

此外，校长还可以让教师参与学校管理，并善于与教师交流和沟通，分享教师的成功喜悦，倾听教师的合理建议，允许教师发泄心中的不满，并在此基础上反思、改进自己的工作。

这样，教师的才有可能心往一处想、劲往一处使，牢牢地拧成一只坚韧的“桶”。

（二）从青年教师抓起，为学校发展提供“永动力”

青年教师比重较大，已经成为许多学校的发展瓶颈。浙江省杭州市学军小学也不例外。然而，这却是暂时的，以校长杨一清为首的学校领导班子很快就将这块短板加长了。

对于刚进学校的老师，杨校长提出了明确的奋斗目标——“一年入门，二年上路，三年成熟，五年成才”。

杨校长认为，青年教师的成长之路不可能是一条直线，很有可能是一条正弦曲线，但要力求使它振幅小、振频低，就需要有相应的配套措施引导青年教师走上教学研究之路。为此，杨校长和学校领导班子制订了“杭州市学军小学培养新教师规划”，其主要设想与实践是：

1. 洗脑子

组织新教师学习教育理论，进行自学与讨论，各人谈学习心得体会、撰写论文。

2. 结对子

这一环节主要抓备课、听课与评课。老教师指导“徒弟”备课，参加听课和评课。备课要先由青年教师自己提出方案，并说出理论根据，再征求指导教师的意见，逐步过渡到青年教师自己备课。在听课环节，指导教师主要看青年教师在课堂上能否自觉、正确地体现教育学、心理学的有关原则，进而给予必要的评析和指点。

3. 压担子

青年教师需要锻炼，学校应尽量给他们创造机会。为此，学军小学努力把青年教师推上第一线。比如，兄弟学校教师来校听课，学校就尽可能地安排青年教师上课，并在上课前一天才通知任课教师。上课后，要求写出课堂实录及自评。

4. 搭台子

学校采用了课题教学评比、基本功评比的办法为青年教师提供成长的舞台，给他们一个展露才华、实现人生价值的机会。同时，学校还培育年轻教师的事业心，增强他们的成功欲望和竞争能力。

评比分两个层次进行，第一层次是“希望杯”竞赛，第二层次是较高一级的“导航杯”竞赛。每年一次，全校教师参加听课，各个层次评出不同奖次若干名，并予以奖励。

这套独特有效的新教师培养体系，使每一位新教师在教学工作、班主任工作中都迸发出忘我的工作热情，教学水平也得到了大幅度提高。

杨校长看过一篇名叫《小米和老米》的小说，讲的是有个叫米克的人，其暗恋对象梅影说他“一辈子都当不成官儿，只能当小米和老米”。这句话刺激了本已在文学界颇有名气的米克，他顿时弃文从政，非要当个官儿不可。结果，一晃二十多年过去了，米克不仅没当好官儿，还丢掉了自己喜爱的文学事业。回首往事，老米后悔不已，发出感叹：“假如人生能重新选择一次，假如能从小米开始该多好啊!”

在团组织活动中，杨校长将这个故事讲给青年教师们听，想借此告诉他们一个浅显的道理：每个人都有适合自己和不适合自己发展的方面。人只有选择适合自己的职业，才会有所作为，才会快乐充实。如果在诱惑面前不能自已，执意地与人攀比，并选择自己不适合的职业，将来只能是后悔莫及。

青年教师陈老师参加工作不到两年，在教育工作中尽职尽责，做出了一些成绩，经常受到表扬。可是，这个外地来杭州的男孩子，看到周围的亲朋好友做生意发了财，事业有成，他的心理失衡了。

陈老师遇到的烦恼，其实是许多青年教师共有的烦恼。人才的成长过程有高潮和低谷，人的情绪也有起有落，更何况当前处于社会转型期，教师地位相对不高，收入不高，面对种种诱惑和冲击，一些年轻教师感到迷茫和困惑是难免的。

杨校长认为，作为一校之长，不但要正视这种现实，准确捕捉每一位新教师的心态，还有责任帮助他们找回真我。于是，杨校长通过创设充满人文关怀的、具有浓郁人情味的工作氛围和心理环境，让青年教师在不尽如人意的物质条件和繁重的工作压力下，尽量能健康、幸福、快乐地工作、生活。

杨校长多次主动找陈老师谈心，推心置腹地跟他交流。当陈老师提及另谋职业时，杨校长不仅不责怪他，反而关切地询问“是什么工作，保障如何，稳定系数多大”。这让陈老师感动不已。杨校长十分开通，他说：“如果你觉得条件、环境都比在这儿好，你要离开，组织上也不会为难你，毕竟这个世界是很精彩的。”这让陈老师不安，他没有想到杨校长想得比他远、比他周全得多。

春节过后，杨校长亲自去陈老师的家乡探访，看看他家里的环境，希望更了解他。杨校长与陈老师的家人坐在一起，谈对他发展前景的规划……

如今，陈老师已经是教研组的骨干教师了。他带领的航模社团的团员们在航模比赛中取得了一项项骄人的成绩。

木桶效应启示校长，在学校管理过程中，既要突出学校特色，突出学校的名师、骨干，更要抓住薄弱环节，提高学校教师整体的发展水平。而“取长补短”的本意就是要补短。然而，一些校长只取长不补短，一味地抓优师、优生，而荒废了多数教师和学生。

青年教师，尤其是刚走出校门登上讲台的新教师，是推动学校发展的生力军。他们对工作充满热情、有干劲儿，但却存在着经验不足、教育教学技巧不精、容易迷茫彷徨的缺陷。如果学校不对他们加以培养，不帮助他们树立信心，他们极有可能成为阻碍学校发展的短板。

青年教师的这些问题，已经成为许多学校的问题，也是令很多校长头疼的问题。杨校长通过“培养新教师规划”，提升了青年教师的业务能力，消除了青年教师对职业发展的迷茫心理，使他们在工作中更专注、更努力……

当像陈老师这样的青年教师解除了困扰和烦恼后，自然会自觉地不断提高自己。当学校中所有青年教师都这样想，都消除了心理负担时，学军小学教师队伍的这块最短的木板自然就加长了，学校的竞争力也就提高了。

（三）提高教师素质的策略

一个学校如果存在这样那样的问题，就不可能形成强劲的竞争力。怎样使每块“短板”紧跟学校发展的步伐，并在木板之间形成有效的合力，是学校实现发展和获得最大竞争力的关键所在。

要做到这一点，校长可参考、借鉴以下方法：

1. 寻找最短的“木板”

想要增大木桶容量，但组成木桶的木板又长短不一，通常有两种方法可以解决：一是同时加长每一块木板；二是在整体加长的同时着重加长最短的木板。显然，后者要比前者经济得多。

比如，一位校长想成为教育家式的领导，就要埋头苦读现代教育理论，坚持撰写理论文章，还要亲自执教，深入教育教学一线。可实际上，他缺乏的或许是良好的思维习惯或看问题的方式，而不是理论的深度、实践经验。从木桶原理的角度来看，他这种整体改善的方式对于达到他期望的结果，是缺乏效率的。这样做缺乏针对性，投入大，产出小。

厉以宁教授说：“在管理工作中……第一要了解真正的薄弱环节之所在。”及时找出最短的“木板”，才是学校发展的关键。现代企业管理流行“揭短”管理，即在管理过程中不断查找和发现自己的最短处并及时对症下药，使之由短变长，从而提高整体竞争力。这种方法对校长管理学校同样适用。

不能洞察自身的优缺点，就难以发挥自身优势，难以提高组织发展的效率。为了吸引优质生源，一些学校倾尽全力搞硬件建设，如盖漂亮的教学楼，买先进的教学设备，甚至还给名列前茅的学生高额奖学金。当然，这些举措在短时间内确实能取得轰动效果，但学生尤其是优秀学生择校时最看重的是学校的教育教学质量，而不是单纯的物质奖励或校园设施。试图通过“非教育”手段吸引生源，往往会出现昙花一现的效果。这样做的校长，从根本上说还没有找到制约本校发展的最短的“木板”。

怎样及时找出那块最短的“木板”呢？这给学校的“一把手”提出了高要求，要求他们具有很强的分析、解决问题的能力，要求他们善于集思广益，采用多种形式探求和选择最佳的方案，鼓励全校师生自由思考，为学校的发展献计献策。

2. 加长最短的“木板”

(1) 人力因素

教师是天天和知识打交道的人，知识更新速度的加快要求教师执教后要不断地接受再培训。因此学校发展的最短“木板”如果在人的因素领域，校长就应在教师或者学校管理者培训上多下工夫。

①全员培训

如果把学校比作一个大木桶，工作于其中的每一个教职工，就都是这个大木桶的组成部分。古语有云：“一花独放不是春，百花齐放春满园。”一所学校的实力取决于教师的整体素养，学校的发展靠的是教师整体素养的提升，但制约学校发展的正是某些短板。

有些学校资金有限，就将培训重点放在骨干教师或高层管理者身上，而忽视了对其他教师和管理人员的培训；或者只培训阅历浅的年轻教师，而忽视了对老教师的培训。这些做法极有可能人为地导致一些最短的“木板”出现，制约学校整体发展力的提高。因此，校长应选择多种培训形式，尽可能给每一位教师和管理人员提供培训机会。

②针对性培训

从群体角度看，教师的实际水平各不相同，参差不齐；从个体角度看，每一位教师都在知识结构和能力水平上存在差异。可是，在培训工作中，一些校长却不考虑教师的这些实际情况，使得培训过程与学校上课方式相差无几：进度统一，模式统一。这种方式表面上省时、省力、节约资金，实际上却很不经济。培训应主要着眼于效率和效益，而不能一味地对资金精打细算。所以培训教师时，校长要以效果和效益为本，尽力使培训个体化，具有针对性。

③丰富培训内容

教师培训应从岗位职务培训转向全方位培训，培训工作的指导思想也不能局限于查漏补缺，而应更讲究实效和收益，强调针对性和实用性；培训目的也不能单单为了让教师适应当前岗位工作的需要，而是提高其工作效率；培训内容也并不是局限于学了立刻能应用的教育教学技巧和技能，而应是更多。

如果把每个教师都比作一个木桶，那么组成这个木桶的木板就是其所具备的各项知识和技能。对于教师个体，除非岗位知识和技能是其薄弱环节，否则单纯的岗位培训对提高其整体素质和实力是远远不够的。教师不能局限于教育教学技能技巧的提高，而忽略了对教育教学的感悟与体验。

因此，校长要突破传统的对教师的培训思想和单一的培训内容，转向丰富多彩的全方位培训，要着眼于教师长远的职业发展需要，设计多元化的培训内容。

(2) 非人力因素

如果校长认为本校人才济济但发展效果却不理想时，就有必要将视线集中在非人力因素上了。

首先，学校各项制度、措施之间要相互支撑、相互呼应，而不能相互冲突、相互游离。

一些学校进行人事制度改革，对所有教师都实行竞争上岗、择优录取或层层聘任，但改革后的人员配置却基本上换汤不换药，甚至还引发了教师不必要的心理动荡。其根本就在于没有良好的竞争机制作支撑。

聘任制需要一个比较完善的竞争机制才能达到目的，而竞争机制的建立又需要有良好的群众基础，如教师应具有较强的竞争观念、竞争意识。良好的竞争机制可以消除教师因竞争带来的不适应感，削弱竞争失败带来的生活威胁和心理压力。如果没有这些条件，聘任制下的竞争就是你死我活的残酷较量，是形同虚设的花架子，而这样就偏离了人事制度改革的初衷，难以激发教师的积极性和主动性。从木桶原理来看，这是制度存在最短的木板而又没有得到很好的解决所带来的后果。

其次，各种制度的出台、改革措施的颁布，都要从实际出发，考虑本校教师的心理承受能力和心理适应期。如果把各种非人力因素也比作“木桶”的话，那么其作用对象——组织成员的现实状况就是桶底，桶底本身的坚实程度对桶的容量也有影响。桶底不坚固，当木桶容量增到一定程度时，桶底的泄漏就会严重阻碍桶容量的增加，甚至开裂脱落，让整个木桶崩溃。例如，学校制订的一些举措没有很好地结合本校实际，起初不会遭到反对，而实行到一半时会自然“流产”。因此，校长一方面要积极吸纳外界的有益因素，另一方面在制订各项政策与规章制度时要考虑本校的具体情形。

（3）人力因素与非人力因素的整合

人力因素是组织发展的核心，而非人力因素为人的发展提供了一个运作规范和平台。没有人力因素，非人力因素再完善也只是个摆设。人的素质水平、积极性和主动性都很好，但没有一个良好而规范的施展平台，这种优势也会在各种紊乱和内耗中无形地消解掉，出现人不能尽其才的情况。

木桶原理内含一个预设的前提：即木板之间要紧密结合而没有渗漏。当校长在极力加长人力因素和非人力因素这两块“木板”时，不能忽视了“木板”间的结合问题，否则其很有可能演变为潜在的、不易察觉的短板。

比如，一些校长提出科研兴校的发展战略，组织教师系统学习教育教学理论，试图在短期内通过强化训练提高教师的理论水平，形成科研促教的好风气。然而，在科研成果的管理和评价上，却因只以公开发表论文的篇数、级别来衡量教师的劳动成果，并直接与职称、奖金等挂钩，招致了教师不满，使得大家的积极性不高。这种管理与评价的制度就背离了科研兴校的初衷。它没有考虑到“木板”之间的结合问题，忘记了教师参与教育科研是为了促教，而非为科研而搞科研。在这样的政策指引下，教师发表的论文会大幅增加，但兴校的目的却无法达成，这不仅背离了初衷，而且严重影响了教师间的团结。

校长要想实现学校的最大发展，除了及时找出并加长最短的“木板”，还要加强“木板”间的结合度，使学校的制度、措施等非人力因素与教师的具体状况等人力因素尽可能配合好。

尺有所短，寸有所长。整合得法，短板不短；契合不力，长板也短。这是从木桶效应中总结出来的。校长有必要对此认真体会、领悟，因为只有正确地对待学校管理工作中的“长”和“短”，切实做好补“短”工作，切实将木板箍紧，学校这个“木桶”才会增大容量，学校的工作目标才有可能尽早实现。

凝聚效应

——凝聚力越大，学校越有活力

（一）凝聚效应启示

1945 年，号称“经营之神”的松下幸之助提出“公司要发挥全体员工的勤奋精神”，并不断向员工灌输“全员经营”“群智经营”的思想。

为打造坚强的团队，松下电器公司会在每年正月的一天，由松下幸之助带领全体员工，头戴头巾，身着武士上衣，挥舞着旗帜，把货物送出。在目送几百辆货车壮观地驶出厂区的过程中，每一个工人都会升腾出由衷的自豪感，为自己是这一团体的成员感到骄傲。

在树立全体员工团队意识的同时，松下电器公司更是花大力气调动每一个工人的智慧和力量。为达到这一目的，公司建立了提案奖金制度，不惜花重金在全体员工中征集建设性意见。虽然公司每年颁发的奖金数额巨大，但正如公司劳工关系处处长所指出的：“以金额来说，这种提案奖金制度每年所节省的钱超过给员工所发奖金的 13 倍以上。”不过，松下电器公司建立这一制度的最重要目的，并不在节省成本上，而是希望每个员工都参与管理，希望每个员工在他的工作领域内都被认为是“总裁”。

正是因为松下电器公司充分认识到群体力量的重要，并在经营过程中处处体现这一思想，松下电器公司的每一个员工都把工厂视为自己的家，把自己看做工厂的主人。纵使公司不公开提倡，各类提案仍会源源而来，员工随时随地——在家里、在火车上，甚至在厕所里，都会思索提案。

经过松下幸之助的改革，松下电器公司与员工之间建立起了可靠的信任关系，员工自觉地把自己看成是公司的主人，产生为公司作贡献的责任感，焕发出了高涨的积极性和创造性。松下电器公司因此形成了极大的亲和力、凝聚力和战斗力，不但从一个小作坊发展成世界最大的家用电器公司，而且成为电子信息产业的大型跨国公司，其产品品种之多，市场范围之广，成长速度之快和经营效率之高都令人惊叹。

松下电器公司的成功，说明了团队意识是企业目标实现和发展的重要条件。团队意识，即团队凝聚力，是维持一个团队存在的必要条件。如果一个团队丧失凝聚力，就会像一盘散沙，难以维持下去，并呈现出低效率状态；而团队凝聚力较强的团队，其成员工作热情高，做事认真，并有不断的创新行为，有利于团队目标最终实现。

社会心理学家沙赫特曾就群体凝聚力对生产效率的影响这一课题进行过试验，提出了著名的“凝聚效应”：在别的因素保持不变的状态下，企业的凝聚力越大，这个企业的生产效率就越高，企业也就越有活力。

沙赫特的试验结果提示管理者，必须在群体凝聚力提高的同时，加强对群体成员的思想教育和诱导，克服群体中可能出现的消极因素，这样才能使群体凝聚力成为促进工作效率的动力。作为管理者，应破除个人英雄主义行为，给予每位员工自我发挥的空间，搞好团队的整体搭配，以形成协调一致的团队默契；还应努力使员工懂得彼此之间相互了解、取长补短的重要性。

随着社会的发展、时代的变化以及教育体制改革的深化，学校教育出现了许多新情况。人们的思想观念、价值观念发生了新的变化：“全面推进素质教育，培养学生全面发展”成为新时期学校的办学思想和办学目标；“只能选择适合学生的教育，不能选择适合教育的学生”的教育观；“只有不会教的老师，没有教不会的学生”的教学观；“不求人人升学，但求个个成才”的价值观等。这既给学校注入了活力，也给学校的内部管理带来了新的挑战。

在这种新情况下，一所学校是否有较强的凝聚力就显得尤为重要。如果一所学校具有较强的凝聚力，广大师生就能凝聚出高于学校管理者个人力量的团队智慧，从而群策群力，寻找到最适合教师和学生健康成长、发展的教育管理方式和方法，使学校管理高效。否则，学校管理就会陷入困顿，教师和学生也难以健康成长、发展。校长是学校的领导者、组织者，是学校的核心，应该想尽办法来增强学校的凝聚力。

（二）“星光校园文化”让每一个人成为明星

现在，在重庆市铁路中学，每一位师生都有可能成为校园明星，因为

“星光校园文化”正引领着这所阳光四射、充满活力的校园。

校长黄兴力说，每一位师生都存在着多元智能，都有着自己独特的智力优势，也存在着发展不平衡问题。只有在评价标准单一的情况下，才会有优生与差生、出色教师与平庸教师之别。如果以每一位师生自己的“优势智能”为标准，那么学校就只有“有差异的学生（教师），而没有差学生（教师）”。因此，铁路中学大胆提出“承认差异、尊重差异、善待差异”的口号，打造“星光校园文化”，力图从每位学生、每位教师的潜在智力优势与职业优势出发，为他们提供适合的学习和教育的方法与策略，从而让他们成为自己眼中的明星，成为同伴口中的明星，最终成为社会的明星。

1.“多一把尺子”的教育评价

黄校长认为，多一把尺子，就多一批好教师和好学生。为了更全面准确地评价教师和学生，铁路中学采取了多元化的评价标准，把绝对标准、相对标准和个体标准很好地结合了起来，既体现了对师生的基本要求，又关注师生的个体差异。

长期以来，铁路中学形成了积极、丰富的评价体系：教师致力于寻找学生的闪光点，并使其发扬光大，促进学生健康发展；学校管理者致力于发掘教职员工的闪光点，以打造有人文精神与专业品质的教师团队。为此，铁路中学取消了“标兵教师”的评选，代之以“特色教师”的评选，鼓励教师张扬个性，让自己的优势智能得到最优化发展；取消了学生德育单项奖，代之以全校师生均可参评的“星光奖”——每周星光奖、学期星光奖、毕业年级星光奖、“感动铁路中学”星光奖。可以说，铁路中学彰显了“群星灿烂”的校园文化。

每周星期一的全校晨会上，铁路中学均要表彰在某一方面特别出色或为团体作出突出贡献的师生个人或群体，为其升星光旗，推选他（他们）为当周的校园明星。另外，教学楼里挂有校园明星的宣传照片和事迹介绍，校刊中“星秀”栏目有对校园明星的介绍。

为表彰在某一方面有突出特色、特长或贡献的师生，铁路中学设立学校星光奖，种类不限，由师生本人和所在集体申报，校评委会最终确认。每期表彰一次，获奖名额约为全校师生总人数的40%。

学校每年举行毕业年级星光奖表彰大会，在高、初中毕业年级全体学生中进行，采用班级民主评议的形式，报学校统一表彰。毕业年级星光奖的评选，坚持“不限名额、达标就评、重在激励”的原则。

“感动铁路中学”星光奖一年评选一次，由全校师生投票评选出自己心目中的年度校园明星。“感动铁路中学”星光奖是铁路中学级别最高的星光奖奖项，集中体现了铁路中学“和谐发展，群星灿烂”的校园文化。

星光奖不止这些，还有灿烂笑容奖、绅士风度奖、健谈奖、直率奖、歌后奖、坦诚奖、笑口常开奖、足球先生奖、最具爆发力奖、守时奖、最具有潜力奖、节约奖……这些与众不同的奖项，让每一位师生收获了学校对自己的肯定，促使他们满怀信心地与学校一起踏上新的成长路。

2007 年 5 月 18 日，铁路中学的四千名师生和家长在绿色的操场云集，一条红色的地毯向着颁奖台延伸。“感动铁路中学”年度星光奖颁奖典礼正在进行。

校园明星——学生旭冬搀扶着手脚重度残疾的父亲，满脸阳光地走来了。

很小的时候，旭冬的母亲就离她而去，父女俩仅靠几乎丧失劳动力的父亲捡垃圾维持生活。贫困而艰难的生活没有将旭冬击垮，反而磨砺了她的意志，她始终以乐观的心态面对生活。她周一至周五中午在学校食堂打工，周末为一名初中生做家教，补贴日常生活。不是每一个人都能坦然面对如此沉重的生活现实，但只有十几岁的旭冬却做到了。

颁奖台上，旭冬灿烂的笑容深深地烙印在每个人的心里，这位孝顺而刚强的女孩让在场的许多人热泪盈眶。

校园明星——实习教师陈可充满朝气地走来了。

“我喜欢和学生在一起的感觉，我喜欢走在路上突然有人亲切地叫一声‘老师好’。”这是一位在铁路中学实习的教师，一位不是师范生却梦想成为中学教师的大四学生的信念。

大学四年的学习，具有优良综合素质的陈老师被不少有“钱”途的单位（三所大学和一家著名公司）相中，然而为了自己的信念，他放弃了。同学不理解他，长辈责备他，朋友劝阻他，他不为所动，依然坚守着自己的信念。

“我想成为一名人民教师！为了这个理想我会大胆地向前走！”陈老师用快乐而坚毅的眼神告诉在场的所有人。

……

2. 从“一元”到“多元”的课堂教学

随着对学校文化认识的不断深入，一些问题引起了黄校长对课堂教学的新思考：什么是一堂好课？其评价标准是什么？什么样的教学最有效？经过调查分析，黄校长决定把优势智能理论引入课堂教学，要求教师承认差异、善待差异、优化差异，给每一个学生以平等发展的机会，使他们都有成功的机会和可能，成为自己和老师、同学眼中的“明星”。另外，黄校长鼓励每一位教师找到适合自己的教学风格，使课堂呈现出多元的教学思维和教学策略。

黄静，是一位善于思考和寻求用智慧教书的教师。黄老师曾在课堂上承诺：如果哪位学生觉得本堂课没有听的意义，可以选择离开教室到办公室去做他愿做的事。从教 13 年，共有 3 位学生这样选择过，但黄老师绝不会因此对学生作出负面的评价。相反，每一次这样的选择出现，黄老师都会认真地思考自己的课堂如何更好地体现因材施教、尊重差异。

和黄老师一样，其他教师也在思考着差异教学，思考着自己的教学风格，并践行着自己的誓言。

这样，当课堂教学的一元化逐渐被多元化所取代，铁路中学的教学管理也在悄然发生着变化：学校在提倡集体备课和教研、鼓励教师合作与交流的同时，注意对教师丰富的教学方法和个性化教学风格的促进和维护；从课程安排入手，学校开设了影视欣赏、化学与文化、数学与文化、心理自助、生命科学、礼仪与气质等丰富的活动课程。

尊重差异的课堂、个性突出的教学、丰富合理的课程，现在已成为铁路中学“星光校园文化”在教学管理中的真实反映，并结出了丰硕的果实。

这里，诞生了两名 2008 年北京奥运会火炬手；这里，产生了三名重庆直辖市形象代言人——微笑大使；这里，连续三年有学生跨入清华、北大的学术殿堂；这里，培养了众多的道德模范、艺术之星、科技之星、运动健将……

面对“星光校园文化”建设所取得的诸多成绩，黄校长思考得更多、更远，他说：“铁路中学特色学校的建设还只是刚刚起步，还有太多的地方值得细细推敲，还需要广大师生的不懈努力……铁路中学要让教育的理想照进每一位师生的心中。”

学校凝聚力包括两个方面：一是学校各成员之间的相互吸引力；二是学

校集体对各成员的吸引力。这就为学校管理者指出了两个努力的方向：第一，师生员工必须达成一定程度的共识，促使他们之间相互吸引、团结和统一，从而产生一股促进学校发展的合力；第二，学校要尽可能满足广大师生员工的物质和精神生活的需要，使学校对师生员工具有吸引力，从而产生一种向心力、集聚力和黏合力。

铁路中学通过对“星光校园文化”的精心培育，使“尊重差异、善待差异”的文化浸润于学校办学的每一个细节之中，从表层的具体行为到深层的精神领域，逐渐走向了系统化与结构化。在这种文化氛围下，每一位师生的优势智能得到最大限度的挖掘，这为他们的未来幸福成长铺下了一块重要的基石。同时，每一位师生可以感觉到自己被真正尊重，享受到了成功，深刻地认识到自己就是学校的主人，从而以主人翁的姿态参与学校建设。这便促成他们在学校建设上与学校管理者达成共识，有力地增强了学校的凝聚力。

铁路中学的特色办学能够取得成功，正是得益于以增强学校凝聚力为根本目标。因此，其他学校应以此为鉴，促使学校在管理过程中产生凝聚效应。

（三）扩大凝聚效应，增强学校凝聚力

如果把学校比喻成一艘大船，校长是领航人，全体教师就是舵手。舵手是保证航船到达彼岸的基本要素，而他们有着不同的性格和不同的爱好，这就需要领航人采取有效管理措施来加强其团队意识，增强凝聚力，使他们心往一处想，劲往一处使，拧成一股绳，共谋学校建设和发展。

1. 真诚相待

真诚相待是做人的品德，也是人际交往的基础。校长应真诚对待每一位教师，与他们在心灵上进行沟通。

（1）向教师敞开自己的内心世界

校长开诚布公地向教师敞开自己的内心世界，实事求是地表达自己的思想观点，以心换心，才能使教师也向自己敞开心扉，从而达到双方心灵上的交流与行为上的互动。因此，要摸准教师的思想脉搏，使学校的各项工作圆满完成，校长应做到开诚布公。

（2）真诚、坦率、客观地对待教师的缺点

当教师犯了错误或有缺点时，校长应当面指出，或个别谈话，绝不能在

背后算计教师，更不能在大庭广众之下予以批评。尤其是对那些敢于提不同意见的教师，校长更应真诚相待、客观分析。这样，教师便会从内心里真正地信任和佩服校长，从而激发出更大的教学热情和工作积极性。

2. 尽量满足教师的各种合理需求

为教师解决困难，满足他们的合理需求，这是形成学校凝聚力的关键。校长应尽己所能，极力相助，满足教师的各种合理需求。

（1）满足教师的物质需求

是人，都有生存欲，要生存，就要有物质保障。校长应首先抓住这一点，满足教师的基本的物质需求。这样，教师便稳了“神”，安了“家”，才能在教育这块土地上勤劳耕耘，奉献自己。

（2）满足教师的精神需求

有了物质保障，并不一定能解决教师的所有问题。由于学校各种因素的限制，校长不可能满足教师各个层面的需求，尤其是精神的需求。然而，精神的需求是很难看得见的，需要校长多交流、多活动，才能让教师倾吐真实想法。所以，即使工作再忙，校长也要挤出时间到教师中走走，也许三言两语就可驱散教师心中长久积淀的不快，也许一次不经意的作品欣赏就可冲淡教师压抑已久的烦闷……

（3）满足教师的权力欲

无论哪一位教师，都希望明天比今天好。他们有荣誉感，有权力欲，有好胜心。但是，一些校长权瘾过大，事无巨细一把抓，认为教师应为“我”工作、为“我”所用。这样的结果很可能是，学校外观管理固若金汤、牢不可破，实则人心涣散，久而久之，必将团结不力、人浮于事，既不利于工作，又损个人威望。

正确的做法是，校长应“放”，不宜“压”。除了那些大政方针、指导性意见以及校长必须担负法律责任的事项外，校长应该放权给各个部门，让它们明确责权、各司其职、勇于创新。同时，校长要有甘为人梯的思想，有“成功是你们努力的结果，失败是我领导不力所致”的意识。这样，教师感动于校长的信任，定会努力工作。

3. 作风民主，办事公道

一个校长的工作作风如何，将直接影响学校凝聚力的形成。民主和公道是形成凝聚力的保证，校长应加强这两方面的管理工作。

要做到民主管理，校长不能独断专行，遇事要与教师商量，不能用命令的口气使唤教师；要充分发挥教代会的作用，凡是学校的重大问题，都由教代会审议决定；要经常召开“诸葛亮”会，认真听取教师们的良策妙计；要每学期进行一次全校教师对学校领导班子成员的民主评议；要设立“师生建议箱”，广泛听取广大师生的合理化建议。

要做到办事公道，校长应制订全面的、规范的、系统的规章制度，实行管理规范化、制度化、法制化，真正做到量化考核，减少人为因素；应每年进行一次由学生参与的“我最喜欢的老师”评选活动；评优、晋职升级等工作，应向全校师生公开，接受监督；应对优秀教师、骨干教师实行挂牌上课，将竞争机制引入全校的每项工作。

4. 加强廉政建设

学校工作千头万绪，矛盾和困难也不少，要使学校具有凝聚力和战斗力，必须使全体教师团结一致、万众一心。要做到这一点，领导干部的人格引领作用非常重要。这就要求：教师做到的，领导干部也必须首先做到，要以模范行动影响教师、带动教师、教育教师。只有这样，才能使教师心悦诚服地接受学校领导的宣传教育，才能使教师与领导干部的步调一致，学校的凝聚力才会增强。反之，教师势必会有“领导干部都不行，我们老百姓何必又奉行”的想法。如果出现这种情况，学校凝聚力就根本无从谈起。因此，校长必须下大力气加强领导班子的廉政建设．充分发挥领导干部的人格引领作用。

改革开放以来，国家对教育的投入逐年增加，学校发展的物质基础和精神基础都有了很大的提高，使得学校凝聚力不断增强。但我们也必须清醒地认识到，我国的教育还处于初级阶段，教育经费短缺、忽视教师合法权益等问题仍很多，学校发展的物质基础和精神基础仍需要进一步提高。因此，在目前的情况下，增强学校的凝聚力就更具有现实意义。

凝聚力越大，学校越有活力。作为校长，应树立坚定的科学信念，在工作中实践，在实践中反思，在反思中总结，在总结中提高，从而把广大师生、员工的思想、意志统一起来，凝聚成强大的合力，推动学校的改革和发展。

结伴效应

——结伴，提高活动效率

（一）结伴效应启示

很久以前，鸟类和走兽因为发生一点争执爆发了战争，双方僵持，各不相让。

有一次，双方交战，鸟类胜利了。这时蝙蝠突然出现在鸟类的堡垒，说：“恭喜各位，能将那些粗暴的走兽打败，真是英雄！我有翅膀又能飞，所以是鸟的伙伴，请大家多多指教。”

这时，鸟类非常需要新伙伴的加入，以增强实力，所以很欢迎蝙蝠的加入。

可是，蝙蝠是个胆小鬼，等到战争开始，便再不露面，躲在一旁观战。后来，当走兽战胜鸟类时，走兽们高声地唱着胜利的歌。蝙蝠又突然出现在走兽的营区，说：“恭喜各位，能把鸟类打败实在太棒了，我是老鼠的同类，也是走兽，敬请大家多多指教。”

走兽们也很乐意地将蝙蝠纳入自己的同伴群中。

于是，每当走兽们胜利，蝙蝠就加入走兽。每当鸟类们打赢，蝙蝠却又成为鸟类的伙伴。

最后战争结束了，走兽和鸟类言归于好，蝙蝠的行为暴露了。当蝙蝠再度出现在鸟类的世界时，鸟类很不客气地说：“你不是鸟类！”

被鸟类赶出来的蝙蝠只好来到走兽的世界，走兽们则说：“你不是走兽！”也赶走了蝙蝠。

最后，蝙蝠只能在黑夜偷偷地飞着。

蝙蝠为什么会被驱逐呢？主要是因为它违背了“结伴效应”。结伴效应是指在结伴活动中，成员之间会产生刺激作用，从而促使个体提高活动效率。这只蝙蝠并没有和同伴们一起付出努力，所以最后才落得凄凉的下场。同样道理，校长在打造优质教师团队上，应注重结伴效应，让教师在结伴中共同前行。

教师结对活动本质上是合作活动，其显著优势是发挥老教师的引领作用，让老教师对青年教师在师德、业务等方面进行引领。结对活动有利于教师的专业成长，一方面可以帮助新教师提高教学水平，完成从“新教师”到“合格教师”乃至“骨干教师”的转变；另一方面也能促进老教师的发展，从而优化学校整体师资队伍，进一步提高学校的教育质量。

随着新课程的实施，教师结对活动的内涵也得到了进一步的丰富，凸显出结对活动的本质——合作性。

1. 从结对教师特点看

青年教师的特点是“新”，他们善于接受新事物、新思想。经验稀缺对他们来说既是劣势，也是优势，使得他们没有固有的程式和僵化的观念。中老年教师固然有丰富的教学资历，但有时往往被习惯所累，容易故步自封。新老教师之间的差异性，正是可贵的合作资源。

2. 从人际交往角度看

大多数情况下，教师结对是被安排的，其交往在一开始带有很强的人为因素，但随着师徒双方的不断沟通交流，师徒之间便培养起较为深厚的感情。人际交往的有利因素，使新老教师的合作成为可能。他们对合作的认识比较清晰，态度比较积极，而且有稳定的合作对象和较为充足的合作时间。另外，师徒之间的合作活动比较机动、灵活，有利于随时开展交流、研究。

新老教师合作，既不是严格意义上的人为合作，也不是完全自然的合作。虽然有人认为对教师发展最有利的是自然合作，但从中国教育的实际情况来看，结对背景下的新老教师活动，不失为一种有效的教师合作活动。

3. 从结对活动主要内容看

教师结对活动，主要是围绕听评课活动而展开的。由于新老教师之间相互听课的频率较高，进入课堂前，结对教师之间可以进行自然而充分的交流，熟悉与课相关的人、时、地、事等多种因素，把握教学的连续性和其他背景性的因素，从而为提高听课的有效性打下良好的基础。

4. 从课堂教学实际需要看

在新课程背景下，小组合作学习在课堂教学中成为不可替代的重要学习方式之一。任务型教学及学生合作学习方式，无论对新教师，还是对刚刚从传统教学生活中走出来的老教师来说，都是一个新课题。尤其在个别班额大的中学，学生普遍缺乏倾听、等待、交流思想等合作技能，这给普通教师有效监控、指导学生开展合作活动带来很大的挑战。

新老教师可以利用相互听课活动的平台，开展合作式听课活动，共同参与对小组活动的指导，既缓解施教者的压力，也促使听课者深入学生实际，提高发现问题、解决问题的能力，防止出现合作学习的低效，甚至出现形式主义的倾向，提高合作学习的有效性。

（二）“结对子”帮教，让教师共同成长

在打造高效教师团队上，吉林省四平市铁西区地直街小学校长十分注重结对效应，他认为结对子帮教是学校提高教师队伍素质普遍采用的办法，也是提高教育教学实践能力的有效措施。但真正把这项工作引向深入、落到实处，则有诸多问题需要解决，下面我们一起来看看该校长是怎样搞好结对子帮教工作的。

该校长将结对子帮教工作主要分为两个层次：

第一个层次是提高层次。由学校“搭桥”，聘请校外专家、名人为师，以校内的尖子教师为徒。师傅有市书法协会主席、书画院院长、教育学院院长、区教师进修学校特级教师及各学科业绩突出的教研员等。他们都具有较为突出的一技之长和专业理论方面的素养，旨在提高尖子教师“一桶水”的质量，使他们的教育造诣步入新的境界，从而促进学校教师队伍整体素质的提高。

校长这样做基于以下认识：人才具有群体共生的特点，正如一位好校长能办一所好学校那样，一位高水平的教师也会对教师群体产生不小的影响，这也是营造学校氛围、环境、条件的重要因素。而要办名校，一流的教师群体是必不可少的。到校外拜名师，是为本校教师创设一个发展的空间，营造一种学习的氛围，创造一种学习和拓宽视野的机会，使学校教师群体素质提高层次。

第二个层次是普及层次。这一层次是以校内骨干教师、老教师为师，以较有发展前途的年轻教师、新教师为徒。而有的骨干教师既在校外拜师，又收校内年轻教师为徒，起承上启下的作用。这一层次帮教的要点如下：

一是使新教师尽快步人常规教学的轨道。新教师普遍不熟悉教学的基本规范和要求，这是老教师首先要帮助他们解决的问题，也是新教师成为合格教师的关键一环。

二是促进教与学的有机结合。年轻教师在教学中出现的主要问题是把教学视为演员的表演，认为讲完教学内容就万事大吉，不考虑学生接受、理解的状态，往往以单向信息传递为主，表现为教态呆板、语气生硬、板书机械，学生提出教师意料之外的问题时，就不知如何应对。因此，必须帮助新教师解决教与学有机结合的问题，把教师单向信息输出变为师生双向信息交流，把教师为教而教、学生为学而学变为师生自然、和谐的教学相融状态，把教师自己“表演”变为教师做导演，这就要求新教师全身心地投入教育教学情境中。当教师真正进入教学情境时，学生才会自觉步入学习意境，达到双方的理解、交流、融合。

三是要使徒弟具有敬业精神。教师的工作是繁重而紧张的，在物质待遇未达到理想程度的情况下，只有培养教师的奉献、敬业精神，才能使他们抵挡金钱、物质的诱惑，全身心地投入教育教学过程中来。

四是把“四心”作为师傅的重要标准。

“热心”：徒弟比学生的心理还脆弱，只要师傅有一次对徒弟请教的问题有不耐烦的表示，也就关闭了徒弟询问的大门。师傅无论在什么情况下，都应对徒弟的提问保持热情。

“细心”：徒弟在教学中的问题是层出不穷的，而他们自己可能浑然不觉，师傅只有细心观察、勤于督促、反复提示，才会使徒弟尽快成熟起来。

“真心”：师傅的教学经验是十几年甚至几十年费尽心血积累起来的，而把这些经验一下子教给徒弟，不克服“教会徒弟饿死师傅”的偏见，没有坦荡、无私的襟怀是难以做到的。

“诚心”：只有师傅把培养徒弟视为自己事业的一部分，才能全心全意地教好徒弟。因此，校长制订了最佳师徒结合评选的制度，使徒弟在进行汇报课时，师傅在下边有牵肠挂肚的感觉。

一位教师刚走上工作岗位，很容易获得来自各方面人员的帮助。可一旦成为一名合格的教师后，人际关系似乎突然间变得复杂起来，帮助他的人骤然少了甚至没了，此时他的专业发展必将受到限制甚至打击。

这时，正是校长的管理艺术得到较好的展现的机会，校长可以通过结伴效应让所有教师都能与“伴”和“助”同行。上述案例中的校长就为处理这一问题树立了较好的榜样。

结伴互助有利于教师之间进行对话、互动与合作，它对教师的专业成长能起到帮助和促进作用。

结伴互助就是教师之间进行诊断、指导与经验共享，互助双方是伙伴关系。从人数上看，互助双方可以是两个人，也可以是两个以上的人；从职务级别上看，互助双方职务可以是相同的，也可以是有高有低的；从活动范围看，互助双方可以是同校的，也可以是不同学校的。校长在处理结伴形式上可以参考以下三种策略：

其一是指定的。由学校或教研组用行政命令的方式为某一教师指定帮助者，这种指定一般目标明确而且有时间限制，多为高级别帮助低级别，在新教师培养中最为常见，且效果显著。

其二是随机的。这是教师最喜欢的形式，它可以轻松地达到帮助的目的，但是这种方式太随意，缺乏必要的计划，难以促进和检验教师的发展。

其三是稳定的。这是一些情趣相投的教师自主合作、互助搭档，它能促进教师长期的发展，但也可能因为某个搭档视野狭窄而导致发展受到影响。

无论选择哪种形式，校长都要把握好，让每一位教师都能在结伴效应下获得长足的发展。

（三）让结伴效应更有效的策略

成为合格教师仅仅是教师专业发展中迈出的可喜的一步，要成为熟练教师或研究型教师，还有很长的一段路要走。这段路途中充满坎坷，也充满希望，它需要教师结伴同行，在助人中感受成功的快乐，在被助中体验提高的喜悦。校长在应用结伴效应时又该如何做到高效呢？

1. 通过集体备课结伴互助

集体备课是课堂教学之前教师交流的主要平台，校长应充分发挥这一平台的作用。它不仅能实现教师之间的优势互补、资源共享，而且能节约时间，减轻教师的工作负担，提高工作效率，还可以加深教师对课程标准的理解，开发课程资源，挖掘、剖析教材的重难点，制订出相应的解决策略。更重要的是通过共同研究，大家能分享到集体智慧的结晶。这对提升教师的专业发展水平，创造和谐的教育教学研究氛围，具有十分重要的意义。

集体备课一般就是在课程标准的统一要求下，教师根据学生的实际情况，共同制订出每一章节具体的教学进度、重点、难点，决定采取什么样的教学方法、师生之间怎样互动、教学过程如何实施等。集体备课的流程虽各不相同，但一般是主备教师先发表见解，对教材教学任务进行全面剖析，分析教学的重难点及突破方法，提出学案的制订要求，推测教学过程中可能遇到的问题及处理策略等。然后备课组成员逐个发表见解，最后根据取得的一致意见制订出教案和学案。这种教案和学案针对性强，教学效率高，有利于教师的进一步发展。

2. 通过听课结伴互助

听课是教研的重要方式，是获得直接经验的最佳途径，通过它可以把教师的缄默知识呈现出来，并能将教学情境展示给同伴。通过听课观摩，教师可以仔细感受教学的各个环节，感受教学策略和教学程序的设计，经过思维碰撞，实现智慧的迁移和共享。

为了避免听课的盲目和低效，校长应要求听课者在听课之前熟悉教材，了解知识的内在联系，明确目标，回忆自己是否教过这节课，教时有什么困难和问题。听课者要集中精力、全神贯注并做好记录，要带着问题去听课，关注课堂教学情境的预设、教学重点的强化、教学难点的突破、教师角色的转化、学生学法的改变、教学效率的提高、学生积极性的调动、学习习惯的培养、学生学习过程的评价、三维目标的落实、学生能力的提高等，并将关注的重点简明扼要地记录下来以备评课。

3. 通过评课结伴互助

评课是个体经验与同伴认知相互撞击并产生创造性火花的过程，也是双方互助产生质的变化的过程。校长应倡导评课时教师要讲究评价的内容，更要讲究评课的方式和技巧，提出的建议要有利于解决同伴教学中产生的突出问题，使同伴有所领悟和觉醒，要让同伴感受到评价的温暖和互动中的关爱。

在优质课中教师体现出的富有个性的教育教学思想和教学设计的风格，那些鲜活的课堂智慧和对动态生成性问题的处理方法永远是同伴借鉴和模仿学习的内容。在关注教学绩效的同时，教师要看到优秀教师在课堂中体现出的人文精神、缜密的教学过程设计、巧妙的启发引导和独到的方法点拨，尤其是课堂教学中对学生的发展性评价。

校长还应提倡评课多以协商、探讨为主，而不是居高临下的专家式评价，应做到理性与感性相结合、教师与学生相结合、课标与教材相结合、常规与创新相结合，同时要重视教师角色的转换、学生学习方式的转变、三维一体目标的落实等。

4. 通过师徒结对互助

“以老带新，优劣配对，互教互学，共同促进”是教师迅速成长并脱颖而出的一大法宝。

一方面，校长要明确师徒条件，鼓励师徒自愿结对。例如，可让年富力强、具有专业特长的业务骨干、学科带头人为师，年龄在35岁以下的年轻老师为徒。

另一方面，校长要明确师徒职责。师傅要经常性地关心徒弟的教育教学情况，及时帮助徒弟分析教材的重点、难点，制订教学目标和确定教学方法，指导徒弟备课，帮助徒弟修改教案，指导徒弟教法；每周坚持听徒弟一节课，课后及时评析优缺点，与徒弟研究改进的方法和措施，以及指导徒弟上汇报课，辅导徒弟拟定所教学科测试卷等。徒弟则要认真虚心，主动向师傅学习，努力工作，谦虚谨慎，尊重师傅，持之以恒，修炼高尚的师德；要认真研究教育教学理论，认真备课、上课和批改作业，主动争取师傅的帮助，有疑必问，有疑必究；每周至少主动听课两节，其中一节为师傅的课，并且做好听课笔记；要积极撰写教育教学论文和拜师心得，主动争取上汇报课、公开课。

在人生的旅途中，一个人行走是走不了多远的，找几个结伴而行的人，那样你就会发现沿途有更多的美景，你也才有可能到达更远的地方。管理学校也是这样，如果校长善于运用结伴效应，学校一定会诞生更多的优秀人才。

第五篇

以创新注活力，以创新求发展

达维多效应

——不断创造新管理，铸造品牌学校

(一) 达维多效应启示

达维多效应是由曾任职于英特尔公司高级行销主管和副总裁威廉·H.达维多（William H Davidow）提出并以其名字命名的。

英特尔如果被动地以第二或者第三家企业将新产品推进市场，那么获得的利益就远不如第一家企业作为冒险者获得的利益丰厚，因为市场的第一代产品能够自动获得50%的市场份额。尽管当时的产品还不尽完善，比如英特尔公司的微处理器并不总是性能最好、速度最快的，但是英特尔公司始终是新一代产品的开发者和倡导者。

1995年，为了避开IBM公司的PowerPCRISC系列产品的挑战，英特尔公司故意缩短了当时极其成功的486处理器的技术生命。当年4月26日，许多新闻媒体都报道了英特尔公司牺牲486而支撑奔腾586的战略。

这个决定看似很冒险，但却是非常高明的。因为这一决定反映了英特尔公司的一个长期战略，即运用达维多效应的方法，要比竞争对手抢先一步生产出速度更快、体积更小的微处理器，然后通过一边削减旧芯片的供应，一边降低新芯片的价格，使得电脑制造商和电脑用户不得不听其摆布。英特尔公司通过使用这种战略，把许多竞争对手远远抛在了后面。

这是达维多效应在英特尔公司的直接运用，并确实创造了不同凡响的经济效益，让英特尔一直处于行业领先地位。

只有不断创造新产品，及时淘汰老产品，使成功的新产品尽快进入市场，才能形成新的市场和产品标准，从而掌握制订游戏规则的权力。要做到这一点，前提是要在技术上永远领先。企业是依靠创新所带来的短期优势来获得高额的"创新"利润，而不是一味维持原有的技术或产品优势获得更大发展的。

由此，达维多效应揭示了成功的真谛：不断创新，并且只有创新才能让企业在未来的发展中占有优势地位。

和企业发展一样，学校的发展也在于改革，改革的潜力在于不断地创新，而创新的关键在于学校管理者。从广义上说，一个好领导，就是一个好单位。有什么样的校长，就有什么样的学校。在实施素质教育，全面推进基础教育课程改革的今天，作为学校的设计者、领导者、管理者，校长的办学理念、办学思路、管理思想及管理模式往往决定着一所学校的发展及其进程。

教育的改革与发展，对校长提出了更高的要求。每一位校长都希望把学校办成理想的学校、成功的学校，这是责任使然、使命使然。而要把一所学校办好，校长不但要有良好的知识素养、现代管理理论和学校管理能力，还要树立适应时代发展要求的办学理念，具备战略思维，富有变革精神和创新精神，并真正做到转变在观念上、创新在思想上、管理在科学上、落实在工作上。

一个企业如果拥有能把达维多效应运用自如的领导者，就会获得长远发展。一所学校，如果能有一个深谙达维多效应之道，并时时刻刻在学校管理中想方设法创新的校长，也会获得长远发展，并最终打造出自己的品牌。

因此，校长应把一些时间放在对达维多效应的研究与运用上，让达维多效应的精髓——创新，成为学校管理和发展的金钥匙。

（二）管理创新，激发教师积极性

山东省潍坊市高密一中是潍坊市重点中学、山东省规范化学校。高密一中能有今天的成绩，不能不提它的当家人——校长李希贵。李校长是位颇具创新意识、创新能力的人。他独到的眼光总能发现学校中不对劲的地方，他总能花时间、下工夫去研究、实践新方法、新方案，以改变这些不对劲的地方，让学校获得进一步的发展。

高密一中有今天的成绩与发展，是与十几年前学校内部体制改革的成功分不开的。

1995 年暑假，高密一中开始研究学校内部体制改革方案。李校长首先想到的就是如何解决积极性过度膨胀的问题。以前，在高密四中的改革给了李校长信心的同时，也给他留下了深深的忧虑。改革表面上热火朝天，背后往往潜藏着危机。

李校长首先想到的是机制。他认为，一个好的机制，往往有一个好的导向，只要是建立在以学生为中心的价值观上，这个机制就大有可为。所以，在教师聘任制上，他有意区别于原有职称的框框，规定了见习教师、三级教师、二级教师、一级教师、初级骨干教师、中级骨干教师、高级骨干教师、副主任教师、主任教师和特级教师10个不同的教师职务，并要求每个职务都必须履行相应的职责，如热爱学生、有较好的师德修养、熟悉本学科教学大纲、明确教材内容及各部分的联系、担任一门课的全程教学任务等10项基本职责，而这些也是身为教师的基本职责。同时，新的聘任制还规定，教师在此基础上，每多完成几项更高要求的职责，就可以高聘一级。对于重要的职务，新的聘任制也有特殊规定。比如，应聘初级骨干以上职务的教师，必须能开设一门选修课，或指导一个兴趣小组；而应聘副主任以上职务的教师，必须能主持一项教科研课题，并取得一定的研究成果。更重要的是，新的聘任制规定：分配制度与聘任制度相对应，职级不同，报酬就不等。

新聘任制的最大特点是把教师的积极性导向了尊重学生和提升自身的全面素质上。譬如，在双向选择的聘任中，如果教师希望自己被聘为较高的级别，就必须赢得学生更多的信任，就必须主动增加自己的“含金量”。所以，李校长还在聘任方案中规定了每一个级别职务的基本职责和素质指标，其中第一项就是学生信任投票的多少。比如，某教师希望被聘为一个最基本的教师职务——初级骨干教师。要想成功，除了要全面履行教师职务的10条要求外，还必须满足其他具体的6条要求，其中第一条就是“师德修养较高，品德言行受到大多数学生的好评”。

这些笼统的要求李校长是如何在学校中具体落实的呢？学校每学期都会举行一次“我最爱戴的老师”评选活动。活动中，所有教师必须得到80%的学生的信任票；如果想在下一年度的聘任中职务能再提高一个档次，这项指标的要求就必须提高到85%。这样，热爱学生就不再仅仅是一个学校提倡的美德，而变成了一个教师工作职责的基本要求了。

第二项指标是“正在担任或过去曾经担任过班主任工作”。这一指标的设定是基于现实的考虑。因为在学校工作当中，班主任工作既是十分重要的，又是非常辛苦的，属于那种出力多却不一定讨好的工作，大部分教师不愿做这种苦差事。但不少教师却希望能得到一个较高的职务级别。这样，李校长就把二者连在了一起。初次用这个机制进行聘任时，95%的教师都希望能担任班主任，这个比率相当于改革前的3倍多。

但这次人事制度改革完成后，李校长却感觉仍有不对劲的地方，因为行政职员聘任制改革不成功。新的聘任制不仅没有很好地激发出后勤管理人员的活力，甚至还从某种意义上使得整个聘任办法给人一种鼓励落后的感觉。

以前，使用和评价职员，往往同教师混在一起。不管在什么岗位上，统统聘为教师，食堂管理员、仓库保管员，甚至司机，都是以教师的身份出现的，职责严重不符，责任与权利毫无关系。由于名不副实，不仅教师们有意见，就连职员们自己也因为职称偏低，没有工作积极性。

聘任过程中，图书馆的聘任爆出冷门：4个岗位编制，居然有23位教师将图书馆作为自己的第一志愿。因为图书馆的工作体面轻松，而且当时学校没有推行开架阅览，晚上用不着值班。相反的，教务科的岗位却没人填报，3个编制，只有一位教师将其作为第三志愿填报了。这自然也是因为教务科的工作烦心，天天与人打交道，整天费尽口舌不说，晚上还要值班，而报酬却并不比其他岗位多。

当时，尽管学校领导做工作，通过行政调配把所有岗位都摆平了，但是不少教师心里却窝着气，工作起来也不积极。

于是，次年暑假，李校长再次和其他学校领导研究职员聘任的问题，提出了分级聘任的想法。

首先将职员与教师职务分离，然后根据各职员岗位工作的性质、素质要求、技术含量、劳动强度等，将职员岗位分为8个级别，实行8级职员聘任制。岗位不同，级别不同，报酬也就不同。

聘任中，实行“双向选择、竞争上岗”的办法，聘期一年。学年初，由学校根据各部门的需要设置岗位，再根据各部门设岗情况确定职级总数。增人不增职级，减人不减职级。因此，部门负责人在聘任时除了根据申报人的思想素质、业务能力和工作实绩外，还要考虑应聘者申报的职级数。第二年的聘任参考上年度的考核情况，工作成绩显著的职员可以在新年度的聘任中提高一到两个职级，并且被评为高级职员的可以享受与高级教师相等的待遇。

针对职员工作工种多、工作量难以量化的特点，在部分岗位中，李校长又和学校其他领导商议，推行了“寻找工作量”的“实效工时制”。

“实效工时制”就是要求职员自己寻找工作量，譬如维修工人，除了根据技术、工龄、岗位确定的基础工资、岗位工资外，工作量工资、业绩工资完全取决于他自己到校园里去“寻找”的工作量。哪个教室的玻璃破了，哪个办公室的门锁出了毛病，谁修理，算谁的工作量。

小改革激发了大活力。后勤服务效率和质量大大提高，职员的服务热情也非常高涨。

达维多效应明确告诉校长们，要在实力上超越对手，首先要在观念上超越对手。要想让学校和英特尔公司一样获得大发展，成为品牌学校，校长首先要在思想和观念上超越对手，努力占领观念的制高点。

达维多效应还告诉校长们，以“求变”应“万变”，才能赢得“不变”的胜利。世界上什么都在变化，唯一不变的是变化本身。达维多效应中包含着深刻的求变思想。教育事业在发展，学校的竞争对手也在变化，甚至会出现一日千里的巨变。面对这种情况，校长只能以“速变”“稳变”“有效变”来应对外界的万变。

一所学校，只有建立起完整的、切实可以激发全体教职员工工作积极性与热情的聘任制度，才能让全体教职员工释放自身的能量，让学校成为充满生命力与希望的地方。这样的学校才能培育出未来社会需要的人才，成为名牌学校。

1995 年前，高密一中的教师选任制度已经不能适应当时的教育发展需要了。所以，李校长和学校领导班子开始着手进行内部体制改革，结合当时学校的实际情况以及他在高密四中的改革，采取了以学生为中心的教师聘任制。

这个教师聘任制与以往的教师聘任制度不同：首先，它是分为 10 个等级的；其次，它与学生的信任投票挂钩；再次，它还将班主任工作与教师职务挂钩。

果然，这种创新激发了教师的活力，使绝大多数教师都有了积极的改变。

没有最好，只有更好。新的教师聘任制度虽在一定程度上激励了奋战在第 线的教师，但却对后勤部门同样以教师身份进入学校的其他职工起到了反作用。而且，长此以往，也会对教师整体有负面影响。

因此，李校长又联同学校其他领导寻找新的解决方案，重新对职员级别进行了设置，并用工作量与“实效工时制”双结合的制度解决了这个问题。这一举措，使全体教职工的能力与薪酬都挂钩了，并且让他们都有了适合自己的上升空间。

（三）运用达维多效应进行创新的策略

学校的生存发展主要取决于教育教学质量，而教育教学质量的提高又依赖于学校管理的创新，即依赖于学校所有人的积极性、主动性和创造性的激发。因此，怎样运用达维多效应，对学校管理进行创新，已经是每一位校长必须面临的课题。

1. 明确创新目的，提高教职工主动创新的意识

校长要在学校管理中创新，首先要明确为什么要创新、为谁而创新，从而调动全体教职工的主动性和积极性，帮助他们实现思想的根本转变。

首先，教育创新是当前国际国内形势发展变化提出的迫切要求。当今，科技进步日新月异，国际竞争日趋激烈。各国之间的竞争，说到底，是人才的竞争，是民族创新能力的竞争。而教育就是培养人才和增强民族创新能力的基础。中小学教育作为国家创新体系的基础，应责无旁贷地肩负起创新的历史使命。党的“十六大”报告也明确提出了教育创新，并将其摆在与理论创新、制度创新、科技创新同等的位置，这充分表明教育创新具有全局性、战略性的意义。

其次，教育创新是教育事业发展的客观需要，也是做好教育管理工作的迫切要求。随着党的十七大和十七届三中全会的胜利召开，教育事业越来越受到重视，教育面临的发展机遇前所未有，但同时面临的挑战也前所未有，如何巩固当前的教育成果，并以素质教育为核心，以学生全面发展为目标，更好更快地提高教育质量，努力实现培养德智体美劳全面发展的社会主义建设者和接班人的办学目标，这些都需要通过创新来逐步加以解决。

教育的最大挑战，不是资金，不是技术，也不是资源，而是思想观念。观念的落后是最大的落后，一个理念可以改变一个时代。所以，作为学校的带头人，校长首先应树立强烈的创新意识，积极主动地去创新，为学校和学生的长远发展打基础。

2. 增强事业心和责任感，加大创新动力

强烈的事业心和责任感是校长进行学校管理创新所必须具备的素质要求。一位哲人说过："一个人所做的一切不会超过他所追求的一切。"校长的追求集中地反映在他的人生理想和办学理念上，而这一切又都源于校长对岗位的热爱和对责任的认同。因此，校长首先要培养自身的创新思维能力，增强自己对教育事业和学校管理的事业心和责任感，要把校长这个职业当事业来做，要树立坚定的教育信念，增强自己把学校搞好的信心。

3. 丰富知识内涵，逐步提高创新能力

思维创新作为实践管理创新的首要任务，必然要以占有知识为前提条件。现代社会是一个学习型社会，校长更是面临着空前的压力和挑战，因此更需要通过多种形式、多种途径参加培训，了解社会、了解未来、了解现代科技，从而自觉地站在人类发展的制高点上审视教育、审视未来，把教育引向深入。

首先，校长要主动丰富自身的教育哲学素养，通过培养和提高自身的哲学思辨能力，特别是逻辑思维能力和辩证思维能力，发现事物发展的规律，认清事物的本质，为系统思维、理性批判和科学决策提供智力支撑。

其次，校长要主动丰富自己的社会阅历。校长是社会人，在日常管理中，需要同社会上形形色色的人打交道，也会遇到这样那样的问题，因此要自我鼓励，积极参与社会活动，增加社会工作经历，提高处理复杂问题的能力。

4. 以实践促成长，提高策划能力

校长要善于把观点演绎为策略，全面考虑观点所反映的实质，寻找表达内容的方式，做到形式和内容的统一。实践是检验真理的唯一标准，新思维、新方法最终是要在实践中得到验证的，校长只有通过实践才能把先进的管理思想付诸实施。

校长的主要实践阵地就在学校教学和学校管理上，这就需要校长深入学生、教师中去，了解学生获取知识、发展能力的规律，了解教师的需求，了解教育发展的需求。这样校长才能提出符合学校实际的先进管理思想和策略，进一步转变观念，掌握规律，推动新的教学实践，让学校管理步入新的科学轨道。

江泽民同志曾说过："创新是一个民族进步的灵魂，创新是一个国家兴旺发达的不竭动力。"同样，创新是现代学校发展的动力，是学校生存的根基。

西方企业家强调"三分技术，七分管理"。凡是成功的企业都有一套自己的管理方法，而失败的企业也往往存在管理上的失误。

有人说，一流的设备不如一流的师资，一流的师资不如一流的管理，这是对学校管理提出的要求。管理是科学，是艺术，管理出效益，管理出名校，学校的一切工作，最后都要落实在管理上。因此，学校要发展，就需要管理创新。只有不断开拓创新，学校才能实现又好又快的发展。而学校管理的创新，首先需要一个富有创新意识、创新能力的校长。只有校长有创新意识、创新能力，学校各种陈旧、不切实际的规章制度才能破除，新的适合学校实际情况、能推动学校发展的管理制度才能被创造出来。

校长要将达维多效应研究透，积极寻找、审视本校不适应或阻碍学校发展的管理制度，并大刀阔斧地进行革新，使之成为推动学校发展的力量。这样，学校才有可能成为名校、品牌学校。

美第奇效应

——让各种思维交叉，实现创新

（一）美第奇效应启示

1434年，银行世家美第奇家族登上佛罗伦萨政治舞台，开始了对意大利长达三百余年的统治。在统治期间，美第奇家族极力倡导学术研究，大胆提拔各领域锐意创新的人，并赞助和保护他们。随之，许多雕塑家、科学家、诗人、哲学家、金融家、画家、建筑家齐聚佛罗伦萨。由于居住在同一座城市里，这些人得以互相了解，彼此学习，从而打破了不同学科、不同文化之间的壁垒。终于，他们用一种全新的思想，开创了被称为“文艺复兴”的时代。

美第奇家族促使多学科、多领域的思维交叉，创造出了惊人的成就，推动了人类思想的发展。后来，人们受到启发，把各个领域和学科交叉出现的创新发明或发现，称为“美第奇效应”。

对于学校管理而言，借鉴方能创新，创新方能发展。为了提高学校管理效益，做到“以人为本”——还教师一个愉悦的工作环境，还学生一个幸福快乐的童年，让学校成为行业领先、国际一流的品牌学校，校长要有厚德载物的风范、自强不息的精神、海纳百川的胸怀、让人如沐春风的亲和力，以使各种先进思想和理念熔于一炉，并结合自己的实际，实现“内化”，用思想提升管理品质，不断丰富自己的实践智慧，找到“自我”，逐步形成和发展学校的特色。

（二）对学校实行战略性管理

近几年来，随着教育改革的不断发展，江西省资溪县实验小学校长朱秀芳借鉴企业战略管理的成功经验，相继采取一系列积极有效的措施，深化教学管理改革，进一步完善管理方法，促进了学校教育教学质量的提高，使百年老校又迈上了新的台阶。

为制订学校战略管理策略，朱校长在教职工代表大会上提出了三个方面的问题：

1. 学校所处的环境

伴随市场经济的发展，现在的学校环境与过去相比已有很大的变化：一是，民办学校与公立学校展开竞争；二是，人口出生率下降，导致学生资源比以前更有限。那么，我们应该采用什么对策，使学校更好地生存和发展？

2. 学校的资源

我们要根据当前教育环境变化对学校的资源（主要有教学设施、教师人力资源和学生资源等）进行深刻细致的分析。哪些资源是或将是至关重要的？我们应如何部署才能满足教育市场需求？

3. 学校的价值观

学校的战略领导者应当经常思考这些问题：学校的教育教学氛围怎样？教学质量提高需要什么样的价值观？等等。不仅要思考，还要形成正确的认识。

经过全体教职工的激烈讨论和提议，朱校长最终决定从采用多种渠道办学、实施多层次量化管理、对教学成绩实行标准分统计、对教师进修给予鼓励帮助等四个方面入手，实现对学校的战略管理：

1. 采用多种渠道办学

资溪是一个小县城，全县人口不足十万，县城人口不足三万，而在这样一个小县城内有三所小学，生源紧缺可想而知；近年来，外出务工、经商的队伍逐年壮大，有三万大军分散在全国各地，他们中的很多人因为子女无人照料而带着孩子走南闯北，借读费昂贵不说，孩子们在他乡语言不通，环境陌生，影响了学习成绩，甚至影响了未来的发展。考虑到这些问题，朱校长在 2003 年 9 月开设了一个公办民助，融吃、住、教、乐于一体的封闭式全托教寄宿部，并从一年级起开设了英语、微机、舞蹈、美术、写字等特色课程，注重双语教学实验。

双语实验班的开设，起到了立竿见影的效果。开设一年来，实验班的期末检测成绩均遥遥领先于同年级的其他班；学生个性特长得到充分发挥，各方面能力都有明显提高。随之，实验班不但留住了要随父母外出的学生，而且还吸引不少外地学生前来就读，得到了社会各界及广大家长的支持与厚爱，许多家长纷纷要求各年级加开实验班。

现在，实验小学各班生源爆满（每班限招 40 人），全校拥有 31 个教学班，1600 多个学生，教职工 80 余人，各项指数达历史新最。

不久前，实验小学还成为资溪县唯一的“围棋实验基地”，引来其他学校参加围棋学习的学生 100 多人。

2. 实施多层次量化管理

在学习研究马克思主义原理关于质和量关系的过程中，朱校长认识到，教育教学管理工作尽管抽象、复杂，但同样可以进行量化。朱校长说，对教育教学管理的各个方面实行量化管理，是全面贯彻教育方针的具体体现，既符合马克思主义原理，又符合现代科学管理规律。于是，从 2001 年 9 月开始，朱校长大胆地在教师管理、班级管理和学生管理三个方面实行量化评估，使得学校的教育教学管理呈现出多层次量化的特点。

（1）教师岗位目标量化考核

根据《抚州市中小学教师专业技术人员考核表》，实验小学将教师的考核要素分为思想品德、业务能力、出勤情况、工作成绩等部分，依据量化标准，在学期末把每位教师的各项分数相加，核定出教师的总分。当总分核定出来后，学校便直接从高分到低分确定各级“优秀教师”，依据分值计发奖金。

除此之外，实验小学还设有“全勤奖”“优秀教学质量奖”“全面提高奖”等单项奖。

对于考核结果，实验小学将其记入教师的业务档案以备查，同时作为新学年是否聘任该教师的重要依据。

这样，实验小学便有效引入竞争机制、激励机制和约束机制，废除了平均主义，把奖金、荣誉和教师的德、勤、绩、能挂钩，从根本上克服了“干与不干一个样，干好与干坏一个样”的弊端。因此，教师工作的积极性和主动性得以激发，精神面貌和工作态度发生明显变化，这为提高教育教学质量奠定了坚实的基础。

（2）班级管理量化评估

从 2001 年开始，实验小学对班级的管理实行量化评估，至今从未间断。

实验小学的班级管理量化评估主要包括出勤、卫生评比、公物维护、学习成绩、巩固率等内容。当学期结束时，总分获得校前 8 名的班级，学校给予表彰，班主任有资格参加“优秀班主任”的评选，并获得一定数额的奖金。

自从实行班级管理量化评估以来，班主任及学生进取向上的积极性明显提高，学生的集体主义观念增强，促进了良好班风班纪的形成，以及良好的教学环境的营造。

(3) 班级对学生实行量化管理

为了促进学生在德智体等方面的发展，朱校长要求各班依据学校制订的班级管理量化评估内容，制订班级对学生实行量化管理的细则。这样，每学期班主任在对学生进行量化统计的基础上，需要将其结果作为本学期评定三好学生、优秀学生干部的主要依据。

班级对学生实行量化管理在很大程度上起到了激励与约束学生的作用。没多久，各班便形成了遵章守纪、参加活动积极、努力学习和比学赶帮的喜人局面。

3. 对教学成绩实行标准分统计

为了科学、客观地评价教师的教学成绩，使教师心悦诚服，从 2001 年 9 月开始，实验小学对教师的教学成绩从“平均分、及格率、优良率”“进位、退位、提高”等方面进行客观统计、综合评价。

4. 对教师进修给予鼓励和帮助

1995 年以前，实验小学教师中取得大专学历的不足 50%，此后，学校把学历达标作为对教师的基本要求，并在调课、补课方面给予帮助。于是，业务进修逐渐在学校形成风气，通过各种形式获取本、专科毕业证书的教师逐年增多，目前，教师的学历达标率已接近 96%。

近几年，朱校长在提高教师素质方面又有了新的认识：让教师参与教育教学研究是一条重要而有效的途径。于是，朱校长坚持从学校每年都不太宽裕的办公经费中拿出千余元为教师征订各科教学报刊，并规定：凡在市级以上报刊发表（交流）教科研论文者，给予一定的物质奖励。现在，“没有教育科研能力的教师不是合格的教师”已经成为全校教师的共识。

经过几年的努力，实验小学培养了一大批讲师德、守纪律、精师技、尽职责的教师队伍，拥有小学国家级骨干教师 1 人、省级骨干教师 7 人、市级骨干教师 14 人、小学特高级教师 1 人、高级教师 56 人，70 人次被评为市、县、校级优秀教师。

借鉴企业管理的先进理念，朱校长使实验小学的教育教学呈现出一派生机盎然的景象：小学语文“能力训练”实验蜚声省内外；封闭式全托双语实验已经形成规模；学校承担着六项国家级、省级、市级教科研课题，基本做到了教师人人有课题；教师在各级各类学科竞赛中获市级以上奖励200多人次，国家级、省级以上110多人次；学生获市级以上奖280余人次，其中，国家级奖项120余人次……学校正沿着朱校长开辟的康庄大道阔步前行。

在社会的各个领域中，企业的发展最具活力，也最具影响力。企业改革与发展的事迹，常常被其他领域当做鲜活的例子。

企业管理大致可归纳为六个方面：战略管理、创新管理、危机管理、绿色管理、过程质量管理、满意管理。其中，战略管理是企业为取得某一点或某一层次上的成功所做的事、所遵循的方向和所作的决策。可以说，先有战略管理，才有后面的五个管理。

学校与企业一样，也需要对组织和人进行管理，因此学校很有必要借鉴企业战略管理的成功经验。这对促进学校管理的改革，提高学校管理的效益大有裨益。案例中，朱校长的成功充分说明了这个道理。对于学校管理而言，战略管理就是确定学校发展的方向，对学校的发展作长期、中期和近期的规划，对重大事项作出决策。

“他山之石，可以攻玉。”市场经济体制的建立，教育体制的改革，把我们带入了一个前所未见的新领域，单凭过去的管理经验已无法解决今天的学校管理问题。因此，校长要不断学习新的东西，借鉴各个领域的成功管理经验，使学校管理取得高效。

（三）博采众长，成一家之言

蔡元培先生提倡“思想自由”“兼容并包”，使北京大学精英荟萃，成为新文化思想的传播中心、五四爱国运动的发源地。至今，蔡先生治校思想的光芒仍未减弱，时时启示着现代校长：必须具备包罗万象的思想和能力，在学识上博采众长；对待学生不能有门户之见，要一视同仁；对待不同个性的教师，要能够包容和激励；对待不同的学校，要能“以他山之石攻玉”。这样，校长的办学之路将会独树一帜、成就显著。

那么，在具体管理工作中，校长如何体现这种兼容并包的思想呢？

1. 让自己走出去

现代学校是一个多层次、多方面、多要素、动态的复杂综合体，随时存在着各种意想不到的问题和困难，需要校长有前瞻性的管理理念和快速的应变能力。

邓小平提出："教育要面向现代化，面向世界，面向未来。"为了预防和解决学校管理中遇到或即将遇到的各种问题和困难，校长首先要放下面子，让自己走出去。校长不仅要向同类学校，而且要向其他类学校，甚至向学校外的其他领域，学习、研究、实践先进的管理思想、管理方法等。

2. 建立各项民主管理制度

民主管理在学校改革和发展过程中显示着巨大的作用：有利于维护、保障教师的合法权益；有利于满足教师的高层次需求；有利于提升教师队伍的整体素质；有利于增强学校凝聚力，促进和谐校园的建设。因此，校长要建立各项民主管理制度，以加强学校的民主管理，如校务公开制度、教职工代表大会制度、学校档案管理规章制度等。

3. 创建和谐的领导集体

团结是稳定的基础，稳定是发展的前提。校长要敢于放权、勇于放权，采取"层次管理，赋权经营"的方略，达到"职责上分，思想上合；工作上分，目标上合；权限上分，步调上合；制度上分，关系上合"，以使各部门领导团结在自己的周围，形成具有凝聚力、战斗力、向心力的坚强领导集体。

在具体进行学校管理工作时，只要有利于学生发展、教师发展、学校发展，有利于学校管理水平的提高，有利于教育教学质量的提升，校长就应该放开手脚，不拘小节地去实施。为使全校上下形成合力，校长首先应与班子成员充分交流与沟通。这种沟通可以是在公共场合，如通过座谈会、校务会、研讨会等，也可以通过非工作性接触来增进彼此间的理解和友谊，以情感换情感，以真诚换真诚，把个人间的感情融合悄无声息地转化为工作的合力。

这样，校长就可以调动一切可以调动的力量，使各部门领导充分发挥主观能动性、积极性和创造力，齐心协力地开展工作，促进学校管理工作顺利开展。

4. 科学合理地安排人事，做到知人善任、人尽其才

如果校长在人事安排中能够做到知人善任、人尽其才，就能够激发全体教职工的工作积极性，促使他们发挥自己的最大潜能，从而提高学校教育教

学的质量。因此，校长在用人上应坚持以下几条基本原则：

(1) 适合性原则

就是给每位教职工创设一个展示能力的舞台，把每位教职工安排到最适合他们个人特长、最能发挥他们优势的工作岗位上。

(2) 公平性原则

领导对教职工的岗位安排不能带有个人偏见，要做到公平、公开、公正，既考虑到学校工作延续性的特点，又考虑一些热门岗位择岗的公平。

在公平性原则下，校长应适当实行“能者上、庸者下、平者让”的岗位竞争机制，以确保学校教职工队伍的最强阵容和最佳活力。

(3) 双向选择原则

对于教职工的聘用，校长既要考虑个人的要求，又应结合学校的实际情况。当个人意愿与学校整体需求相冲突时，应让教职工服从学校的要求，但校长应做好耐心细致的思想工作。

(4) 激励性原则

校长要让教职工觉得他所接受的任务具有挑战性和他本身的不可替代性，让教职工觉得自己的工作有价值，有成功感，从而激发他的积极性和内在的动力。

世界上的万事万物都是普遍联系的，有着共同的规律。也就是说，随意给出两种事物，总能找出二者之间的联系，只不过有的联系是必然的，有的是偶然的；有的是外在的，有的是本质的；有的是合乎科学的，有的是近乎荒诞的。

学校是社会大家庭中的一员，必然与其他成员有着千丝万缕的联系；学校是一个小社会，需要容纳形形色色的人、事和思想等。这就需要学校管理者，尤其是校长点燃智慧的火花，让思想之火熊熊燃烧，把不同的思想、文化等汇集在一起，找到它们之间的联系，最终创造出“美第奇效应”。

鲁迅先生说：“没有拿来的，人不能自成为新人。”没有拿来的，学校也很难成为新学校。然而，可以拿来的东西很多，校长切记“要运用脑髓，放出眼光”去拿。无论是就地取材，还是“西天取经”，只要善于思考、善于借鉴、善于总结，古为今用、洋为中用、人为我用、旧为新用，各种“拿来的”都将为校长顺利开展工作助一臂之力。

比伦效应

——失败也是一种机会

（一）比伦效应启示

1995年，由于种种原因，联想（香港）集团在管理、产品和财务上都出现了巨大的危机。在即将被投资者抛弃的危险时刻，联想人没有恐慌，他们冷静分析了出现问题的原因，果断将香港联想和北京联想合并，使联想整体渡过了难关。

从这件事中，联想掌舵人柳传志悟到：中国内地市场在相当长时间内都应该是联想的主战场。正是基于对失败和挫折的反思，联想重新部署了中国本土市场的策略与布局，他们终于搭上中国PC市场快速增长的快车，成为1996～2002年中国快速增长的PC市场上最大的赢家。

其实，这不是联想第一次遭遇市场挫折。联想是靠从科学院贷到的20万块钱起家的，由于当时急于赚大钱，在一笔生意中被骗去8万，整个公司陷于困境。1998年，联想管理层又出现巨大震荡。在联想20年的成长过程中，虽出现过几次重大挫折，但与许多失败企业不一样的是，它都能够迅速从挫折中站起来。

比伦定律，由美国考皮尔公司前总裁F. 比伦提出，其内涵是：失败也是一种机会，若是你在一年中不曾有过失败的记载，你就未曾勇于尝试各种应该把握的机会。

在我们的人生旅途中，机会无处不在。但机会又是稍纵即逝的，你不可能在做好所有的准备后再去把握。这就要求我们有一种试错精神。即使最后证明自己错了，也不用后悔。因为你把握了机会，而且至少知道了你先前把握机会的方式是行不通的。人们常说“失败是成功之母”“失败是一笔财富"，含义也大致在此。

美国管理学家彼得·杜拉克认为，无论是谁，做什么工作，都是在尝试错误中成长的，经历的错误越多，人越能进步，这是因为他能从中学到许多经验。杜拉克甚至认为，没有犯过错误的人，绝不能将他升为主管。

日本企业家本田先生也说："很多人都梦想成功。可是我认为，只有经过反复的失败和反思，才会达到成功。实际上，成功只代表你的努力的1%，它只能是另外99%的被称为失败的东西的结晶。"

失败固然会给人带来痛苦，但也能使人有所收获。它既向我们指出工作中的错误缺点，又启发我们逐步走向成功。失败既是针对成功的否定，又是成功的基础。

上述观点在教育教学上同样是成立的，作为学校的主要负责人，校长应让教师，特别是青年教师知道，不要因为害怕失败而犹豫不决或缩手缩脚，有时失败也是一个机会，从中可以学到更多的东西，一时的失败并不代表什么，只要认真对待，并将它视为一次锻炼的机会，势必会在不久的将来赢得更大的成功。

（二）在失败中不断成长、进步

某校长问青年教师："今年的优秀课评比，你参加吗?"青年教师毫不犹豫地答道："参加。"快到楼梯拐弯处，校长又问："你参加，我就给你报名了!"青年教师坚定地点点头。校长这样问，自有他的道理，别人不明白，但青年教师心里清清楚楚。

去年，全校青年教师优秀课评比，该青年教师获得二等奖的最后一名。其实，参赛的都有奖。当时他上的是刘绍棠的《本命年的回想》，失败的最主要原因是对文本内涵挖掘过浅，对学生现状分析不足，导致一些简单问题都难以驾驭，课堂氛围很尴尬。比如，生字词读写，一连好几遍，没有一个学生读准。他心情很沮丧，仿佛顿时跌入万丈深渊，此后的几十分钟，他不是在与学生分享知识的快乐，倒像是在奋力攀爬，试图逃离冷风飕飕的谷底，整堂课都没有丁点自信的影子，唯有不停地祈祷：快点下课，快点下课……

失败是必然，不失败才是天方夜谭。当然，不仅仅是这一个失误，接下来的失误让他彻底失去继续往下教的勇气。课堂上真实的过程、真实的想法，全部记录在他的随笔《我的经历孩子能明白吗》中。校长得知青年教师的心理状态后，多次与他进行沟通，对他进行心理疏导。

校长告诉他：失败也是一种机会，越是失败，越容易激发人的斗志。校长的良苦用心对青年教师的成长起到了至关重要作用。

后来，青年教师又参加了教学比赛，上的是《暮江吟》，他借鉴了于永正老师的教学模式：读读，画画，演演，悟悟。整堂课下来效果还可以，但有些环节处理不太好。比如，在角色扮演的选择上青年教师就犯了一个严重的错误，让学生扮演儿子，自己扮演爸爸，结果课堂无人举手，鸦雀无声，倒是后面听课的老师哄堂大笑。

课结束后，青年教师想到自己所犯的错误，在于过于模仿于老师的课堂，没有注意特定场合、特定人物。虽然他最终仅获得三等奖，但是，他没忘记校长对他的教诲，依旧努力着。

他一直在想，如何让学生喜欢上语文课，也就是要找到素质教育与应试教育的平衡点，要改变语文只是“读、背、写、抄”的陋习，要让语文成为学生话语的天堂、思维的舞台、心灵的圣地、精神的家园。他一直认为，背书不是语文，抄写不是语文，背与抄只是积累语文知识的两种方式。

于是，一方面，他尽量改变课堂教学，让学生喜欢语文。另一方面，他又全力按照考纲渗透语文知识，让学生获得高分。

青年教师常常感觉自己就像一个在夹缝中求生的人，又像是戴着镣铐跳舞的人，越爬越疲惫，越跳越劳累。好在校长及时给予指引，让他明白光明就在前头，幸福就在未来，青年教师才没有停止自己前进的脚步。

案例中的青年教师在校长的引导、鼓励下一步步地走向成功。

年轻教师在工作中容易失败，也容易灰心，校长应让他们牢记“失败是成功之母”这一名言，时时鼓励他们，帮助他们树立自信心，让他们从失望中看见希望。同时，校长还应积极关注教师的感受。

“关注教师的感受”不是一句简单的口号，校长应发自内心地关注教师，关注教师的感受：

1. 关注，是一种人性化的管理

许多时候，校长的管理风格潜移默化地影响着教师，教师又会有意无意地效仿着校长，从一些教师对学生的言行中可以找到校长管理的影子。

强权衍生体罚，专制导致粗暴。只有关爱和理解，才能给校园各个角落播下民主的种子。校长关注教师的感受，能让教师从各种失败中走出，这种人文的关照定能内化为教师的人格，转化为教师的信念，进而美化教师的言行，换来他们的精诚合作。

2. 及时关注教师工作中的困惑

教师的身体和心理都承受着不小的压力。比如，面对新课改政策无从下手，面对学生成绩的担忧，面对考核、职称评定时的压力……凡此种种，校长都应洞察、关注。

校长要关心教师，做一名热心的指导者，鼓励他们排解消极情绪，帮助他们消除困惑、摆脱困境。这样，教师一定会以积极、感恩的心态去工作、生活。

3. 关注教师生活中的困难

校长在关注教师教学成绩的同时，也应该常常关注教师的身体状况，关心教师的生活状态。校长进行管理时应该富有人情味，多一份设身处地的体贴。

4. 体谅教师的失误

教师难免存在这样那样的不足和失误，校长应有宽容的胸襟，允许教师犯错；应有智慧的头脑，帮助教师纠错。校长的体谅，一定会让教师的心里暖暖的，干劲鼓得足足的，把失败当做一种机会，激励自己不断前行。

（三）把失败当做一种机会

教师在工作、生活中经常会遭遇失败，这会从不同程度上给他们造成一定的挫折感。作为学校的领头羊，校长应关注教师的失败心理，积极应用比伦效应，让每一位教师都能从失败中走出来，迈向更好的明天。

1. 帮助教师树立正确的自我观念

从心理学的角度分析，教师这一职业是如今最“开放”的职业。教师的工作会受到许多人直接或间接的检查和监督。

当教师经历失败考验时，校长应帮其调整好心态、认清自我，正确进行自我定位，使其既不将责任全部归于客观因素，又不盲目地否定自我，甚至消沉；帮助教师树立正确、稳定的自我观念。教师只有树立正确而稳定的自我观念，才能正确认识自己，客观评价自己，合理要求自己，了解并愉悦地接受自己的优点和缺点，不给自己设定高不可攀的目标。

孔子说："不曰'如之何，如之何'者，吾未如之何也已矣！"可见，对那些不能认识自己缺点和错误、不能正确认识环境的人，连孔子也感到无能为力。

看见别人比自己成绩好，或比自己干得出色，就内心不平衡，产生羡慕之心，这是人之常情，是可以理解的，但羡慕不能转为悲观，应积极地赶上去，制订目标并采取行动才是上策。

2. 帮助教师重新调整知觉

对于工作出现失败或处于工作困境中的教师，校长应考虑帮助他们改变一下"知觉"。知觉会受各种内在和外在因素的影响，不可能都是正确的，有时也可能并不适合自己的情况，由此造成教师不断产生失败或在群体中失去应有的地位。所以，校长应帮助教师重新调整自己的知觉，使教师的状况有所改观。

3. 让教师换个角度想问题

客观地讲，教师很多时候是无法满足别人及自己提出的许多要求的。许多期望，包括教师自己对自己的期望会有点不切实际。对此，校长应让教师正确认识和评价生活中所谓的"失败"，有些失败实际上只是教师个人主观上体验到的挫折，不一定是客观存在的。

校长应引导教师改变思维方式，换个角度考虑问题，学习一下"阿Q精神"，不必因失败而过分内疚自责。正如教育心理学者张春兴所言，有些学生出现问题并非仅仅是教师教育失当那么简单的事，而是由多方面原因造成的。

4. 善用理情治疗理论引导教师

校长可以用理情治疗技术——"ABC"理论来引导教师：A是指存在的一件事实，这个事实可以是一件事，也可以是某个人的一个行动或态度；B是指个人对A的看法和信念；C是指个人情绪反应，这个反应可能是适当的，也可能是不适当的。一个人被情绪所困惑，不是由A决定的，而完全是由B决定的。例如，某教师教学成绩不好，这是一个事件，用A来表示；于是该教师认为自己太没出息了，前途也完了，这个想法用B表示；这个教师情绪极端低落，想要离职，这个结果用C表示。看起来这个教师想离职是由于教学成绩的事情所造成的，实际上却是由他自己的错误想法造成的。

理情治疗就是改变他的错误想法，而不是改变事件A，这个事件是不可改变的。校长可以用这种理论来引导教师正确面对失败，逐步让教师建立起强大的心理防御系统，进而全身心地投入教育教学工作。

作为学校管理者，对于遭遇失败的教师，校长应有一个正确的认识：因为遭遇失败的教师往往是需要特别帮助的人，其失败受挫往往是一种情绪性的非理智反应。这样，就有必要给予谅解，不能将其与常态下的不良行为等同看待。

遭遇失败的人，其心境常常是不平静的，反应也常常是攻击、倒退和畏缩、固执等，但是，校长要豁达大度，富有同情心和耐心，这样才能帮助失败者将心境恢复到良好状态，并认识到失败有时就是一种机会，进而健康成长。

第六篇

防微杜渐，注重细节管理

蝴蝶效应

——注重细节，避免1%的错误导致100%的失败

（一）蝴蝶效应启示

1963年，美国气象学家爱德华·罗伦兹在一篇提交给纽约科学院的论文中分析：“一个气象学家提及，如果这个理论被证明正确，一只海鸥扇动翅膀足以永远改变天气变化。”在以后的演讲和论文中，他用了更加有诗意的蝴蝶。对于这个效应，最常见的阐述是：一只蝴蝶在巴西轻拍翅膀，可以导致一个月后得克萨斯州的一场龙卷风。

这句话的来源，是这位气象学家制作了一个电脑程序，这个程序可以模拟气候的变化，并用图像来表示。最后爱德华发现，图像是混沌的，而且十分像一只蝴蝶张开的双翅，因而他形象地将这一图形以“蝴蝶扇动翅膀”的方式进行阐释，于是便有了“蝴蝶效应”的说法。

一只蝴蝶在巴西雨林中扇动翅膀，最终导致了美国得克萨斯州的一场飓风。原因在于：蝴蝶翅膀的运动，导致其身边的空气系统发生变化，并引起微弱气流的产生，而微弱气流的产生又会引起周围空气或其他系统产生相应的变化，由此引发连锁反应，最终导致整个系统的极大变化。

一个坏的微小的机制，如果不及时地加以改变和完善，会给社会带来非常大的危害；一个好的微小的机制，只要正确引导、利用，经过一段时间的努力，将会产生积极的结果。此番理论同样适应校长管理。细节决定成败，在学校管理中，一个小小的细节，往往影响着教职工的工作积极性，影响到教职工的工作热情，影响到教职工对学校的感情，甚至影响到学校的整体精神风貌。

蝴蝶效应还反映在危机管理上，它所揭示的是：管理者所疏忽的一件小

事，可能会产生巨大的摧毁力，远在千万里之外的一个小动作可能会对身边的人或事产生不可估量的影响。因此，人们往往只看到“蝴蝶效应”的负面作用，如认为单位某一员工的跳槽行动或者想法会引发本单位员工一连串的类似行为，由此采取一些不当的管理措施。但是，实际工作中，管理者完全可以反其道而行之，把它变成管理的一种主动行为，即可以为了达到某一目的而主动去“扇动翅膀”或利用已扇动起的“蝴蝶翅膀”来达到管理的目的。学校危机管理，是学校在危机意识或危机观念的指导下，对可能发生或已发生的危机事件进行信息搜索、信息分析、问题决策、计划制订、控制协调、经验总结的系统过程。

学校是人口高度密集的地方，学生年龄相仿，自身防护能力较弱，在校集中活动时间长，危机事件发生时受到伤害的概率远高于成年人，并且往往会引发“蝴蝶效应”。因此，加强学校危机管理研究必要且紧迫。

丢失一个钉子，坏了一只蹄铁；坏了一只蹄铁，折了一匹战马；折了一匹战马，伤了一位骑士；伤了一位骑士，输了一场战斗；输了一场战斗，亡了一个帝国。

马蹄铁上一个钉子丢失，本是十分微小的事件，但其长期效应却是一个帝国的灭亡。这就是军事和政治领域中的所谓“蝴蝶效应”。虽然有点不可思议，但是确实能够造成这样的恶果。一个明智的管理者一定要防微杜渐，注重细节，避免1%的错误导致100%的失败，避免让一些极微小的事情造成集体内部的分崩离析。在学校管理上，“蝴蝶效应”可以给广大校长以下三点启示：

1. “抓大放小”一直是许多学校管理学教材为校长工作所作的定位，也常常是社会评判校长领导水准的一个指标。然而，在实际的管理中，“大事”和“小事”的界线并不清晰，校长要对事情的“大”“小”作出判断并不容易。

2. 学校中的“大事”和“小事”是紧密关联、彼此交织、相互转化的，“小事”转化为“大事”的速度有时是惊人的。因此，识辨“小事”与“大事”的关联，预测“小事”向“大事”的转化，是当今校长必备的素养。

3. 校长不能轻视“小事”，尤其不能漠视发生在课堂里的“小事”。著名教育管理学家马克·汉森在分析21世纪学校领导工作的转向时，曾把“创造性的微观领导行动”视为最重要的转向。学校重大的危机源于对“小事”

的无视，学校显著的绩效是基于对“小事”的持续改进。倘若每一位校长都领会了“蝴蝶效应”的原理，都认同汉森的判断，那么我们就不难消除今日教育界的一个误区：只有谈论伟大问题的校长才是伟大的校长。

（二）从小细节着手，从大管理着想

2005 年 7 月，杭州育才中学又一次取得了全市中考第一，这也是他们第三次摘得此项桂冠。

人们不禁要问：“是什么原因使这所五年前还名不见经传的民办中学取得了如此傲人的成绩?”

当人们走进这所学校寻求答案的时候，他们发现，这所学校的校园并不大，也没有几个特级教师，更没有太多的光环。但是，在这所学校里，他们体会到了一些久违的东西：认真踏实的工作态度，严谨求实的校风。

这些实实在在的东西就是育才中学给出的答案。正如教师们所说的那句话：“态度决定一切，细节决定成败。”

在育才中学，只要稍微留意一下，就会发现一个细节：凡是学校的老师，男老师全是平头，女老师没有染发或烫发者，人人都衣着大方简洁，佩戴校徽。

2000 年，育才中学开始招生，第一届学生只招了 200 多名，自此，师生开始了艰苦的创业。可是，第一届学生的成绩还需要等到三年以后才见分晓，要想树立品牌，就得从实实在在的校风校纪抓起，解决现在许多家长担心的“学生没有学生样”的问题。

在部晏中校长的带领下，育才中学实施了以下几条管理措施：

1. 做育才中学的学生，就得像一个学生

学校要求男生全部留平头，女生一律不许佩戴发饰。上学必须背双肩书包，书包上不准挂叮叮当当的小饰品，要坐有坐相、站有站相。

开始时在男生剃头上出了一些麻烦，男生们大都以明星为偶像，不愿意留平头。部校长认为，言传不如身教。他便带领男老师以身作则，都剃了平头。一看这个架势，男生也开始剃平头了，但也有心存侥幸者，认为剃了还可以留长，而且部校长不可能天天站在校门口检查。可是出人意料的是，部校长的检查五年来从没间断过，所以，育才中学男生中再也没有留长发的。

2. 做育才中学的学生，要讲文明礼貌

学生的不文明用语，让育才中学的老师十分头痛。为了杜绝学生说脏话，老师们潜心研究每一个细节，发现女生一般不会说脏话，男生说脏话也分场合和环境。上课时，他们是不会说的，但是在运动中发生激烈的冲突时脏话会脱口而出。他们也会在上厕所或是在校外时说，有时还为了在女同学面前表现男子汉气概，蹦出几句脏话。

从教师那里了解到情况后，郜校长开了一个学校大会，亲自给男生讲话，要求“男子汉们”承诺不说脏话。他给男生一分钟考虑时间，男生可以承诺尽量不说脏话，也可以承诺一直不说脏话，不同的承诺处理的结果也不一样。一片肃静之后，男生齐刷刷地把手举了起来，像宣誓一样承诺了前者。

这个大会之后，校园里一下子就杜绝了说脏话的现象，即使有个别学生偶尔蹦出几句，但只要稍微提醒一下他们就改正了。

一男生说：“坚持了十天，我现在已经忘记怎么骂人了。”

学生在校内做好了，那校外怎么办呢？校长让各班的教师课后多观察学生的表现。教师们便在每天下午放学后，悄悄地在学生后面“盯梢”，观察他们的言行举止，把他们的不文明行为汇总后，在第二天一早的五分钟广播讲话中进行不点名批评。一个月跟踪下来，学生把文明行为由校内延伸到了校外。

经过循环反复、螺旋式的提高，几个月下来，学生的气质、素质都完全不一样了。良好的风貌让家长啧啧称赞。

严谨的校风让育才中学赢得了第二年的生源，也赢得了创校五年就拿下中考“三连冠”的好成绩。

3. 做育才中学的教师，要严于律己

近几年，育才中学的名气越来越大，想进学校读书的学生也越来越多。但是，为了使育才中学保持自己的好风气，郜校长从未收过家长的一分赞助费，更不给个别家长“走后门”的机会。郜校长还规定，任何教职工不能以任何理由委托家长办私事，接受宴请、馈赠。

学校有很多家长是医生，但是教师们带儿女看病，照样排队两个多小时；学生家长在火车站工作的也很多，但是外地教师放寒暑假回老家时，照样到窗口排长队。

郜校长要求教师每年假期必须进行家访，家访时，不能接受家长的馈赠，不能吃水果、喝饮料。许多教师在暑期最炎热的天气，要转好几趟车到城郊家访，都自己随身带着白开水。

郜校长说，这样做教师虽然很辛苦，但是他们的行动却获得了家长们的信任与尊敬。试想一下，能够在这些小事上做到如此严谨的学校，他们的校风怎能不好？他们的教学质量还能差吗？

老子说："天下难事，必作于易；天下大事，必作于细。"一所学校要建立严谨求实的校风，管理者就要在细微处尽职尽责、深入管理，而不能"因小失大"，空留遗恨。

校风是一所学校占主导地位的行为习惯和群体风尚，是全体师生在各方面所表现出来的一种态度和趋向。它由三个部分组成：校长的工作作风，教师的教风，学生的学风。而这三个部分都是由众多细小的环节组成。无论哪一环节出了差错，都有可能造成其他环节连接不上，导致校风建设失败。

搞好校风建设必须从严治校，依法治校，以规治校。在"头发"问题上，郜晏中校长带头身体力行，把校规落到了实处，从而使学生风貌大变样。

"海不辞水成其大，山不辞土成其高。"五年前的育才中学，不过是一个依靠弄堂小学创办的民办中学，而五年之后，它成了一所炙手可热的学校。它的成功在于，郜校长注重细节管理，注重每一个影响校风的细节，在于把每个细小的错误都扼杀在萌芽状态。郜校长从大处着眼，从小处入手，以细致入微、潜移默化的方式促使学生良好思想品德的形成，使之逐步具有较高的综合素质。每一个学生自身素质提高了，学校的良好风气就形成了，好风貌就会吸引着新生，而新生入学后深受好风气的影响，学校的一切便会呈良性循环。

（三）让"蝴蝶"发挥积极效应的策略

案例 1：某校长为考核职工的考勤，使用了指纹机。考勤的依据完全按照指纹机的记录进行，晚来一分钟亦视为迟到，早走一分钟亦视为早退。结果部分教师早晨为了送孩子上学不免天天迟到，一些教师为了赶时间，驾车高速行驶，几次险些酿成车祸。

案例 2：某校，教师节当天，正好上级教育主管领导来校检查工作，忙于接待的校长，竟然忘记了教师的节日。个别教师因没有收到学校的任何节日祝福而有些不满，影响了教学。

以上两则案例都反映了校长因在管理中忽视了小细节，而在教师中产生了不良的影响。

用指纹机考勤目的是为了严格考勤制度，最大限度地实现公平。但以机器作为考评工具，就有一种冰冷的味道。在机器面前，教师不但感受不到来自学校的关怀与温暖，而且成了学校监视的对象，成了一种被动接受的客体。学校管理者在面对机器记录结果之时，并没有考虑到教师的实际情况，生硬地对待每一位教师，无视教师的生活困难，这让教师很难接受。这种考勤制度的后果势必会影响到教师对学校的态度，影响到自身工作的主动性与积极性。

而在案例2中，如果校长在黑板上写上几句祝福的话，也许就不会引起一些教师的不满情绪，然而却因校长的疏忽，伤害了教师的感情，造成了干群关系的紧张。

学校管理中类似于上述的细节不胜枚举，这些细节正是引发教师不满的导火索，导致教师对学校管理者严重失望，以至于影响到教师的工作激情，影响到教学的实际效果。因此，校长应充分重视细节的作用，以防“蝴蝶效应”带来不良的后果。

1. 认真推敲制度的细节，保障制度的科学性

制度是学校管理的纲，是进行各项管理的重要手段。制度的科学与否直接影响到学校管理的方方面面。校长对制度的制订应当从大处着眼、细节入手，任何规章制度，都要从细节仔细地推敲完善，广泛征询教职员工的意见，多方考虑制度的公平、公正以及合理性，不仅要让制度充分发挥其管理约束作用，而且还应考虑人性化因素。只有从细节上保证制度的完善，才能排除管理过程中的漏洞与疏忽，从而让教职员工认同制度、拥护制度、按照制度快乐而主动地工作。

2. 在细节上善待职工

对校长来说，每一位教职工其实就是一只蝴蝶，每一位教职员工的工作状态会直接影响到学校的整体教育工作。学校的教育教学工作是由教师个体承担起来的，对于学校每一位教职员工，校长都应客观对待，让他们感受到领导的关注，感受到学校的温暖。

首先，校长应当营造一种平等民主的氛围，亲切随和地对待每一位教职员工，让教职员工体会到领导的关注与尊重。在现实生活中，教职员工越被尊重，其主人翁意识就会越强烈。也许校长的一句问候、一个微笑、一个祝

福就能让教职员工快乐一整天，从而精神百倍地投入自己的工作。

其次，校长应当充分认识每一位教职员工的能力与素质，将其安排在合适的岗位上，最大限度地发挥每一位教职员工的潜能。

最后，校长还应及时了解教职员工的心理状况，帮助其解压或提供心理援助。教师的心理状态直接决定着他的工作状态。

3. 创造宽松的工作环境，让职工快乐工作

工作对于教师而言不仅仅是一种谋生手段，而且还是一种生活方式。校长应当创造一个宽松的工作环境，让教师们在学校找到幸福感与归属感，让每一位教师都能将学校当成自己的家，在工作中寻求幸福，在教学中感受快乐。

首先，校长应当以积极的态度，与教职员工互动交流、交换意见，了解他们理想中的学校状况及对学校的期望，进而改进管理策略，顺应教职员工的心理。

其次，校长应致力于良好校园文化的建设，以校园精神文化引领教职员工的发展与成长，让每一位教职员工体验到成长的快乐。

最后，校长应充分利用细节，表达对教职员工的关怀与理解，比如在节日对教师表示庆贺，在教师生日送上祝福，利用活动的机会对教师表示感谢，通过这些细节让教职员工体会到学校对自己的关注。

细节决定成败，“蝴蝶效应”告诉我们：学校管理者应当充分重视学校管理中的每一个细节，重视每一位教职员工的存在，通过细节完善管理，提高管理水平。

汪中求先生在《细节决定成败》一书中说：“芸芸众生能做大事的实在太少，多数人的多数情况总还只能做一些具体的事、琐碎的事、单调的事，也许过于平淡，也许鸡毛蒜皮，但这就是工作，是生活，是成就大事的不可缺少的基础。”学校管理中大多都是些看起来鸡毛蒜皮的小事。为这个社会创造人才还是培养庸才，输入社会的是德高之人还是低俗之人，是摆在每个校长面前的单选题，而能否处理好小事则是决定成败的关键。

小事成就大事，细节成就完美。成也细节，败也细节。校长对“蝴蝶效应”的应用要诀为：关注细节、防微杜渐、注重关联、控制全局，以避免1%的错误导致100%的失败。

海恩效应

——任何不安全事故都是可以预防的

（一）海恩效应启示

海恩效应，又称海恩法则，是德国飞机涡轮机的发明者德国人帕布斯·海恩提出的关于飞行安全的法则。海恩效应指出：每一起严重事故的背后，必然有29次轻微事故和300起未遂先兆以及1000起事故隐患。

虽然这一分析会随着飞行器的安全系数增加和飞行器的总量变化而发生变化，但它确实说明了飞行安全与事故隐患之间的必然联系。当然，这种联系不仅仅表现在飞行领域，在其他领域也同样发生着潜在的作用。

按照海恩效应分析，当一件重大事故发生后，管理者在处理事故本身的同时，还要及时对同类问题的“事故征兆”和“事故苗头”进行排查处理，以此防止类似问题的重复发生，及时解决再次发生重大事故的隐患，把问题扼杀在萌芽状态。

海恩效应的实质是强调企业管理者的素质和责任心。该法则的启示是：事故的发生是量的积累的结果；再好的技术，再完美的规章，在实际操作层面，也无法取代人自身的素质和责任心。例如，在检查飞机发动机的涡轮扇叶时，有的机械师走马观花，有的机械师却看出了扇叶上一个细小的裂纹，前者很可能是酿成惨祸的原因，后者则成为飞机安全飞行的保证。

海恩效应也非常适用于学校安全管理工作。学校安全管理是学校管理者根据学校的安全管理制度和计划对学校安全进行预防、处理和复原的应对过程。校长只对安全危机做出应对是远远不够的，最重要的是要具有危机管理意识，预测随时可能发生的安全事故，发现安全事故的征兆和苗头。

1. 事故背后有征兆，征兆背后有苗头，苗头背后有隐患

海恩效应启示学校领导：在每一起严重的校园安全事故背后，都必然有

征兆、苗头和隐患。有时由于预防不够，控制不力，会使宁静的校园付出血的代价。

两名高中男生同时喜欢上一女生，决定以决斗争夺女友。两人各找了一名证人，并签订决斗“条约”。“条约”规定：决斗系双方自愿，死伤各自负责，胜者可与女生谈朋友，败者自动退出。

三天后的晚上，两人按事先约定的时间来到学校体育场。在场的还有各自的证人及十多个知情的学生。决斗的结果是：一生被匕首捅破了腹部，送往医院后因流血过多、伤势太重，于次日凌晨死亡。

根据海恩效应的启示，此类安全事件早已出现了征兆和苗头。两生签约，有证人在场，居然没有人给教师和家长提供信息。更令人不可思议的是，决斗现场居然是学校的体育场，还有十几名知情学生在场，却未引起学校领导的注意。此外，学校在对学生进行思想品德教育方面没有尽到职责。如果学校对早恋学生能够及时引导，扼住此苗头，这场悲剧就可能避免；两人决斗的武器是匕首，如果学校管理严格，严禁学生携带这些管制刀具，悲剧也不可能发生。

2. 重视量变的积累，防止质变的发生

每一个安全事故的发生都是量的积累的结果。根据海恩效应，不难发现学校在对待安全事故态度上的失误：只重视对事故本身的总结，搞一些形式主义的大检查，不及时查找自身管理的不足。在日常管理工作中，校长忽视了对事故征兆和事故苗头的排查。

3. 完善制度，强化责任，以人为本

再好的技术，再完美的规章，在实际操作过程中，也无法取代人自身的素质和责任心。例如，发生在某校的滑梯倒翻造成学生死亡的事件，就是一个典型的责任安全事故。

一天，学校已放晚学，学生开始陆续离校，突然“轰”的一声，校内滑梯倒翻，三年级某生随着一声惨叫倒下，头部出血。校长和教师立即奔向出事现场，将该生急送医院治疗，但其因颅脑损伤严重，途中便停止了呼吸。

原来，当天下午放学后，部分三年级学生未及时回家，滞留在校内各游戏点活动，该生爬上高约 2.5 米的滑梯平台，使劲左右摇晃，导致滑梯整体倾倒，酿成惨祸。

据查，该滑梯在上一周末已发现滑竿与整体脱焊，由于其稳定性已受到影响，校长便把滑竿取走。为防止砸伤学生，学校在爬梯一侧放置障碍物进行阻挡。校长发现问题后曾要求后勤部门抓紧修理，但恰好当天是周末，因找不到修理工，修理之事便耽搁了。

在该事件中，校长取走滑竿，并设置障碍物阻拦学生玩滑梯，说明校长已注意到了校内环境中的危险因素。但令人遗憾的是，校长未采取进一步的防范措施，没有及时修复滑梯，导致了惨剧的发生。如果校长的责任心再强一些，或采取更加安全的临时补救措施，如在滑梯边放上鲜明的警示牌，写上“此处危险，不可靠近”等，或许能避免悲剧的发生。由此看来，在学校安全事故处理过程中，完善制度，强化责任是非常重要的。

（二）把预防工作做到位

骆奇是上海晋元高级中学附属学校的校长，作为学校的法人代表，长期以来，他一直高度重视学校的安全工作，在工作岗位上恪尽职守、辛勤工作，为校园安全工作作出了积极贡献。同时，他的一言一行也得到了老师和家长们的一致好评。

1. 宣传安全出行，热诚服务世博

在2010年上海世博期间，平安世博是每个上海人最大的愿望。为了进一步让“保护生命、平安出行”的意识深入人心，并延伸文明出行的范围，让更多的人能养成文明出行的习惯，2009年9月，晋元高级中学附属学校积极响应区交通文明专项宣传月活动会议的精神，认真做好“迎世博交通安全文明岗”的创建工作，骆校长和杨书记一起积极协调、统筹安排，分配教师每天的执岗任务，布置执岗要求，保证每天文明执岗的正常开展，并做好执岗记录。

不仅如此，骆校长还身先士卒，主动担负起了双休日的执岗任务，以交通协管志愿者的身份早早地来到交通繁忙的路口。他头戴橘色的帽子，手持文明交通的指挥小旗，认真进行交通执勤，积极宣传平安出行——做文明的上海人。

2010年暑假期间，学校党支部又接到了“地铁保畅通”的志愿任务，全体党员积极响应，按时到地铁3号线中潭路站承担志愿任务。虽然暑假炎热，站岗的时间也比较长，但骆校长却一丝不苟，面对行人的询问耐心解答，热情为从外地赶来的观博游客指点最佳路线，不折不扣地完成了一名普通志愿者的任务。

2. 落实校园平安工作，强化安全意识

作为校级领导，骆校长工作非常繁忙，但是他长期以来一直坚持每天清晨早早地来到学校，迎候老师和学生的到来。家长们看在眼里，暖在心里，甚至还有家长特地写来了感谢信，为学校领导如此重视安全工作而深深感动和放心。

接连在其他省市发生的校园惨剧为晋元高级中学附属学校校园安全敲响了警钟。为进一步落实学校的安全防范工作，骆校长高度重视，在校务会上传达了市教委下发的《关于加强中小学幼儿园安全防范工作》的紧急通知，并在行政会上要求各部门具体落实，同时多次组织召开校园安全工作会议、食堂安全工作会议等。学校由骆校长牵头，成立了校园平安志愿者服务队，并由他亲自担任组长。

骆校长多次在各类安全会议上郑重指出，一定要落实好人防、技防、物防等“三防”措施，加强校园保安人员队伍建设，全面梳理校园安保人员现状，确保上学和放学时段至少有两名安保人员和护导教师、党（团）员义工值守学校大门，早晨上学时段学校及时打开校门让学生进入校园，防止因学生滞留校门外而引发意外事故，严格执行访客登记制度，防止社会闲散人员混入学校。

在骆校长的重视下，学校各职能部门长期坚持落实到位，而今，全体教职工已经牢牢树立起了安全工作意识，上自学校领导，下至每个教师及门卫保安，都非常认真地做好学生的安全工作，主动加入“校园平安志愿者”行列里。每次，轮到志愿者活动的老师值勤，他们都会主动地佩上红袖章，按时上岗。即使是当天没有轮到站岗的老师，看到不文明现象或者哪里有安全隐患，他们都会自觉地去提醒或排除，保障校园的安全。让每一位家长安心、放心，让每一位孩子“快快乐乐上学，平平安安回家”，是每位教师最美好的心愿。

作为校园平安志愿者的负责人，骆校长在休息日也时常牵挂着学校，有时经过学校时也会进入学校看一看，查看一下有无异常情况。有一次，他看到一辆陌生的卡车停泊在校园中，经过了解，原来是一名教师的朋友临时借用学校场地停放一下，骆校长严肃批评教育了该老师并立即制止了这种行为。经此一事后，骆校长趁热打铁，在行政会和全教大会上又再一次强调了学校安全工作的重要性，他指出不仅要在工作日保障学生的安全，在休息日时学校全体教职工也应遵守学校的相关规章制度，切实维护校园的安全与稳定。

学校安全是学校实施教育教学工作的前提，关注学校安全就是贯彻落实科学发展观、坚持以人为本、构建和谐校园的重要基础。学校安全预防工作要同政府、社会、家庭形成网络合力，构成一个完整的教育整体，建成一个学校安全事故预防体系，才能确保学校工作万无一失。从骆奇校长的身体力行中不难看出，要将学校安全预防工作做到位，应做到以下几点：

1. 安全预防工作实行责任化

学校校长是学校安全管理工作第一责任人。安全预防工作应落实“谁主管谁负责”的原则，校长要主动找准自己的位置，明确自己职责，切实承担起维护学校安全的社会责任。校长的安全意识、管理理念、管理方式等因素直接影响着各项安全措施的贯彻与落实。校长应牢固树立安全重于一切的意识，落实工作必须有安全防范意识，要树立科学发展观，统筹安全工作，坚持统筹兼顾、协调发展，把学校安全工作纳入学校工作规划，与学校基本建设、学校教育教学发展做到同步规划、同步实施、同步发展，要不断完善学校安全的长效机制。

学校可以组建以校长为组长的安全领导工作小组，形成分管领导重点抓，教务、政教、后勤等职能处室具体抓，构建职责明确、协调配合的组织领导机构。

作为一校之长，要坚定执行“谁负责，谁承担”的原则，在实施学校安全管理中，与中层领导、班主任、教师、学生家长签订安全管理责任书，做到管理规范、有序，工作分明，职责明确，让每个人在工作中切实承担责任，使安全不出丝毫纰漏。这样建立起高效的运行机制，确保学校安全实施到位。

2. 安全工作制度化、科学化、常态化

学校安全管理的根本在制度。学校安全管理机构能切实运行，需要校长建立起全面、规范、科学的相关制度，保证学校教育教学工作秩序正常化，让学生在安全环境中健康成长，让家长对学校放心。

校长应根据本校实际，科学地制订有关安全方面的管理制度，如《学校安全制度》《食堂卫生制度》《教师安全工作职责》《门卫制度》《值班制度》

《剧毒化学物品存放制度》《学生宿舍管理制度》《锅炉房管理制度》《师生外出活动管理制度》《用电管理制度》《网络管理制度》等，使学校工作处于各种制度管理之中，让师生工作学习有章可循，坚持做到学校安全预防工作制度化、科学化、常态化。

3. 安全工作应增强预见性

学校教育工作涉及方方面面，但安全工作是重中之重，安全更需要预见性。只有预见在先，才能防患于未然。所以，校长应高度重视安全预见性的重要性。

校长应根据本校实际情况，结合常规工作和临时工作，制订出学校的各种预防预案，遇到紧急情况则不慌，如建立《停电应急预案》《消防安全预案》《突发公共卫生事件应急预案》《防自然灾害应急预案》《实验突发事故工作预案》《学校触电事故应急程序》《学校交通事故应急预案》《学校紧急疏散应急预案》《学校收到恐吓电话或信件事件应急程序》《学生大型集体活动实施方案应急预案》《学校重大治安事件应急预案》……有了预案，并不是说就万事大吉了，作为校长，还要加强全校师生对安全预案的学习和演练，只有让全校师生熟知预案过程，才能使安全预防工作有保障。

4. 安全工作应精细化

细节决定成败，安全工作重于泰山。精细化管理就是一种先进的管理文化和管理方式。学校安全预防工作要注重精细化管理，要走精细化道路，校长要让全体师生对安全工作形成一种意识、一种观念、一种认真的态度。为了使安全工作无缝隙，不留空白，校长应力求学校安全预防工作更突出精细。

“精”，指管理上要突出精准度。安全预防工作重在管理，事大事小突出一个“精”字。如组织外出活动、组织集会、上下楼梯、危险药品使用管理、交通、消防、食堂、商店、宿舍、校园值班等，要做到管理有序。作为校长，应注意安全的任何细节，绝不懈怠。

“细”，就是工作分工要细化、职责要细化、制度要细化、预案要细化。各项安全预防工作分工要细致，要责任到人，事事有人管，实行谁在岗谁负责，职责分明，工作到位，形成安全工作齐抓共管的良好局面。各项制度和应急预案要细化，不能粗放不明，做到凡事有制度、事故有预案，处理有措施。

5. 安全工作宣传要多样化

校长应每年根据阶段工作重点，有针对性地确定安全预防教育主题，开展专题教育，如开展“中小学生日常行为规范教育”“安全出行教育”“关注生命、远离毒品”“崇尚科学、反对邪教”等专题活动，让学生接受各类更加实在具体的安全知识教育，并内化为平时的自觉行动，增强学生自我保护意识，这样会起到事半功倍的效果。

为了培养学生养成良好的饮食卫生、个人卫生习惯，防止“病从口入”，有效控制肠道传染病，学校应利用版报、广播、班队会、专题讲座等多种形式对学生开展食品卫生安全知识教育，教育学生抵制校园周边无证摊点，平衡膳食，正确认识不卫生食品对人体健康的潜在危害，提高学生自我防护意识。同时，在学生宿舍、食堂、小卖部、餐厅、洗餐具池旁等地方张贴关于饮食卫生、个人卫生的固定宣传标语，努力营造人人参与、积极配合、共同维护学校安全的氛围。

6. 安全教育工作应网络化

学校应加大硬件投入，实施安全监控网络化。学校不仅注重安全工作的人防，而且要注重安全工作的技防和设施预防。作为校长，应在安全设施上加大投入，在办公楼、实验楼、学生宿舍楼的楼梯口安装视频监控装置，在易燃部位配置灭火器、消防栓，对办公室、微机室、财务室、实验楼等重点部位安装防盗门、网等，使学生活动和学校重点部位时刻处于监控之中。

校长还应积极构建学校、家庭、社会“三结合”的教育协同化网络。学校安全教育是一项系统工程，需要方方面面的支持和配合。校长应积极发挥家校的优势，定期召开家长会，不定期进行家访工作，向家长宣传家校配合的重要意义，主动向家长介绍学生在校表现情况，了解学生校外表现，积极探索家校配合的最佳途径，追求良好的教育效果。

校长要根据校园周边实际情况，会同地方政府和警方加强校园周边治理和开展公共安全教育，净化教育教学环境，使政府、社会、家庭、学校共同形成安全事故预防网络，保障学生健康成长，努力构建和谐社区、和谐校园。

7. 健全完善安全预防监督机制

首先，校长应发挥师生监督作用，让全体师生参与安全宣传、安全管理和安全监督，对学校安全工作中存在的问题提出建议和意见。

其次，校长应接受教职工代表大会监督。学校安全工作要接受教代会的监督，学校安全工作领导小组应定期或不定期向教职工代表大会汇报安全工作，对于在安全工作中不力者，在晋职和考核时一票否决。

在学校安全预防管理中，校长应时刻掌握安全第一的原则，把安全预防作为一种使命来完成。校长要在完善管理制度上下工夫，在安全工作中做到措施精细化、经常化、长效化，加强政府、社会、家庭和学校的合作，实行安全有效的监督，并使之构建成学校安全事故预防体系，尽可能减少学校安全事故的发生，为创建安全和谐校园、落实科学发展观、建设和谐社会作出贡献。

（三）应用海恩效应的策略

江泽民曾说："隐患大于明火，防范胜于救灾，责任重于泰山。"

血的教训虽然令人震撼，但在一些校长看来，发生事故的学校离自己很远，以致麻痹大意。海恩效应是学校安全管理中一个公认的法则。校长在学校安全问题上应对海恩效应保持高度敬畏，将可能出现的1000个事故隐患扼杀在萌芽状态之中，并树立安全育人的理念：安全工作不能只是被动地处理学生的违纪事件，而是要建立安全预警机制，把工作做在前面，从制度入手，注意细节，强调创意，进行人文关怀，为学生成长点亮一盏心灯。

海恩效应对校长来说是一种警示，它说明任何一起事故都是有原因的，并且是有征兆的。它同时说明安全事故是可以控制的，安全事故是可以避免的。它也给校长提供了实施安全管理的一种方法，即发现并控制征兆。校长应该在安全教育工作中以预防为主，坚持"六要六不要"。

1. 要充分准备，不要仓促上阵

充分准备就是校长不仅要熟知学校安全工作的内容，而且还要熟悉工作过程的每一环节，特别是对安全工作中可能发生的异常情况。

2. 要有应变措施，不要进退失据

应变措施就是校长针对学校安全事故苗头、安全事故征兆以及学校安全事故可能发生所预设的对策与办法，而不能在事故发生后没有应对策略。

3. 要见微知著，不要掉以轻心

有些微小异常现象是事故苗头、事故征兆的反映，校长必须及时抓住它，正确加以判断和处理，千万不能视若无睹，置之不理，埋下安全隐患。

4. 要吸取教训，不要固执己见

校长要吸取安全问题上的经验教训，做好本校安全工作。校长进行安全整顿时，要把重点放在查找安全事故苗头、安全事故征兆及其原因上，并且提出切实可行的防范措施，而不要固执己见、刚愎自用。

5. 要举一反三，不要故步自封

对于安全工作，不论是正面的还是反面的事例，只要具有典型性，校长都应该举一反三，由此及彼，进行深刻分析和生动教育，力 求学校安全工作的提高和进步，绝不能安于现状、不求上进。

6. 要亡羊补牢，不要一错再错

学校一旦发生了安全事故，作为学校的领导者，正确的态度和做法就是要吸取教训，以免重蹈覆辙，绝不能对存在的安全隐患听之任之，以免错上加错。

海恩效应不仅仅被用于生产管理中的安全事故发现与防治，还被运用到企业的整个经营过程中，用来分析企业的经营问题。一个企业是否经营得好，与它平时的表现有相当大的关系，企业发生亏损甚至倒闭，都能够从经营中发现细微的征兆。

假如人们在安全事故发生之前能够发现事故征兆、事故苗头，预先采取积极有效的防范措施，那么，安全事故的发生就会被减少到最低限度，安全工作水平也就提高了。由此推断，要避免事故，重在防范；要保证安全，必须以预防为主。

安全对于学校来说是一笔财富，更是一个挑战。事故不会永远杜绝，但是校长如果能利用好海恩效应，做好预防工作，防范各类事故的发生，就能为师生创造良好的教学环境，让他们健康快乐地成长。

王永庆效应

——节省一元钱等于净赚一元钱

（一）王永庆效应启示

一次，世界首富比尔·盖茨和一位朋友同车前往希尔顿饭店开会，由于去迟了，以致找不到车位。他的朋友建议把车停在饭店的贵宾车位，盖茨不同意。他的朋友说："我来付。"盖茨还是不同意。原因很简单，贵宾车位要多付 12 美元停车费，盖茨认为那是"超值收费"。作为一位天才的商人，盖茨认为："花钱像炒菜一样，要恰到好处。盐少了，菜淡而无味；盐多了，苦咸难咽。哪怕只是几元钱甚至几分钱，也要让每一分钱发挥出最大的效益。"

石油巨子洛克菲勒在计算提炼每加仑原油的成本时总是计算到小数点后的第三位。每天早晨一上班，他就要求公司各部门将一份有关净值的报表送上来，看看是不是存在浪费问题，并以此来考核下属部门的工作。1879 年，他质问一个炼油厂的经理："为什么你们提炼一加仑原油要花 1 分 8 厘 2 毫，而东部的一个炼油厂，干同样的工作却只要 9 厘 1 毫？"他甚至连不值几个钱的油桶塞子也不放过，他曾写过这样的回信："上个月你汇报手头有 1119 个塞子，本月初送去你厂 10000 个，本月你厂使用 9527 个，而现在报告剩余 912 个，那么其他的 680 个塞子哪里去了呢？"

上述两大企业家的节俭故事，说明了一个道理：节省一元钱等于净赚一元钱。这就是台湾台塑总裁王永庆说过的话，这一思想被奉为经典，并为国内外企业管理者称为"王永庆法则"，也就是"王永庆效应"。

企业经营无非是两个方面，一个是开源，另一个是节流。开源需要审时度势，不断拓展和创新经营的广度和深度，做起来有相当难度；而节流则需要全体员工养成节约的良好职业习惯，加上一定的激励与约束制度，只要持之以恒地坚持去做，也会有意想不到的巨大效益。

“能赚钱，会花钱，把钱用在刀刃上。”这是一个企业、组织在发展的过程中进行财务管理的原则。财务资源是企业最重要的资源之一，管理不好，或者是被浪费、闲置，企业就不能发挥其潜力，甚至会破产。

企业财务管理的重要性已经被越来越多的企业家和企业管理人员所认同，人们相信通过加强财务管理会增加企业的竞争能力，提高企业抵抗市场风险的能力，增加企业盈利。

只有一流的财务管理，才能够帮助一个公司实现其目标；只有一流的财务管理，才能使一个公司在市场中进行更有效的竞争，为股东创造价值。所有的企业领导者，无一不把财务管理放在极显要的位置。因为他们都懂得这样一个道理：钱能生钱，而且管理得好的钱还能生“大钱”。

学校的经营管理虽然和企业以赢利为目的的经营管理有着很大的不同，但是学校一样需要发展，需要壮大，而这一切都离不开充足的经济支持。所以，有效的财务管理对学校的意义和对企业的意义是一样重要的。

1. 有利于正确筹集和分配资金

筹集和分配资金是财务管理的首要职能。学校的资金来源主要是国家拨款，其次是学校自筹的各种资金，如义务教育以外的收费、为社会科技咨询服务取得的收入、接受委托培养的收入、海内外同胞的捐赠款项、社会各界的集资和资助款等。

学校财务部门每年必须根据自己的实际情况，编制综合财务计划，按国家有关方针政策和现行财务制度正确地筹集资金，分清轻重缓急，合理分配到人员经费和公用经费的各个方面，以保证事业发展对财务的需求。

随着教育体制改革的深入进行，学校资金来源的渠道将进一步拓宽，资金运用的方向也会有所变化，从而使学校财务部门筹集和分配资金的任务也更加繁重。

2. 有利于正确选择可赢利的投资

在市场经济环境下，社会价值链遵循“财务控制→价值配置→销售实现→市场配置”这一周期性规律。企业的多元化经营就是这一规律的具体体现。

学校在以投资的方式进行多渠道筹措资金时，可运用财务的功能，以是否盈利为标准对投资形式进行取舍和选择，放弃预计不盈利投资而选择预计可盈利的投资，从而使学校的投资实现盈利，并使学校得以持续发展。

3. 有利于促进“双增双节”方针的贯彻执行

“双增双节”是国家提出的进行我国经济建设的重要方针，其实质就是在全国范围内，在各行各业中提倡艰苦奋斗、增收节支运动，以促进社会主义现代化建设的顺利进行。

对学校而言，主要应搞好增收节支工作，一方面在国家政策允许的范围内，积极正确地增加收入；另一方面，要努力节约开支，防止和杜绝各种铺张浪费现象，反对大手大脚、讲阔气、摆排场的不良作风，坚决揭露和打击经济领域中的贪污盗窃、行贿受贿、倒买倒卖、侵害国家利益、中饱私囊的腐败行为，为治理经济环境、整顿经济秩序服务。

（二）运用王永庆效应，把握商机

山东省胶州市向阳小学的校长韩珍德将一所占地只有9亩的袖珍学校办得特色突出。在向阳小学，不但有300多平方米的植物园，还有直观了解全世界的地球村、信息详尽的大中国展室、器材高档齐全的健身房等，很多参观的人看了后都有些目瞪口呆：“想不到在那么小的学校里可以容纳那么多的东西，这些设施即使在‘最富足’的小学校里也是少见。”

一个人人都觉得不可能的事情，为什么到了韩珍德校长这里，却成了“小事一桩”？只因为他懂得“经营”之道，真正把握了王永庆效应。

向阳小学有一个食堂，这里的馒头都是食堂师傅手工制作的，没有添加任何添加剂，吃起来既富韧性又香美可口。每年春节前，学校物美价廉的馒头就成了老师们的“抢手货”，大家都买一大堆，过年就省得自己蒸了。韩珍德校长看到后，又有了想法。他找到餐厅的师傅了解情况，得知如果工人每天中午加班专蒸馒头，春节之前可以做出2000箱。除去给工人的加班费之外，投入市场即可轻取上万元。于是，韩珍德校长宣布，向阳小学的馒头向市场开放，师生均可成为批发者！

有了这项政策，教师、学生在工作和学习之余开始销售馒头。每到寒假来临之前，很多学生都开始批发了，有一个学生一次批发了50箱，而且很快销售一空，最后屈指一算，足足挣了四百元。下个学期的学习费用，都不用父母掏钱了。

现在，2000 箱馒头已供不应求，仅供电公司一家就已订货 1000 箱。可教师与学生的积极性还在不断升温。但韩珍德校长认为，学生的需求是第一位的，尽管本校教师与校外人员、单位的批发价格要比学生买的高些，但用老师们的话说，韩校长的最终目的不是让学生去挣多少钱，而是在培养一批适应未来社会的商业家。

学校环境在韩珍德校长的大力改造下越来越美，老师和学生们生活得越来越舒适，但家长们仍不满足，又要求学校为孩子们提供一个午休的地方。一向视家长为上帝的韩珍德校长对此高度重视，但没有空余房间了，又不能为此挤占教学与办公的房间，看来只有另想他法。韩珍德校长开始在新建大楼里一遍又一遍地寻找空间，但怎么也找不到好方法。韩珍德校长很苦恼，一天，他抬头上望，看到楼上一片天空，于是想到，如果加高一层，问题不就解决了吗？然而这却需要一笔不菲的资金，已经举债盖楼的韩珍德校长重新陷入了困惑之中。但韩珍德校长并没有灰心，他在重新思考新的方案。他突然灵感一闪，想到了小巧玲珑的火车卧铺，如果建成如卧铺般的午休小房，将不会花费太多的资金。

思路一出，韩珍德校长立即与建筑专家联系。结果，只用了 7 万元，一个能容纳 480 名学生的午休之地就诞生了。小小房间，虽然只有 2 米高，可别有情趣的设计，双人小床的搭建，加上内设中央空调，采光通风俱佳，让人走进去之后，顿感温馨异常。每天只需 2 元钱，即可享受午休的幸福。学生家长看了如此富有情调的午休小屋，争相将孩子送住其中。开学不到一周，所有床位均已住满，后来申请入住的家长也只能“徒有羡鱼情”了。韩珍德校长在脑子里算了笔账，仅此一项，一年就为学校增加了 18 万的收入。

向阳小学虽然迄今还是一个“袖珍式学校”，总共不足 10 亩地，但韩珍德校长认为孩子不能与植物“对面不相识”，也不能与现代技术相疏离。于是，经由思索与考察，一个空中植物园便在向阳小学诞生了。

二楼阳台经过加固、防渗、强化处理，覆以塑料大棚，就有了 300 平方米的蔬菜大棚。豆芽、芹菜、黄瓜、西红柿等，就在其中郁郁葱葱地成长起来，形成了面积达 2700 平方米（相当于 4 亩地）的高达 9 层的空中种植园。

除了两位聘请的园艺师外，学生也个个都成了栽培者。他们在园艺师的指导下，每人“认养”一盆。学习之余，他们观察植物生长特点，掌握蔬菜习性，学习现代技术。于是，空中植物园就成了孩子们乐此不疲的最爱。结果，学校厨房里不但有了无公害蔬菜，饭店宾馆也开始到学校订购蔬菜。

韩珍德校长窃喜：这孩子们的乐园也是生钱之地啊！他那计算机似的头脑一转：将植物园中另辟50平方的芽菜区，一年竟可以为学校增加10万元收入！

韩珍德校长并不是从来到向阳小学后才从学校找商机的，早在他在常州路小学任校长的时候，他就已经开始这么做了。最著名的就是他办防水涂料的事。

1992年夏季的一天，刚到常州路小学不久，正愁着学校经费困难的韩珍德校长从《防水材料》杂志上看到了一个新型防水涂料的技术转让广告，他觉得这一技术有着很大的市场前景，学校可以买下来开办一个厂子，这样也可以解决学校经费不足的问题。

于是，韩珍德校长马上与厂进行方电话联系，但任凭他又缠又磨，厂方最低7万元的技术转让费却怎么也不肯再降了。按说，这已经很优惠，但对于处于艰难创业阶段的韩珍德校长来说，这是绝对不能接受的一个“巨大”数额，学校拿不出这7万啊。

技术是必须要买的，钱人家又不肯降，要想少花钱，只有亲自跑一趟了，兴许还有些回旋的余地。

上人家的门总不能不带点礼物吧，但他又不想太破费。思来想去，于是到市场花几元钱买了两棵驰名中外的胶州大白菜，装在一个塑料袋里，怀里揣着东凑西挪的1万块钱，就乘上了北上沈阳的火车。

到了沈阳，韩珍德校长就直奔经理的家。经理一家人正要吃晚饭，一听韩珍德校长自报家门，就说：“你怎么跑到家里来了？”

韩珍德校长赶紧将两棵胶州大白菜送上，说：“我们学校穷啊，也没什么好送的，这胶州大白菜是胶州的特产，虽然不值钱，可是我们学校全体师生的一份心意。”

经理看了看黑瘦而又满脸疲惫的韩珍德校长，出于同情，说道：“我再给你降2万。5万，再也不能降了。”韩珍德校长想：“我怀里可只有1万，这还差得远呢。”他又磨开了。

经理说：“你这人也太不识好歹了，你去问问我们的技术转让费什么时候低过7万。让你2万还不行！”这回经理连搭理都不搭理他了。

韩珍德校长再三恳求，经理都是三缄其口。韩珍德校长迫不得已，颤抖着双手，将自己的两个裤腿卷起。顷刻，肿得圆溜溜的两腿映入经理的眼帘。韩珍德校长几乎是含着泪说道："经理，我们学校真的是没有钱，可我们的学校却要发展啊。我连一张卧铺票的钱都舍不得花，由于来得急，连坐票都没有买上。这不，站了整整 18 个小时，连腿都站肿了。"

经理的女儿"哇"地一声哭了："爸，你就把技术转让给他吧。"经理的眼圈也红了："你带了多少钱？有多少算多少吧。我要向我们的职工讲你的艰苦创业精神，要他们向你学习！"

韩珍德校长又是站着回来的，腿肿得比去的时候还要粗。可是，他那阴云密布的脸上终于有了灿烂的阳光。

厂子办下来了，1 万元技术成本，常州路小学第一年就从中营利 18 万元。凭着这些钱，在常州路小学 6 年，韩珍德校长投资 100 多万元扩建了教学楼，配备了实验室、大阅览室，成立了胶州中小学中的第一家管乐队。常州路小学也是胶州中小学中第一个安装闭路电视系统的学校，由此而一下成为当时胶州市最好的小学之一。

韩珍德校长向市场开放学校馒头，不但让学校得了利，还让学生在这种特殊的勤工俭学中，主动接受"诚信为本，质量第一"的现代教育，让他们从小就接受市场经济的挑战，感受到父母挣钱的辛苦。

利用学生午休房、空中植物园增加学校收入，都是韩珍德校长从学校内部挖掘"钱"力的结果，但这些都不像社会上一些企业唯利是图，而是在老师、学生和家长满意的基点上，从有利于学校的发展而为之的"经济"行为，是为培养新时代人才的一项利在当今、功在千秋的奠基工程。

为了学校的发展，韩校长付出了很多，不仅有脑力上的，更有体力上的。作为一名现代学校的校长，我们不能不为学校的发展聚集财力，特别是像向阳小学这类镇办农村小学，更需要像韩珍德校长这种有能力的人。

（三）开源节流的实施策略

要想应用好王永庆效应，校长就应重视开源节流，懂得基本的学校财务管理常识：

1. 认真学习贯彻《会计法》和《中小学财务制度》

新的《会计法》按照社会主义市场经济中存在的问题，对原《会计法》进行了修改，是对我国会计法律制度的一次重大改革和完善，对规范会计工作行为、维护会计工作秩序、促进会计工作发展有深远影响。

《中小学财务管理制度》作为中小学财务活动的行为规范，具有相对的独立性和系统性。能否贯彻落实好，与国家的有关政策制度，如收入与分配政策、收费政策、会计制度、资金管理制度等紧密相关。校长首先必须认真学习，深刻理解、掌握会计法律、法规、制度，结合本单位经济业务需要，建立健全内部管理制度，并按照规定办理会计事务，进行会计核算、会计监督，制止和纠正违反会计制度的不正之风。

2. 深入学习，充实提高

基于财务工作政策性强、制度要求严格等特点，校长应认真学习国家的各项方针政策、法律、法规，根据工作实际，从提高财务管理水平入手，在精细管理上做文章，在优质服务上下工夫，时刻树立全局观念，不断发扬创新精神，以理论学习提高管理水平，增强工作责任感。

3. 加强预算管理，量入为出

加强计划预算是学校财务管理的基础环节。校长要根据学校办学特有的规律，本着“艰苦创业、勤俭节约；少花钱、多办事”的原则，科学合理编制学校年度财务预算。预算编制既要保证学校事业正常运转，又要兼顾事业的稳步发展，使预算发挥出指导财务工作的作用。

预算编制完成，经学校会议批准后，在具体工作中就要严格执行，确保学校各项收支活动都在预算控制内。实践证明，科学合理、符合实际的预算有助于提高学校经费使用效益，量入为出，统筹管理，兼顾发展，有利于办学事业持续健康发展。

4. 切实加强财务工作的内部管理

校长要针对中小学财务管理的薄弱环节，组织有关专家、学者认真研究教育工作中的经济活动，制订相应的标准、定额和方法，夯实教育资金管理的基础。在管理上，校长应借鉴国外的先进管理方法，结合本校实际，改进管理方式。具体可以采取以下管理方式：

（1）部门预算管理

即按零基预算编制方法，科学地制订定额和全年开支标准，并加以实施，这样不仅可以科学地测算资金需求量，以促使各级政府增加投入，而且还能通过确定的额度分配资金，合理把握教育资金的投入数量，保证学校教育教学活动的正常进行。

（2）目标管理

即一定时期确定学校发展的目标，按照目标筹措、分配、使用资金，引导教育资金的合理流向和合理使用，保证教育发展短期、中期和长期目标的实现。

（3）项目管理

即通过适当方式，集中部分财力，用于制约全局的某个项目的建设，以带动和促进学校工作的正常运行与发展。

5. 加强收支管理，把好关

《会计法》规定："单位负责人对本单位会计工作和会计资料真实性、完整性负责。"把好签字关，学校"一把手"是关键。校长掌管"一支笔"，而原始凭证一经校长签批，就为财会审核报销开了"绿灯"。

作为学校"一把手"的校长，一定要增强审批的责任感，严格按规定权限进行审批，凡超过预算限额或计划外用款，都应拒绝签字。合理开支部分也应在提交有关会议室重新研究确认后再审批，不得搞人情签批或糊涂签批。财务管理人员要密切与"一把手"之间的工作关系，为领导当好参谋。财务人员对各种业务凭证严格进行审核报销，是加强学校财务管理、实现节约开支的关键，对监督学校经济活动、维护国家财经纪律、保证会计质量有着重要作用。同时，它也反映着财务管理者工作责任心和管理水平的高低。在审核报销过程中，校长要认真仔细，明察秋毫，一旦发现不真实、不合法的原始凭证，要拒绝受理；对不完整、不准确的凭证资料，要给予退回、更正或补办处理；对于违反收支规定、问题严重的凭证，不予办理并建议进行调查处理。

学校财务管理能否做得滴水不漏，直接关系到今后学校事业的发展。作为一校之主，校长应加强对财务的管理，做到每一分钱都用在刀刃上，真正发挥出王永庆效应的作用，让学校在自己的领导下更加蓬勃地发展。

参考文献

1. 宋美超．校长，你有几只“手表”[J]．山东教育（小学刊），2010，(05)．

2. 许晓．做一只特立独行的“羊”[J] 山东教育（小学刊），2010，(04)．

3. 李永贤．关于中小学校园危机管理的思考 [J]．教学与管理，2006，(28)．

4. 李善敏．尊重教师的艺术 [J]．河北教育（综合版），2007，(10)．

5. 冉志明，白序彦．尊重教师是学校管理的关键 [J] 科学咨询，2006，(05X)．

6. 何良进．校长的批评艺术 [J]．当代教育论坛，2008，(11)．

7. 张玉甫．论校长的批评艺术 [J]．当代教育论坛，2008，(03)．

8. 阮承发．中小学管理学 [M]．苏州：苏州大学出版社，1994.

9. 宋月丽．学校管理心理学 [M]．南京：南京大学出版社，1994.

10. 李明旭．加强学校管理，创建一流学校 [J]．教学与管理，2008，(23)．

11. 李霞，徐吉志．浅谈校长知人善任的用才艺术 [J]．当代教育论坛，2007，(10)．

12. 祁团．现代校长治校用人的理念与策略 [J]．河北教育（综合版），2008，(01)．

13. 韩恭福，陈天强．谈谈校长管理理念的转变 [J]．教育改革，2010，(06)．

14. 张乾芳．新课程背景下青年教师培养的有效策略 [J]．教育改革，2010，(06)．

15. 张小芳．对中小学新教师培养途径的探索 [J]．现代教育论丛，2008，(04)．

16. 唐盛昌．终生的准备与超越 [M]．北京：高等教育出版社，2004.

17. 高鹏．校长要学会情绪管理 [J]．山西教育（管理），2008，(02)．

18. 陈益志．21 世纪校长健康心理探索 [J]．学校管理，2001，(04)．

19. 严卫林．校长要学会放权 [J]．山东教育，2009，(Z2)．

20. 曹大坤．架起校长和教师沟通的桥梁［J］．教书育人，2008，(10)．

21. 赵燕婷．校长与教师沟通案例启示［J］．教书育人，2008，(10)．

22. 刘党桦，倪洪碑．“鲶鱼效应”的启示［J］．吉林教育·现代校长，2005，(12)．

23. 吴飞翔．激发教师竞争意识的四个层面［J］．教书育人，2007，(02)．

24. 王秀彩．正视学校管理的几个“效应”［J］．现代校长，2006，(11)．

25. 童宏保，潘功祥．以和谐教师文化引领学习型教师团队建设［J］．师资建设（理论与政策版），2010，(02)．

26. 窦贵君．现代校长应具备的学校领导能力［J］．中国教育学刊，2007，(09)．

27. 张咏梅．学校管理中的“拿来主义”［J］．教育参考，2009，(04)．

28. 练洲平．校长要关注教师的感受［J］．教书育人，2006，(06)．

29. 徐卫良．校长与教师团队管理［J］．教书育人（校长参考），2009，(11)．

30. 张建明，梁宝珠．浅谈创新型教师团队与学校的发展［J］．珠江教育论坛，2010，(02)．

31. 窦祖伟，王林科．校长如何增强学校凝聚力［J］．教育论坛，2006，(05)．

32. 谢永灿．发挥校长非权力性影响，增强学校凝聚力［J］．现代特殊教育，2007，(03)．

33. 安秀明，王少峰．增强学校凝聚力，推进学校的发展［J］．承德石油高等专科学校学报，1999，(04)．

34. 张银强．教师互助策略的探讨［J］．中学教学参考，2010，(06)．

35. 魏秋萍．合作式新老教师结对活动初探——以有效开展学生小组活动为例［J］．教学月刊，2008，(04)．

36. 梁好．学校管理中的“蝴蝶效应”［J］．贵州教育，2010，(12)．

37. 金瑛．海恩法则对学校危机管理的启示［J］．中小学管理，2006，(10)．